大学英语教学与教师信息化素养研究

赵元敏 ◎ 著

吉林出版集团股份有限公司
全国百佳图书出版单位

图书在版编目（CIP）数据

大学英语教学与教师信息化素养研究 / 赵元敏著. -- 长春：吉林出版集团股份有限公司，2023.5
ISBN 978-7-5731-3311-3

Ⅰ.①大… Ⅱ.①赵… Ⅲ.①英语－教学研究－高等学校②高等学校－英语－教师－信息素养－师资培养－研究 Ⅳ.①H319.3

中国国家版本馆CIP数据核字(2023)第078080号

DAXUE YINGYU JIAOXUE YU JIAOSHI XINXIHUA SUYANG YANJIU

大学英语教学与教师信息化素养研究

著　　者	赵元敏
责任编辑	田　璐
装帧设计	朱秋丽
出　　版	吉林出版集团股份有限公司
发　　行	吉林出版集团青少年书刊发行有限公司
地　　址	吉林省长春市福祉大路5788号
电　　话	0431-81629808
印　　刷	北京昌联印刷有限公司
版　　次	2023年5月第1版
印　　次	2023年5月第1次印刷
开　　本	787 mm×1092 mm　　1/16
印　　张	11.25
字　　数	233千字
书　　号	ISBN 978-7-5731-3311-3
定　　价	76.00元

版权所有·翻印必究

前　言

如今，我们所处的环境正在向经济全球化的方向推进，国际合作和接触的机会增加了，同时也使得我国的国际地位在世界范围内得到进一步提升。汉语虽然是世界上使用人数最多的一种语言，但是使用面积最广的非英语莫属。英语已经成为国家之间沟通的一种符号，并渗透到生活中的每一个部分。基于这种原因，我国也顺应时代的发展步伐，将培养符合时代发展的多功能复合型人才放到了重要位置，而且各高校也加大力度提高对英语教学的师资投入水平，促使我国的当代大学生具备时代发展所要求的英语综合能力水平。从这个层面来讲，大学英语教学的重点依然还是集中在如何提高目前的师资水平和学生英语水平方面。虽然目前市面上有关大学英语教学方面研究的书种类繁多、涉及广泛，但总体来说，这些书大多停留在表面的理论说教上，理论与实际不相符，书本上的知识与学生的需求不一致，其实用性和深度还需要进一步提升。

随着大数据时代的发展，社会各界纷纷将工作重点放在依托现代化信息技术和互联网科技促进本行业的快速发展上。鉴于高等教育在促进我国经济发展、推动社会进步和全民素质提升过程中发挥着积极的作用，我国高校的教育事业也应利用大数据信息化和现代化改革的浪潮进行自身洗礼和提升完善。在大数据时代的一系列教学改革活动中，以现代化信息技术为支撑的教学方法、教学环境、教学模式，对从事高等教育的教师的教学能力提出了更高的要求、更大的挑战。为了从容应对教学环境的变革，高校教师必须在具备传统的基本教学能力基础上进一步发展，以满足大数据时代对高校教师提出的新要求。

目 录

第一章　大学英语教学及其改革 ································· 1
　　第一节　英语教学的内涵及要素 ····························· 1
　　第二节　英语教学的理论基础 ······························· 4
　　第三节　英语教学的现状分析 ······························ 18
　　第四节　英语教学改革的历程及必要性 ······················ 23

第二章　信息化时代与我国大学英语教学 ······················· 28
　　第一节　信息化技术与教育信息化 ·························· 28
　　第二节　二十多年来我国高校英语教学信息化历程 ············ 35
　　第三节　教育信息化 2.0 时代与高职院校英语教学 ············ 41

第三章　教学改革背景下的大学英语多媒体与网络教学 ··········· 50
　　第一节　大学英语多媒体教学 ······························ 50
　　第二节　大学英语网络教学 ································ 59

第四章　网络环境下大学英语课堂教学生态学理论和优化原则 ····· 70
　　第一节　生态学与教育生态学理论 ·························· 70
　　第二节　网络环境下大学英语课堂教学优化原则 ·············· 74

第五章　网络环境下大学英语课堂教学优化框架构想 ············· 80
　　第一节　构建提升教师信息化素养的发展框架 ················ 81
　　第二节　建立生态化学生自主学习能力培养框架 ·············· 89
　　第三节　生态化大学英语课堂环境建设 ······················ 99

第六章　信息化时代大学英语教师教学能力内涵 ················ 108
　　第一节　高校教师的教学能力现状 ························· 108

第二节　大数据时代对高等教育的影响 ·· 120

　　第三节　信息化时代高校教师教学能力的涵盖 ··· 128

第七章　大学英语教师信息化教学能力 ·· 133

　　第一节　高校教师信息化教学能力知能结构 ·· 133

　　第二节　高职英语教师信息化教学能力现状及对策 ·································· 139

第八章　信息化时代大学英语教师信息化素养提高路径 ································· 148

　　第一节　英语教师信息化素养提高的规划平台 ··· 148

　　第二节　英语教师信息化素养提高的教学能力技术培训平台 ····················· 150

　　第三节　英语教师信息化素养提高的信息化资源技术支持系统 ·················· 155

　　第四节　英语教师信息化素养提高的实践演练系统 ·································· 162

　　第五节　英语教师信息化素养提高的评估与应用系统 ······························· 164

主要参考文献 ··· 170

第一章　大学英语教学及其改革

纵观大学教育发展状况，英语教学在促进社会发展和培育综合性实用型人才方面发挥了不可磨灭的重要作用。但语言也并非一成不变的，而是随着社会的发展而不断变化和进步的。因此，针对这种情况，在大学实施英语教学的过程中也要与时俱进，适时调整策略以符合和满足学生的实际需求。但是，英语对于我国来说，始终是一种外来语言，是与我国的语言使用习惯有所差异的。这就要求我国高校在开展英语教学改革的过程中要从实际出发，充分考虑我国的国情和当代大学生所具备的英语水平，以及教学大纲的要求等内容，以学生为中心。本章节的内容主要包括英语教学的内涵及要素、英语教学的理论基础、英语教学所面临的现状和英语教学进行改革的历程及必要性，下面一一进行论述。

第一节　英语教学的内涵及要素

英语教学所涉及的方面是非常广泛的，我们可以将其理解为一种集理论、方式、方法和改革于一体的综合性语言教学活动。这一节主要从内涵与要素方面入手，为后面的论述做好铺垫。

一、英语教学的内涵

（一）教学的定义

英语教学的内涵具有十分广泛的意义，需要进行多方面的了解，首先要明白和清楚的是"教学"这一基础概念。"教学"是一个广义的概念，涉及方面很多，因此，不同的学者所侧重的方面的不同也会导致对这一概念的定义出现一定的差异。

1999年，我国学者胡春洞将"教学"所涉及的内容概括为两个方面。首先，"教"与"学"是处于同等地位的一种并列关系，而不是谁需要依附谁的从属关系。其次，教学过程是一个传递学习内容和学习方法的过程，是使动关系。通过对教学以上两种关系的分析，我们可以将教学过程理解为一种辩证关系和双向关系。教与学是两个不可分割的个体，学是教的前提和目标，一切应该以学为出发点。从某种方面来说，教与学的规律具有很大的一致性。

关于教学的定义和发展，可以从以下几个方面探知一二。

其中，2002年版的《现代汉语词典（汉英双语版）》对教学所做出的解释是：教师把知识、技能传授给学生的过程。只不过随着时代的发展，我们发现这一定义具有很大的狭义性，只是将"教学"当成了一个术语来进行理解，并没有涉及深层方面的含义。

另外，2003年版的《朗文语言教学与应用语言学词典》将Teaching定义为：work, or profession of a teacher。翻译过来，我们就可以将其理解为"教书或教学"的意思。另外，词典中专门对teachings进行了解释，经过翻译之后可以理解为"教义、教导、学说"的意思。从上面的解释中可以看出来，teaching与teachings所代表的意思是完全不同的。但是，比较遗憾的是，这两个定义虽然比以前的概念有所发展和突破，但依然没有将"教学"所代表的全部实际意义表述出来。

总体来说，通过前面对教学定义的阐述，我们认为教学的含义需要包括3个方面的内容，即教学、"教"与"学"的区别、教给学生如何学习。这3个方面是处于同等重要的位置的，且不可或缺。

（二）英语教学的定义

英语对于我国来说，是一种外来语言，其在实际的使用过程中还是存在一定困难的。毕竟不是作为母语使用，使用范围还是受到限制的，适合语言学习的环境和对象都相对匮乏，这些都直接影响着我国英语教学水平的提升和大学生对英语的运用能力。

英语教学体现的是教学的最本质的教育意义，这主要是相对教师和学生来说的。从教师的角度来说，教学是教师对学生的学习行为进行有效指引和帮助的过程；从学生的角度来说，教学则是跟从教师的指导而进行的活动。而检验教学效果是否达到预期目标的标准则是学生的能力是否得到相应提升和发展。教学涉及的是教师和学生两个方面的内容，是一个教师教和学生学的双向行为。整体来说，有关英语教学的基本内涵可以从以下3个角度来进行理解：

1.英语教学的过程可以归结为系统性和计划性的完美结合。系统性主要是指其制定者是教育部门、教研机构或学校的教学管理者等，不可以自己随意更改。而英语教学的计划性则指的是在英语基础知识的相关技能传递规划。

2.英语教学存在一定的目的性。英语教学在我国的开展是分有不同阶段的，而不同阶段所要达到的目标也是不同的。

3.英语教学活动的开展需要恰当的教学方法的支持。英语教学在中国经历了长时间的发展，形成了一套自己的行之有效的教学方法。再加上如今的科技和教学设备的不断更新，都为英语教学的发展提供了技术支持。

经过前面的阐述，我们对英语教学有了一个更全面的认识，因此将其内涵总结为：教师在特定的教学目标和教学目的的促使下，经过系统性计划，在相关的技术和方法的基础上，对英语知识进行传授，进而形成一种有效的促进教师的教和学生的学的统一过程。

（三）英语教学的实质

英语教学所体现出来的意义远远超过了语言教学的范畴，其更重要的是侧重于文化教学。以下就分别从语言教学和文化教学两个方面来进行阐述和说明。

1.英语教学属于语言教学范畴。英语属于语言种类，是一种交际手段。根据这样的论述，我们将对其进行的一切教和学的过程称为语言教学也就不足为奇了。其实不难理解，语言教学都是以实现学生对语言的准确掌握和正确使用为最终目的的。英语对我国人民来说，是外来语种，是作为第二语言进行学习的，所以开展的教学活动也可以称为外语教学。纵观人类外语教育的发展史，任何一种外语在进行教育的过程中都与知识教育的开展有着密切联系，重视外语基础知识的培养对开展外语教学意义重大。从这个视角来说，以英语教育为基础的语言教育的目的就是要使学生具备运用英语的能力。

不过，我们需要认识到那些不是将语言进行使用而是以语言知识为基础进行的研究行为是不属于语言教学范畴的。特别是一些如今已经不再使用的语言形式，如对古汉语的研究，这种语言学习和我们通常理解的语言教学是完全不同的概念，要将二者进行区分。

2.英语教学属于文化教学范畴。自古以来，语言的产生和文化就有着不可分割的关系，语言是以文化为基础产生的，同时又承载和反映着文化。在对大学生进行英语教学的过程中，不仅需要让他们对基础的语言知识有一个基本的了解，而且同时还要注重对他们的英语思维能力的培养和锻炼，从而提高他们综合运用语言的能力。如果是从这个层面来对两者进行理解的话，英语教学和文化教学在某些层面上是一致的。

二、英语教学的要素

教学的组成要素是非常多的，构成了一个复杂的系统。为了更好地进行区分，将众多英语教学要素划分为实体与非实体两部分。

1.实体角度。从这个层面来划分的话，英语教学要素主要有教师、学生、教学媒介等方面。由于英语的外来性，英语教学活动的开展需要依附于英语教师这一媒介。学生在进行英语学习时需要英语教师的指引，英语教师对学生来说至关重要，并且直接影响着学生英语水平的发展程度。在这一教学过程中，学生是整个学习的主体部分，是教学系统的最基本的构成要素。教学媒介的构成有教材、教具和其他一系列对英语教学有辅助性作用的工具，它们共同构成了影响和保障教学质量的重要方面。

2.非实体角度。从这个层面来划分，英语教学要素设计所涉及的内容是多方面的。主要有教学的内容、方法、目标、评价，教师的教学水平、学生的学习能力、学生的思想水平的发展状况以及学校的校风等。

不过，在对英语教学进行研究时，掌握和了解教学元素是一切活动开展的基础。我国传统教学模式由来已久，并且在一定程度上对英语教学的进程产生了阻碍，英语教师将主要的侧重点放在对学生基础知识的传授方面，却降低了对学生综合英语水平的重视程度。学生在教学元素的构成中具有重要影响，如果可以认识到教学改革过程中学生的主体作用的意义，对整个英语教学体制改革的进程是有利而无害的。

第二节　英语教学的理论基础

英语教学活动并不是凭空而来的，而是基于一定的理论知识建立起来的，具有相对的科学性。只是这些理论又分为不同的分支，各理论的研究者因为研究的方向不同，产生的理论也各有侧重点，这就导致最终对英语教学的结果的影响也有所差异。提高学生对英语基础知识的认识，可以在一定程度上促进英语教学朝着更加科学和有效的方向发展。以下就列举一些常见的英语教学理论进行阐述。

一、结构主义理论

在整个英语教学过程中，结构主义理论一直起着至关重要的作用，而且在19世纪和20世纪上半段一直都处于重要位置。下面，就结合英、美两国的研究成果举例说明。

（一）美国的结构主义理论研究

美国结构主义理论研究，是以对印第安人的口语研究为基础，然后经过不断发展形成的相对成熟的基础理论。语言学家通过符号语言将印第安人的口头语完整地记录下来，然后从各个方面对这些被记录下来的样本展开研究，希望通过这种方式来找到语言之间相同的部分。最后，这些语言学家得出的结论是——语言是一个意义语码化了的系统。

音位、词素、单词、结构和句型共同构成了结构成分，并且运用到整个语言系统中。美国的研究结构主义语言方面的专家在经过一段时间的研究之后，将有关印第安口语方面的研究方法应用到其他有共同之处的语言分析中，结果却显示出口语与传统语法之间是存在一定区别的。

美国结构主义语言学家认为，某些观点指出的口头语因其不规范性而受到传统语法的排斥，被视为是错误的语法表达这种观点是不够全面的。这些学者都觉得口语的表达方式摆脱了传统语法规则的限制，具有更大的灵活性。如果要开始进行语言的学习，就需要以口语为突破口，然后逐步深入。而这种口语学习主要指的是向那些以这种语言为母语的人学习，而不是照搬语法课本上有关这方面内容的描写那样进行学习，还要顾及什么是不可以说的。此外，语言学家在对这一过程进行分析和研究的进程中发现了语言都有各自的特性，表现在词素、音位和句法这3个系统中也是有所差异的，并且也会因为语言的不同而导致在这3个系统中的成分和结构都不同。所以，大学生在学习英语的过程中还要特别留意这些语言之间的异质性。

美国结构主义语言的研究在某个方面可以说是有关英语教学新研究的先行者，并且研究的成果为后面开展的外语教学提供了重要的理论依据，其意义重大。

1961年，在第九届国际语言学家会议上，美国语言学家威廉·莫尔登所进行的演讲对教学法在实施过程中应该遵循的主要原则进行了明确指示和总结。其内容可以概括为："语言应该是一种口语形式，而不是标准的书面形式的语言……语言应该是一套行之有效的行为习惯……教师向学生教授的应该是语言，而不是传授有关的语言知识……语言指的是以该种语言为本族语的人的日常说话方式，而不是个别人想当然地认为他们可以自由发挥……各种语言都是有所差异的，不会完全一样……"

通过上面一段有关语言的论述，我们可以发现其中有关结构语言观的具体形式，这是学者对结构语言学的最直观的表达和总结。另外，这些原则的叙述对听说法的建立和发展起到了直接的决定性作用，在此基础上久而久之就形成了一种新的语言形式——听说法的语言观。

（二）英国的语言结构研究

相对于美国对结构主义理论研究做出的贡献，英国也不甘落后，并且成果显著。只不过英国语言学家对语言结构的研究更多的是将注意力放在对句型结构的研究上。

其中具有代表性的人物要数英国语言学家帕尔默和霍恩比了，他们和另外一些语言学家一起从20世纪初期就开始了对英语句型特点的分析和研究工作。他们还从句型对英语语法的影响的层面进行了总结，这一思想和理论在霍恩比所著的《英语句型和惯用法》一书中有深刻体现，以便让后面的学者进行学习和借鉴。

霍恩比在所著的书中，将研究重点放在英语的动词和句型上，最后得出的结论是包括3种形容词句型和6种名词句型在内的总共25种句型。值得一提的是，这本书在对句型的意义进行说明和解释句型之间的转换性的过程中运用了大量的语言实例来作为辅助材料，这在一定程度上增强了本书的可读性和价值。

这一理论如今依然适用，并且霍恩比等学者对英语句型的分类和描述在新出版的《牛津高阶英汉双解词典》中仍有体现，可见其划时代意义。前期这些英国语言学家所进行的有关语言和句型结构方面的研究都成了后期情景教学法的参考源泉。

二、行为主义理论

行为主义诞生于20世纪20年代，其中以华生（J.B.Watson）的研究最为突出，因此其成为早期行为主义理论的代表人物。华生对行为主义研究的重点放在动物和人的心理这两个重要方面。他比较注重客观事实，于是主张直接观察到的行为也要用客观的方法来进行研究。华生认为人和动物行为在某些方面具有很大的一致性，那就是刺激和反应。心理学所研究的只是局限于表面的刺激如何引起和决定反应的发生，而产生这种行为的内部过程是怎样的就不再去深究了。华生认为动物和人一样，所有的复杂行为都是在一定的外部环境的影响下通过学习产生的。针对这种理论，他提出了著名的刺激—反应（S-R）公式，也就是行为主义心理学的公式。

该理论主张学习是一个人的外在的可见的行为表现，学习行为的产生依赖于一定的外界刺激，学习者对这些外界刺激做出反应，这些反应我们就称为学习行为。后来，行为主义学习理论得到了人们的普遍认可，被广泛应用于教育实践当中。该理论要求教师引导学生的学习行为并矫正学生的不当行为，要努力为学生创设适于学习的环境。教师也要看到学生的闪光之处，要最大限度地鼓励和强化学生适当的学习行为，相对削弱其不适宜的学习行为。但是，行为主义学习理论也存在一定的弊端，该理论将教师的位置和作用看得过于重要，教师在教学中占据着主导地位，而学生是教师灌输知识的对象，教师的职责就是向学生传授知识，而学生只要根据教师的教导消化和吸收所教给的知识即可。该理论并不注重学生学习的主动性和创造性，在很大程度上抑制了学生的创造天赋。

早期的行为主义还不够成熟，对语言和言语行为的研究还没有通过科学的实验方法进行有效验证，不过S-R公式对后续结构主义语言学的产生起到了重要作用。其中值得一提的就是结构主义语言学大师布龙菲尔德（L.Bloomfield），其代表作《语言论》的产生就与S-R公式的作用密不可分，并且在书中该公式理论清楚可见。他在书中采用了杰克（Jack）让吉尔（Jill）摘苹果的例子来对S-R的语言行为模式展开进一步的说明。在具体的论述过程中，它特别注重作为声音S-R言语行为的研究，他认为S-R是物理的声波，并将其引用到实际的语言教学过程中。简单来说，就是在语言教学过程中，首先由教师对学生产生声音刺激，然后学生再根据声音刺激做出相应反应。

同样，对华生的行为主义进行了相应的继承和发展的还有美国学者斯金纳（B.F.Skinner）。1957年，他出版了《言语行为》一书，认为言语都不是主动生成的，而是在外界的某种刺激的作用下产生的。这里所说的"某种刺激"并不是一个特定指向，而是既有外部的因素也有自身的内部因素。同时，言语行为不断得到强化的过程也正是学生获得适合的语言形式的过程。我们可以理解为，如果没有强化作用的存在，也就无法获得相应的语言知识。我们可以将行为主义的学习模式进行简单总结，如图1-1所示。

行为主义和听说法在一定程度上存在着十分紧密的内在一致性。从某个角度来说，听说法的建立与行为主义中的语言学习理论的支持是分不开的。语言的学习和掌握是一个复杂的过程，即刺激—反应—强化，而且也不是一蹴而就的。反映到实际的教学过程中就是学生需要根据教师的讲授过程而做出自己的反应，以表示这个过程是有效的。而此时教师的责任就是对学生的这一反应过程进行进一步的强化，然后再根据学生的反应进行分析和判断，最后选出正确的并使其反复应用。还有需要注意的就是，教师在教学过程中要特别注意培养学生好的学习行为，而对那些错误的行为进行及时指正。

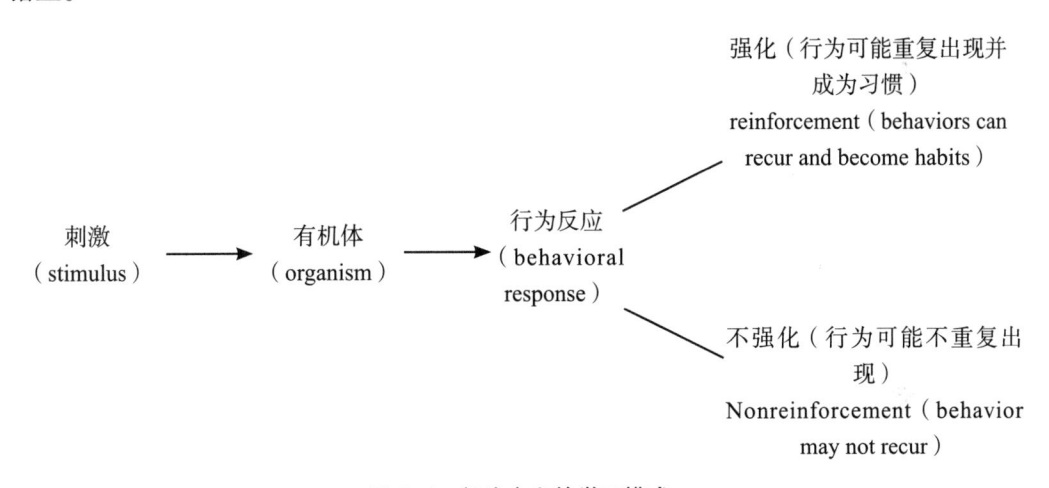

刺激（stimulus）→ 有机体（organism）→ 行为反应（behavioral response）

- 强化（行为可能重复出现并成为习惯）reinforcement（behaviors can recur and become habits）
- 不强化（行为可能不重复出现）Nonreinforcement（behavior may not recur）

图1-1 行为主义的学习模式

三、二语习得理论

二语习得理论是英语教学的重要组成部分，其研究主要包括国内和国外两个方面，下面就从这两个方面分别进行讨论。

（一）国外二语习得的研究

在对一些资料进行学习和研究的基础上，以各阶段的发展顺序为主线，将整个的二语习得研究分为5个阶段进行论述。

1. 20世纪50年代以前

在20世纪50年代以前，人们还是以行为主义理论认识为基础来对母语与第二外国语言进行区别和划分。在这一时期，语言学家也进行了很多研究并发表了一些相关作品。只不过,此时也出现了一些与这些行为观点和理论相反的言论,甚至是强烈反对,为首的就是诺姆·乔姆斯基(Noam Chomsky)。只不过这些相反言论并没有引起社会和大众的足够关注,依然还是以行为主义论为主旋律。这一时期的二语习得理论还处于发展和研究阶段,距离发展成为一种独立学科还需要一定的努力。

2. 20 世纪 60 年代

20 世纪 60 年代早期,人们开始关注和研究第一语言习得理论中的儿童内在语法,这些研究都为后来的二语习得理论的研究起到了一定的辅助功能。

这一时期的主导性理论是以乔姆斯基的理论为代表的。这一时期后期,二语习得理论的研究和发展迅速得到提升。从这个角度来说,二语习得理论的研究才开始进入白热化阶段。这一时期,研究者关注的是语言教学法和教学质量提升的方法,最重要的还是研究人们通过什么样的方式来进行第二种语言的学习。

3. 20 世纪 70 年代

到了这一时期,对二语习得研究的重点转移到了学生的身上。这一阶段产生的中介语理论在全世界范围内引起了强烈反响,甚至有人形象地将其比喻为学术界的第二次革命。

4. 20 世纪 80 年代

到了这一时期,二语习得理论研究的重点又转向解释第二外国语习得和理论的测试方面,并相继出版了相关的作品。

这一阶段,得到突出发展的是普遍语法和第二外国语习得理论这两种理论基础。人们对二语习得理论的研究热情越来越高涨,并且很多人为此花费了很大的精力。很多研究者更是倾注心血致力于二语习得和语言教学之间的内在联系,并取得了相应成果。

5. 20 世纪 90 年代以后

20 世纪 90 年代以后,很多研究者将研究的重点转向研究学习者通过什么样的方式可以获得相应的第二语言上,这一时期二语习得理论得到了空前发展和繁荣,各学者的观点和研究层出不穷,产生了百花齐放的局面。

时间到了 21 世纪,研究者的研究重点又发生了变化,人们重点研究的是对学习产生影响的各种外界的社会文化因素的层面,同时也有相应的理论著作的诞生。这一时期具有代表性的理论要数社会文化理论和认知理论了,有关这两方面的研究也是层出不穷。

(二)国内二语习得的研究

我国关于二语习得理论的研究相对于国际上其他国家来说,开始得算是比较晚的,这也就造成了研究成果与其他先起步的国家相比差距很大,其实这与我国的发展历史是有一定关系的。在相关理论的支持下，我国将二语习得理论的相关研究分为以下3个时期：

1. 1984—1993年

这一时期，人们对二语习得理论的研究还处于初级阶段，关注的主要是介绍、探讨和初步应用方面。对我国来说，真正意义上的二语习得理论的研究是到了20世纪末才开始萌芽的。1984年是语言习得和外语教学——评介Stephen D.Krashen关于外语教学的原则和设想年，当时北京外国语大学的胡文仲教授的一篇《语言习得与外语教学——评价克拉申关于外语教学的原则和设想》的文章得以在《外国语》的第一期上发表，在当时引起了极大的轰动，这标志着我国开始正式进入了二语习得理论的研究阶段，胡教授可以说是我国研究二语习得理论的第一人。

从这以后，我国有关二语习得理论的研究文章出现在国内的各大期刊中，迅速传播开来。这一时期的研究内容主要包括中介语研究二语学习者的相关因素等方面。

2. 1994—2004年

这一时期是我国的二语习得理论研究平稳发展和趋于完善的阶段，到了这一时期，我国的二语习得研究取得了相应进步，已经相当完善了，研究内容主要涉及以下4个方面：

（1）研究类别向外进行扩张，主要包括理论和实际应用两个方面。

（2）研究方法多样，包括思辨式、经验型文献研究，逻辑式和更具科学化的实用性研究。

（3）研究层面提升，我国有关二语习得的相关研究开始的时候只是停留在语素、语音、语法这3个层面，到了这一时期逐步向话语和应用的方向靠拢。

（4）研究对象得以发展，并且有关的学术研讨会还专门对相关的二语习得研究专题进行讨论。

这一时期，有关二语习得理论的相关文章相继得到发表，而且高校内还专门设立了相关的专业供大家学习，这使得我国在二语习得理论的研究又上了一个新台阶。

3. 2004年至今

2004年发展至今，我国有关二语习得的研究也在不断进步和发展，不再是过去单纯地存在于认知方面了，而是逐渐向认知与社会文化相结合的研究方向进行转移。

社会文化理论的发展同时为二语习得理论的研究提供了帮助。

通过我国对二语习得理论的相关研究和取得的成果，我们发现我国学者的相关理论对国际上关于二语习得研究的发展也做出了一定贡献。只不过我们需要认识到的是，该领域的很多问题还没有得到根本解决，而且将来一定还会遇到更多的困难，需要我们更加不懈努力进行探索和研究。

四、对比和错误分析理论

对比和错误分析理论一直也是我国英语教学发展进程中一个不可忽视的基础理论，以下就对其进行详细论述。

（一）对比分析与迁移

对比分析是一种应用性对比分析研究的理论，它的产生与行为主义心理学中的联想理论和刺激—反应理论有着密切关系。以对比分析为基础，可以帮助解决外语教学过程中所遇到的一些问题，还可以分析出存在的原因，以此来促使语言学习行为的形成。

20 世纪 60 年代以前有关对比分析理论的呼声就有了，而且将语言学习定义为是一种语言习惯从母语向外语进行迁移的过程。如果教师在进行外语教学以前就对所学语言和母语之间的区别进行了研究的话，那么就会很容易地发现其中的异同点，也能提前采取预防措施。当时的人们对这一方法很是认同，他们认为只要知道了母语和外语之间的差异，就可以对可能出现的问题进行一定程度的预测，而且即使是错误已经产生了，也可以在对比分析的情况下得到解决。

其中关于这一理论的阐述有很多，比较具有代表性的要数美国语言学家拉多（R.Lado）在 1957 出版的一本名为《跨文化语言学》的作品了。书中，拉多将在二语习得过程中所遇到的问题与难题归结为受到母语的干扰，甚至从更深层次来说是母语与外语结构上的差异所造成的。由此我们得出，在实际的二语习得教学过程中应该致力于对语言结构差异问题的解决。通常来说，语言之间的差异越大，那么在学习过程中遇到的难点越多。根据这一结论，拉多认为在实际的二语习得教学过程中有关的考试方向的确定、教学内容的选择和大纲设计的内容都要从对比分析理论的层面进行考虑。由于不同国家所使用的母语是不同的，那么在进行教材的选择时也应该将这一因素考虑进去进而选择不同的教材。另外，拉多在他的书中还使用了举例子的方式来对对比分析进行解释和说明。例如，学生所使用母语的方言因素也会在一定程度上影响英语学习的效果。

（二）错误分析

根据前面对比分析理论的解释，主要涉及的是母语和英语由于语言结构上的不同而导致在学习过程中出现问题，并且两种语言之间的差异越大，母语对学生在学习中产生的影响也就越突出。如果教师可以掌握其中的规律，就可以了解对学生二语习得造成障碍的重要方面。只不过随着时间的推移，人们逐渐认识到母语并不是影响学生二语习得进程的唯一原因，甚至对对比分析预测出现的问题提出了疑问。基于这方面的原因，有些语言学家就开始致力于对外语学习者所产生错误的研究，并对这些错误的类型进行归纳和分类，进而分析出是什么原因导致出现这些问题。

学习者的错误可以分为两种，即"行为错误"和"系统错误"。例如，下面两个错误：

The thought of those poor children were really…was really…bothering me.

想到那些穷孩子就使我烦恼。

She teached me English.

她教我英语。

第一句话中出现的错误是使用者在使用语言时的"行为错误"，这种错误是比较容易发现的，大多只存在于表面上。在这一过程中，使用者是知道所使用的语言项目的正确用法和所用场景的。

第二句话中有关语言使用不恰当的错误，我们又将其解释为心理语言学研究中的"系统错误"，另一种说法是"能力错误"。这种错误指的是学习者并没有意识到自身哪里出现了问题，从这个角度来说，这一错误就与学习者自身的对语言的掌握能力有关了，而并不是使用层面的问题，所以也就有了"系统错误"一说。

学习理论不同，对所呈现出来的错误的看法也是不一致的。在行为主义心理学看来，人们对于语言的学习过程是刺激与反应的发生，第二语言的学习也不过是一套美好习惯的形成罢了。主张这一观点的人们认为学生在使用外语的过程中所产生的错误在很大程度上与自身的还不完美的习惯有关，教学所要达到的目标就是想尽一切办法避免这种错误的发生，比较有效的方法就是教师在课堂上使用合乎规律的句型进行演练。

（三）对英语教学实践的启示

"语言迁移"，从字面的意思进行解释就是在母语的习得环境中学习的知识逐渐向外语进行迁移的现象。在我国大部分语言学习者都是在掌握了母语使用规范以后才开始学习外语的，所以在学习过程中母语的适应习惯就会时时刻刻影响外语的学习，这一过程可以理解为"语言迁移"的副作用。从这个层面来说，迁移就有了正负两方面的影响的区别。当外语与母语存在很大相似性时发生的是正迁移。当外语与母语之间既有所谓的相似性又有本质上的不同的时候，就增加了负迁移的发生概率。

正迁移是指向着对学习语言习惯有利的方向进行转移的过程，当母语与外语的形式相同时就会发生正迁移,正迁移对学习者学习外语很有帮助。

负迁移对语言学习的作用在很大程度上是可以和"干扰"画等号的，是指根据母语的使用习惯和表达方式来描述外语的用法而带来的负面影响，会阻碍外语的学习。在实际学习过程中遇到母语负迁移的情况时有发生，其中在成年学习者的身上表现得比较明显。此时他们已经完全掌握了母语的表达方式和习惯，在外语的学习过程中就会不自觉地引入母语的概念，这时候出现的错误就可以理解为母语对英语学习的负迁移效果。这种情况发生比较多的是学习者刚开始接触英语学习的时候，这时候英语对他们来说是完全陌生的语言，所以一切都会从母语出发，而且大部分的"中式英语"都是在这一阶段产生的。

根据行为心理学的研究结果，学生在英语学习过程中产生错误的原因归根结底还是其自身英语习惯的缺乏。因此，学生在学习过程中对出现的语言错误必须及时纠正，教师则要起到相应的监督和指导作用，发现错误苗头就要及时消灭。因为错误无论大小，对于正确的语言行为来说是极为不利的。但在实际情况中并非如此，拒绝一切错误并不是明智的选择，并不是所有的错误都会对学习产生严重影响，有的产生的影响甚至是不明显的。从这个角度来说，教师要允许学生在学习过程中出现一定的错误，然后根据错误出现的类型进行有针对性的教学。例如，如果教师想要对学生重点进行句型类型的训练，那么教师就应该将精力放在对整体错误的识别上，制定有针对性的训练计划，而不是去搜集局部错误而浪费时间。

五、中介语理论

"interlanguage"，我们将其翻译为中介语，甚至可以将其理解为"过渡语"。中介语通常将自身所具备的母语作为起点，而第二语言的最终获得是终点，而中间的那部分内容都可以概括为中介语。中介语概念的出现最早是由英国的语言学家塞林格提出的，这主要源于他在1969年发表了一篇名为《语言迁移》的文章，文中他首次使用了中介语这一概念。在3年之后，他又趁着热度发表了一篇名为《中介语》的论文，进一步对中介语的概念展开了全面剖析，确立了中介语理论在二语习得研究过程中的中心地位，让人们对中介语有了更深层次的认识，将中介语的理论研究推向了高潮。不过在此之前，也有学者也曾使用过"近似语言系统""过渡能力""特殊的语言"等近似的术语对这一理论进行过阐述，不过影响范围较为深远的还要数"interlanguage"这一说法。

中介语理论的产生与外语学习过程分不开。但因为其既与学习者的母语不同，又与外语不一致的特性，决定其只是在学习过程中随着发展进程的推进而产生动态变化的形式，这种动态性变化指的是不断向目的语靠拢。而这种靠拢实际上就是母语向目的语的逐渐过渡，所以也就有了"过渡语"这一说法。说到要对中介语展开研究的目的，还要从探究第二语言的学习本质谈起——寻找到其中的规律性，进而为二语习得提供可靠的科学依据。

国内外有关中介语的研究一直没有间断过，始终处于发展阶段，但所涉及的主要还是停留在母语与第二语言的对比分析和学习者学习过程中的错误分析这两个方面。中介语的存在作用是帮助学习者在进行第二语言的学习过程中学会使用中介语进行母语向目的语的过渡，以实现最终可以熟练运用的目的。从这个层面来说，中介语对进行第二语言学习的学习者来说就是不可逾越的一个步骤，甚至可以说是一个动态的连续体，具体表述如图 1-2 所示。

由图 1-2 我们可以看出，主要体现出来 3 种不同的连续体，在此基础上我们可以总结出 3 种不同的观点，具体描述如下。

（1）首先我们可以看出来，学习者不管是进行何种语言的学习，都和自己所持的母语是分不开的，都是以母语作为起点的。

（2）我们可以认识到连续体都是以普遍语法作为起点的。

（3）我们可以看到都是以学习者的母语和普遍语法的混合体为开端的。

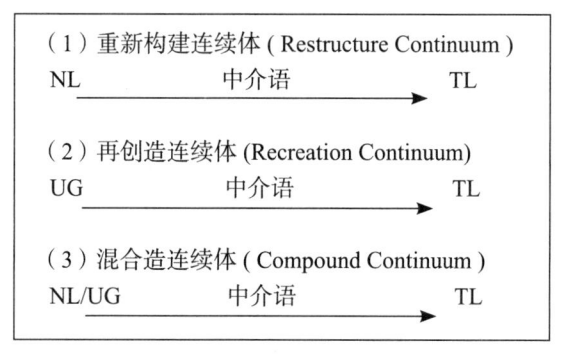

```
（1）重新构建连续体（Restructure Continuum）
NL         中介语         TL

（2）再创造连续体（Recreation Continuum）
UG         中介语         TL

（3）混合造连续体（Compound Continuum）
NL/UG      中介语         TL
```

图 1-2　连续体示意图

根据上面所阐述的理论，我们可以得出这样的结论，那就是影响中介语的因素并不是单一方面的，它主要受母语和第二语言的两方面影响。在这个连续体里，我们可以将三者之间的关系进行描述，具体如图 1-3 所示。

```
母语 → 中介语 → 目的语
```

图 1-3　母语、中介语和目的语之间的关系示意图

对中介语理论展开分析的过程实际上也是一个不断发现的过程，通过对中介语的分析，我们发现如果以学生在第二语言学习过程中所产生的错误为出发点，可以有效反映出中介语的发展状况。这就要求教师在实际教学过程中不应该对学生的语言学习错误进行过多指责，而是要分情况进行宏观指导，如果教师此时一味指责会对学生学习语言的积极性造成一定影响。而作为学习者的学生则可以通过这一学习过程对自身的一些错误进行认识和改正。

有研究显示，过渡语在错误产生的背后发挥着持续的积极作用，而且还不断变化着，在此基础上构成了一个所谓的中介语连续体，并且一直存在于二语习得的整个过程之中。需要注意的是，在二语习得的过程之中我们允许一些错误的存在，然后对其产生进行分析，从而促使学习者的中介语向完美的外语靠拢。

六、输出理论

输出理论也是影响语言学习的一个重要理论,并且发挥着重要作用,主要表现在以下几个方面:

(一)斯温纳输出假设

斯温纳(Swain)提出了输出对于二语习得过程的重要作用,这一假设的提出主要是根据他的"浸泡式"教学实验为前提的。斯温纳对他的浸泡式教学提出了基本的原则,其主要要求是他认为二语习得应该是进行一些其他学科学习的工具,而获得语言的过程就是学科内容的一种"附属品"。为了验证浸泡理论的正确性,斯温纳专门在加拿大进行了有关这一理论的实验,研究证明使用浸泡理论的学生对第二语言的输出能力有了一定提升,但如果与自身的母语相比的话还是存在一定差距的。斯温纳在对这一现象进行研究之后,得出结论:产生这样的结果并不是因为学习者在语言输出方面的能力不足,而是因为可以向他们提供支持语言输出能力的活动非常有限。他认为他没有尽可能多地为他的学生在课堂上创造充足的进行二语习得的机会。还有就是学生没有受到语言输出活动的影响而变得积极。他认为语言输出对学习者来说影响是非常多的,具体主要包括以下3方面:

第一,其作用主要表现在向学习者提供可以进行自我假设检验的机会。

第二,在一定程度上帮助学习者尽可能多地关注一下语言形式的内容。

第三,向学习者提供有意识反思的机会。

斯温纳后续的工作就是对上面所说的3个重要作用展开实际论证。在他看来,只要学习者着手进行与语言有关的活动,就意味着与此相关的语言方面的障碍同时产生了,而且这个障碍会在一定程度上不断指引他们将注意力偏向那些他们不是特别熟悉掌握的方面。这样做对学习者来说,好处就是让他们尽可能地理解和掌握他们的真实表达意图与借助语言形式所表达出来的意思两者之间是有明显差异的。这种方式可以帮助学习者获得一定的语言学习方式,因为这种注意会在一定程度上对他们的认知活动产生一定的刺激,并使其活跃起来,而这种认知活动对于学习者来说有温故和求新的作用。

语言输出活动说到底就是一种学习者以交际作为前提而进行的新的有关语言形式和结构上的重新规划。在这里,学习者可以借助语言形式的帮助来检验这种新的形式是否合乎规范。如果没有这一相关理论存在的话,对学习者来说就缺乏足够的支持来对所提假设进行验证。

根据斯温纳的理论,他指出语言的输出功能可以对学习者有意识反思活动的形成起到辅助作用。当我们头脑中形成输出可以对语言形式进行检验的理论的时候,其实已经在心里认定两者是有内在联系的了。从这个方面来理解的话，语言输出所表现出来的就是语言形式对某一种有意义的行为的猜想过程。我们并不知道他们的内心假设到底是怎样的，我们能做得到的就是通过他们所表现出来的语言输出来推理和猜测假设的真实含义。还有一种情况就是学习者除了将自己的假设进行了完全表达以外，还借助语言输出的形式对假设进行了进一步的反思检验，这种形式就相对增强了学习者对语言的把控能力。

（二）输出假设对外语教学的影响

语言输出的突出效果主要还要从帮助学习者提高语言的使用熟练度和让学习者认识到自身在学习过程中所存在的一些缺憾等方面体现出来。此外，学习活动的存在还可以从另一个角度刺激学习者对所提出的假设进行进一步检验的形成，这也是翻译活动所必须经历的一个步骤。总之，语言输出的假设理论对于外语教学来说意义还是重大的，具体可以通过以下方面来进行分析：

首先，如果单从认知的层面来说，语言输出是二语习得的保障。在进行外语教学的过程中，如果可以提前展开对语言输出活动的安排，就可以在一定程度上迅速提升学习者对语言形式的掌握程度和学习效率。不管怎样，这种层次丰富的语言输出活动对教学过程的影响以及对学生语言能力的提升都很有帮助。

其次，在相应的教材编写过程中设计相应的角色扮演和小组讨论的练习活动方式，帮助大家理解输出的作用。

最后，当大家都认识到语言输出活动在语言学习过程中所起到的重要作用以后，很多教师都在教学过程中加大了教学实践的比重。

（三）输入假设对英语教学实践的启示

输入假设在英语教学实践过程中所起到的作用也是大家都真实看到的，具体内容有以下五点：

1. 强调学生的主体地位

普遍语法的作用只是对语言起到一定的研究，虽然它有可能在语言学习领域中占有一定位置，但它本身是与外语教学和外语学习不产生直接的内在联系的。但不可否认的是，普遍语法对外语习得的研究产生的效果显著。由此乔姆斯基对当前的传统教育观念进行了颠覆，提出了学习是语言的形成过程的理论，并且需要依靠结构训练和句型练习的共同支撑。在这个过程中，从学习者的角度来说可以说是对语言学习的认识又提升到了一个全新的高度，充分认识到这一过程的形成和实现与有效的认识是有着密切联系的。

普遍语法理论的产生在一定程度上促进了以此为根本的外语学习理论的出现。虽然最开始的时候对于普遍语法的初始研究和实际的语言教学没有什么紧密的联系，但后来随着发展，有关这方面的研究者和其研究却对语言教学有了深刻和长远的影响。另外，乔姆斯基也主张在外语教学过程中强调学生的主体地位，一切从学生出发，重视学生对学习的接受程度并且时刻关注学生的学习效果，进而对学生展开与创造性相关的自主型学习的激励。另外，需要对学生特别注意的方面就是合理的学习机制的习得。

2. 确定听、说、读、写的顺序

克拉申提出的输入假设理论特别重视学生的输入活动的体现，更进一步理解就是注重学生的"先听后说，先读后写"能力的培养，而且这也正好与我国现阶段要求的或者是国内开展英语学习的现状产生了高度融合，具体表现在以下方面：

（1）首先明确我国高校目前开展英语教学或学生进行英语学习的目的依然不是为了提升在实际交际过程中的口语能力，还停留在为了应对考试而需要训练听说和阅读能力的阶段，因为我国目前的有关英语的考试还是以阅读和听力为主，有关口语交际能力方面的测试还是很少的。基于这种现状，我国的英语教学就将精力主要集中在听、说、读、写上面，而且先以听说为主，其次是读、写。在这种情况下，"说"的功能对于外语学习者来说只是放在次要的位置，而不作为重点学习和考试对象对待。

（2）在实际的英语教学过程中，因为班级学生数目会很多，针对这种情况，只重视听读能力的培养对教学活动的顺利开展起到了促进作用，同时也会相应增加对学生知识输入的强度。

（3）语言输入想要达到的目的就是获得听和读的能力，因为在英语教学中听和读本身就是一种能力。从这个角度来说，这一教学过程中的听和读既是作为手段来进行学习的，同时又是英语教学所要达到的一种让学生掌握能力的目的。

（4）这4种能力中阅读相对于其他能力来说可行性和可操作性更大一些，只要有充足的时间和书本就可以实现。

总体来说，如果将英语学习中的这4种能力根据由易到难进行划分，其顺序应该是读、听、写、说，由此我们可以看出来"说"这种能力在英语教学中是最难实现或达到的目标。

就我国教育现状来说，大力倡导英语学习过程中的阅读能力的培养还是不能松懈的，因为我国现在的大学生的整体读书能力与国际上的发达国家相比，还存在着一定的差距。因此，在我国强调"读"的重要性不论什么时间来说都是必要的。但如果只将学生的阅读能力局限于现有的课本上的内容，是远远不够的，需要用好的课外读物来丰富大学生的阅读量。只不过我们在重视阅读的时候还要增加对听的重视程度，因为一个人如果无法听懂别人的言语，那么接下来的口语交流就不可能顺利展开，这也是对学生语言输入能力的阻碍。大学生具备了足够的听读能力，对自身的说和写能力的提升也是很有作用的。

虽然传统的"语法翻译法"在一定程度上可以向学生提供足够的知识输入，但这种方法带有很强的个人情感因素，而且还有很多环节的监督作用，这就对语言的学习过程造成了一定的影响。但"听说法"对于语言的输入能力相对来说就稍微逊色一些了，而且其中关于句型训练就占据了很多的时间，也对语言习得的最终效果带来了一定的负面影响。面对前面所说的这两种情况，教师在实施实际的英语教学时，为了尽可能多地向学生提供语言输入，不仅在课堂上要求学生阅读和听足够量的材料内容，而且还将其他一些适用的学习方法引入日常的英语课堂教学，使学生的综合能力得到提高。

但事情都是有两面性的，克拉申的"输入假设"理论对我国的英语教学而言，同样有不适合的消极成分的存在。如有些老师在教学时刻意追求输入能力（听读）的培养，而不在意语言输出能力（说写）的培养，这就导致了学生个人能力发展不平衡局面的产生。结合克拉申的观点，语言输出并不能完全实现语言的习得，只有时刻关注对语言输入方面的理解，才会使语言输出迎刃而解。但通过实践的检验，我们发现语言习得实际上是输出和输入一致作用的结果，而语言的输出对于学习者来说其实就是一种有关对输入理解的深刻检验。虽然语言习得过程中起到主要作用的是听和读的输入能力，但不可否认的是说和写的输入能力对语言习得的整个过程所产生的侧面影响也是需要引起关注的。

3.重视课堂教学质量的提升

克拉申还强调了对于刚开始学习英语的人来说，就算是外部条件比较适宜，但如果接收到的输入是大量自己无法理解的输入时，对于学习者来说不仅是浪费时间，而且还会对他们学习语言的积极性造成一定的打击。从前面所提出的理论，我们可以总结出课堂教学对教学过程所起的重要作用，这主要归结为一个理想状态的输入需要以下两个条件的支撑才可以实现：

（1）可理解性。可理解性就是学生对于所输入的语言的接受程度，这就要求英语教师在日常的教学活动中要注意发音的准确性和清楚性，同时还要控制好自己的语速，以便学生利用有限的课堂时间进行理解。还要注意语言的规范性，尽量使用学生常见的词语和简单的句型来为学生讲解适合目前学习阶段的材料内容。

（2）输入内容应该是学生感兴趣的。教师的日常讲话和对材料内容的讲解过程应该遵循循序渐进的原则，先由浅显和容易的开始，然后随着学生的掌握能力和理解能力的提升而逐步向相对深层和有难度的内容过渡。如果一开始教师就讲解对学生来说稍微有难度的材料，就会使学生的学习进入一种误区，即学生会采用汉语的学习方式来对英语进行理解，并以此来分析词义和句义，而并非采用英语的学习方式进行思考。这样一来，学生的学习兴趣就会降低。如果材料中出现的生词过于密集的话，更会导致学生阅读起来难度增大，在无法推测句义的情况下只有多次采用查询字典的方式来解决。这样不仅会降低阅读的流畅度，而且甚至还会引起学生的反感。而这正好与克拉申所提出的i＋1理论达到了某种契合。克拉申认为，当教学所用的教材与学生当前所具备的学习能力相适应的时候，学生才有可能会对学习提起一定的兴致，然后自觉地去理解英语的内涵。

4. 恰当发挥母语的作用

关于母语在二语习得过程中所发挥出的作用，我们可以通过克拉申的"自然习得语法顺序的假设"理论略有所知。一般来说，学生在外语的学习过程中，母语和外语的语法学习顺序几乎是一致的。在这里，他对母语对于外语学习过程中的干扰作用进行了重新论证，并对那些过于偏差的理论进行了指正。对于我国来说，学习者在进行外语的学习时大多已经形成了汉语的规则和习惯，如果盲目将汉语看成是外语学习过程中的绊脚石，而拒绝使用任何汉语来开展外语教学，这样的结果只会对学习者最终的输入和输出工作造成严重影响。

克拉申的这一理论同时也是在提醒我们，外语的学习并不是要我们完全放弃母语在其中的影响，而在一定程度上母语还会给外语学习提供相应帮助。换句话说，教师可以通过在英语教学过程中恰当发挥母语的作用和效果，在一定程度上帮助学生加强对英语的理解。

5. 实现习得和学习的结合

根据克拉申的相关理论观点，我们知道要想熟练运用和掌握英语的使用并非懂得其中的语言规则就万事大吉了，其中还需要相关的输入环境的进一步融合作用。

我们需要注意的是，学习者在进行外语学习时，应该将习得放在重要的位置，而学习只要放在次要的位置就可以了。从我国的外语教学现状来看，学生想要处于一个完全的外语环境来进行外语学习还不现实，时间有限的课堂形式的授课还是主流。从这个角度来说，习得和学习对学生来说都变得重要了。不过，虽然我国现状是这样的，但外语教师还是要尽可能多地创造外语环境来开展教学，这样就会使习得和学习实现进一步互融。教师要多鼓励学生参加一些英语角的活动，或者是结交外国朋友来增加自己运用外语的机会，进而提升对外语的运用能力。

第三节 英语教学的现状分析

英语对我们来说毕竟是一种外来语言，而且大部分人开始英语学习时已经对母语的使用习惯心领神会了，这就会导致学生展开第二语言的学习过程中难免受到传统汉语教学方法的影响和干扰，进而使得二语习得的历程倍感艰辛。从这个方面来考虑，可以将我国大学生目前在英语学习过程中所遇到的难点和存在的问题进行以下划分，我们只有认识之后才会采取更加科学和有效的方式来进行改革。

一、教学模式形式简单

我国地域辽阔，各地区也会因为地域条件的限制而表现出不同的英语教学水平，再加上各地师资力量和重视程度上的差异，使得各地的英语教学水平参差不齐，还有些地方的教学问题在于所采用的教学模式的形式过于单一化了。基于这种环境建立起来的英语教学模式通常以应试教育为主。虽然随着信息技术的进步，新兴起来的多媒体技术的不断发展使得这一模式得到相应改善，教学活动得到相应提升，但其根本还是没有任何动摇，依旧是一方讲、另一方听的单向传输模式。这一模式的最根本问题其实就是忽略了学生在学习过程中的主体地位和应该发挥的核心作用。

在这一教学模式中，学生的主动权是受到一定限制的，他们大多是在被动地接受知识，也没有充分地提供想象的空间，而且应试教育目的明显。这一切似乎都在表明在课堂教学中教师的主体地位是不可以动摇的，且权威是不容置疑的。但是，这样长久发展下去的后果只能是师生之间无法形成良好的互动，学习成绩也不会得到有效的提升。

二、教材的选用不合理

一般来说，大学英语教材的编写和选用都不是随意就可以做到的，是在既定的教学大纲和教学目标的基础上编写的，内容也大多是向考试方向靠拢。大学英语教材的编写是不可以脱离教学大纲而独立存在的，它们是一个整体，存在着一种不可分割的关系。目前，从整体来看，我国大学阶段的英语教材并不能完全满足学生的学习要求，甚至从某种程度上来看是制约了学生的学习能力的发展和教师的授课效果。

英语教材是英语教师进行教学的前提，是不可以缺少的"一只手"，除了可以对教师的教学质量产生一定的影响外，还与学生的语言能力的习得有着很大关系。

教材通常需要以教学大纲为基础进行编写，不可脱离大纲随意编写，这样就造成了教材编写过程中的一些局限性。还有就是高校阶段的教学大纲中要求学生掌握的单词与中学阶段的单词在很大程度上具有重复性，这就会使学生产生一种怠慢感或消极情绪，认为这些知识在中学阶段已经学习过了，没有必要再花费力气重新学习了。

另外，目前的大学阶段英语教材的内容在选择上大多倾向于文学或政论的方向，这些对学生来说实际应用到的机会很少，所以实用性稍微欠缺一些。还有就是教材的更新不能做到完全与时代同步，很多都是好几年前就开始使用的了。而如今是一个发展日新月异的时代，很多改变都是短时间之内的事情，所以教材内容滞后是大家最容易察觉到的事情。此外，我国高校开展的英语教学有关口语训练的环节一直属于薄弱环节，学生缺乏相应的口语锻炼机会。虽然随着时代的进步这一过程得到相应改善，一些与时代发展和教学大纲要求逐渐接轨的新兴教材开始进入大家的视野。但这些新出现的教材通常在内容上都不够深入，对学生来说又缺乏相应的难度，所以对学生的英语水平的提升依然没有起到应有的作用。更有甚者是对教材的编写一味盲目地根据要求进行改革，大量增加有关口语训练的内容，使得与前一阶段所学内容严重不连贯，这些严重阻碍了教师的教学效果和学生学习效果的提升。

三、能力培养不平衡

众所周知，语言的外在表现意义是通过表达功能和表达形式这两个方面来进行集中体现的。只是我国英语教学现状是将教学的核心内容放在了对语言表达形式方面的培养上，而相对减弱了对语言功能方面的训练。虽然我国现行的高校《英语教学大纲》的教学要求和目标是培养学生具有一定的听、说、读、写、译能力，使其均衡得到发挥，但由于各方面因素的影响并没有使这一目标得以实现，大部分学生在实际工作和学习中使用英语的机会并不是很多，这些大学生应该具备的英语基础能力依然处于很低的水平，"哑巴英语"的既视感还是很强的。

由此，大学英语教学所呈现出来的就是一种费力不讨好的状态，而且这还是我国目前高校的一种常态。在我国的高校教育阶段，大学英语依然只是作为一种公共课来进行教学的，而且只出现在大学阶段的前两年课堂中，只维持两年的时间。据有关数据显示，很多学生在学校中的前两年都将大部分的时间用在英语的学习上，但最终所收到的效果却不尽如人意。经过多方面的分析，我们总结出了之所以会产生这种现象的原因，具体包括以下3方面：

1. 受大学英语四、六级考试因素的影响比较严重。大学阶段的英语四、六级考试是一种单纯的具有分析性质的考试，而这样的后果就是学生陷入一种只会考试不会说的状态之中无法自拔，从而影响到了英语综合能力的提升。

2. 受记忆式学习方式的影响。在我国大学阶段的英语教学过程中，一直将学生对于基础知识的积累放在重要位置，而忽略的是对学生利用所学知识进行日常交际和交流的训练和培养。

3. 社会环境的影响。英语对我们来说只是一种外来语言，日常的生活中大家都还是使用汉语进行交流，所学到的英语知识并没有很好的实际应用的舞台使其得以充分发挥。

总之，我国目前的大学阶段的英语教学还是没有将对学生的语言表达方面的训练和培养放在首要的位置，表现出来的大学生语言能力发展不平衡的现象还是比较明显的。需要注意的是，我们目前正处于一个信息型的社会之中，英语是作为一种语言工具来帮助人们获得相应的外语信息。随着国家之间国际化进程的加速,英语的使用能力必须引起我国的重视。而大学生是国家的储备人才,其英语的掌握能力更是一个国家综合素质的体现。

四、师资力量匮乏

前些年,全国范围内都在开展高校扩招行动,各地区也是积极响应并加入其中。但这一现象所导致的一个直接后果就是由于师资力量的储备不够充分,并不能完全应对这一迅速开展的活动,于是就造成了大量英语教师的超负荷工作,搞得大家苦不堪言。我们可以简单地来算一笔账:一名普通的高校教师每周的教课时长一般都超过了12课时,他们还承担一些备课、批改作业、设计教学任务以及其他一些责任和义务,这些几乎占去了他们的大部分时间,进而导致他们没有足够的时间花在自我的进修上,无法提高自己的授课水平。这些对英语教师来说都是非常不利的。

另外,当高校出现英语教师力量不足的情况时,就会降低对英语教师所具备的知识能力和素质的要求,一些高校甚至只能去聘请那些学历较低的人来进行英语的授课活动,这就使得不同英语教师的教学成果显现出不同层次的水平。

五、文化意识不同步

一般来说,目前我国大学在实施英语教学的过程中,看中的还是学生的成绩,基本上还是以教师的口头教学方式为主,其中有关文化方面的教学内容涉及得很少。如果对引起这一情况的原因进行挖掘和总结的话,可以概括为以下3个方面:

1. 因为教师一直所接受的教育方式就是传统的,这种方式对他们来说已经习以为常了,现在应用到实际中,他们大部分还是会结合当初所学来向学生进行知识的传输。在课堂教学中,很多英语教师只是将重点放在了学生是否掌握了正确的语言形式,而不是去关注对英语知识的介绍上和通过怎样的方式来正确使用语言。出于这方面考虑只是因为教师觉得课堂时间少而宝贵,而文化教学是花费精力和对学生的学习过程产生压力的一种形式,很多教师基于这方面因素的考虑就认为不应该将有限的课堂教学时间用在这些繁重的文化教学方面,甚至还有极少数的英语教师对英语教学的理解比较狭隘,他们甚至觉得只要学生掌握了单词的使用和对语法知识的运用就等于学好了英语,而文化知识的学习就没有必要了。

2. 英语本身对于教师来说也是一种外来语言,很少有高校英语教师是以英语为母语的,英语教师拥有的开展英语学习的机会和环境也是相对有限的,他们所掌握的英语知识也是比较零散的和琐碎的,并不能完全满足学生的学习需求。

3.作为高校英语教师来说，他们自身的教学任务也是比较多的，本来就分身乏术了，如果再让他们去进一步开展有关文化方面的教学研究，对他们来说无疑是勉为其难。

六、主体地位倒置

我国自开展教育活动以来，一直是将教师放在了主要位置，而忽视了学生作为中心的主体地位。现在很多的课堂授课模式依然采用的是教师"讲"和学生"听"的教学模式，并且教师的讲授过程占用了大部分的时间，学生几乎没有时间参与其中并对所学内容提出问题，这些只能等到课下时间来解决。课堂中学生扮演的就是一个被动的听众的角色，只能消极地对教师传授的知识进行接受。这从根本上来说，是与我国对教学方式所要求的教学初衷不一致的，教学应该集中精力发展学生的"学"，而不是将重点本末倒置地放在教师的"教学"上。学生应该掌握学习的主动权，积极主动地去学习。

英语课程的实践性相对来说还是比较强的，需要通过实际的交际来提升相应的英语水平。学生最终教学效果的评定还要依赖于平时教学效果的综合水平，而学习效果的获得与学生的主观能动性的发挥和参与其中的多少都有一定的关系。关于这方面的理解，有关理论学的观点曾做出了解释，虽然英语学习是一种有别于母语的学习方式，但学习过程却是万变不离其宗，都是从理论的输入到实践的输出的过程，因此不管是什么样的语言形式，学生都应该是学习的主体，学生的学习能力都将是影响学习效果的主要因素。

七、忽视对学生学习兴趣的培养

自我国开始实施英语教学开始，教师普遍存在一个盲区，那就是很少有教师去关注对学生学习语言兴趣的培养。传统的应试教育已经让大部分学生对英语学习产生了厌倦心理，每天几乎都是陷入记忆单词、学习语法规则和背诵课文中无法自拔，长此以往仅有的一点兴致也会被消磨殆尽。学生长期处于英语教师的"填鸭式"教学方法中而苦不堪言，再加上繁重的作业任务的压力，使得他们一提到英语学习就觉得害怕甚至是恐惧。这样的学习语言的背景，对语言学习来说都是有百害而无一利的。

八、严重偏离教学目标

我国对大学英语教学目标的要求，虽然没有直接将其与英语考级联系起来，各高校只需要进行自主选择即可，然后对学校教师的教学成果进行评定，但由于社会上一些用人单位甚至将是否持有英语四、六级证书作为应聘条件之一，就使得全国范围内的高校将英语四、六级考试放到了重要的位置，并且将最后的考试通过率看成是英语教学的效果评价标准之一。这在一定程度上又使英语教学的目标偏离了原来的主题，应试教育的味道越来越明显了。这也成了衡量英语教师教学水平的一个重要维度，从更深层次来说甚至还影响了大学英语教师的教学进程。

英语教师为了使自己的学生提高考试的通过率，不得不在课堂上花费大量的时间进行词汇和语法的教授，而学生则是陷入大量的题海中进行知识的巩固。如此一来，对学生来说就会只求答案，而不是独立进行思考找到答案的根源，忽略了课堂讨论的重要性。这样的结果就是学生的应试能力比较强，而只要让其开口说就成了问题。当真正需要与人用英语进行交流时就会显得慌乱无比，这可以说是真正的"哑巴英语"。

总体来说，我国英语教学现状与所要达到的目标还有一段距离，而且所存在的问题也是层出不穷。将教学过程中教师与学生地位本末倒置的现象依然明显，学生的主体地位的提升有待加强，否则学习的积极性和主动性都将会降低。而课堂上花费大量的时间对知识进行讲解的过程也会导致学生学习兴致的降低，他们所接受的知识已经逐渐趋于饱和状态了，教师就算再进行讲解，他们也是听不进去的了，教学效率并不是很高。我国的有关英语教学的现状与时代所要求的培育综合型人才的目标之间还是存在很大差距的，面对这样的形势，英语教学实施改革是时代所需，也是大势所趋。

第四节　英语教学改革的历程及必要性

为了进一步提高我国英语教学的实际应用能力，并希望培育出的人才所具备的综合能力与社会要求相匹配，基于这些方面因素的考虑，我国着手开展英语教学方面的改革也是意料之中的事。

一、英语教学改革的历史进程

（一）大学英语发展的前两个阶段

大学英语在我国的发展先后经历了不同的阶段，其中习惯上将中华人民共和国成立后至1978年间的这一时期称为大学英语教学的初级阶段，这时候的大学英语还没有作为一种专用语言的身份出现在大学课堂，相反只是担任着公共英语的角色。而第二阶段是从1978—1984年，这一时期成为大学英语飞速发展的时期，而且范围向全国不断扩大并逐渐趋于正规化。不仅加大了对英语教师队伍的培训力度，而且还专门成立了相关的教材编写委员会来实现教学大纲和教材的正规化发展，这些都为大学英语的发展奠定了良好的基础。

（二）大学英语发展的第三阶段

大学英语发展的第三个阶段是指 1985—2001 年期间。这一阶段的英语教育事业发展变化可喜，具体体现在以下两个方面：

起初，理工科和文科所使用的英语教学大纲是有所区别的，其大纲分别是原国家教委在 1985 年和 1986 年先后发布的，这两个大纲虽然所涉及的方面是截然不同的，但两者对于作为公共课的英语提出了相同的要求，从此以后公共外语便有了一个新的名称——大学英语。此后大学英语便进入了一个蓬勃发展时期。

第三阶段的要求是专业阅读（必修）部分最好以 100～120 学时为宜。在这一阶段，各高校可以根据自身的实际情况开设相应的选修课程，只不过专业阅读仍然处于中心位置。此外，大纲还对那些没有满足大纲要求的学生做出了进一步规定，这一过程主要由大学英语预备一级和预备二级两部分组成，简称"CESB1-2"。CESB1 是最初级的一种形式，要求相对来说也是最低的，只需要学生掌握基础的语法知识和 700 个单词即可，而 CESB2 则将需要掌握的单词量上升到了 1100 个。此外，大纲还提出了特殊要求，指出重点院校的学生即使是在预备阶段也要达到 CESB4 的要求，而其他院校可以由学校根据实际的教学情况自主抉择。

（三）大学英语发展的第四阶段

大学英语发展的第四阶段是从 2002 年开始的，一直延续到今天。这一时期可以说是英语教育发展的蓬勃时期。但随着新的时代的建设要求，同时也对大学英语教学提出了新的挑战。在这之前的教学大纲存在一些不完备之处，针对这一问题，教育部在 2003 年开始着手新一轮的大学英语教学改革工作，并在 2004 年 1 月颁发了《大学英语课程教学要求（试行）》，以此来全面代替 1999 年实行的《大学英语教学大纲（修订本）》，从此大学英语翻开了新篇章。

21 世纪是一个新纪元，大学英语也随着时代的发展而出现新气象。此外，随着《大学英语课程教学要求（试行）》的实施也逐渐表明大学英语教学大纲正在落地执行，而不是只停留在理论阶段的泛泛而谈。这一时期的大学英语具有了更鲜明的时代特色，而不是单纯作为一种语言形式来学习了，更多的是与需求相对接，实用性更突出。此次的《大学英语课程教学要求（试行）》与原来的教学大纲的一个明显不同在于具有了更大的弹性，弱化了原来的大纲中的硬性指标与要求。

二、英语教学改革的必要性

如今，大学生的英语水平已经成为衡量其综合素质的一个重要方面，而且也受到各界的广泛关注与支持。虽然在教学过程中取得了一些成果，但由于一些客观因素的存在，导致我国目前的大学英语教学过程中依然存在很多不是很完美的地方。我们现在要做的就是认清社会所需要的英语人才所应具备的综合能力的现状，对英语教学进行改革已是必然而且是大势所趋。所以，我们需要对所存在的不足之处进行客观分析，然后结合现实找到有针对性的应对措施，以此促进我国大学英语的教学质量实现质的飞跃。以下内容就从英语教学改革相关的方面说起。

（一）英语课程设置改革的必要性

目前，应时代的需求，高等学校教育应该逐步实现与国际的接轨，这就对大学英语教学提出了更高的要求，将逐渐向应用型教学模式靠拢，以使学生学有所成，学以致用，在国际大舞台上大放异彩。综合这些方面的新的要求，笔者提出了科学性的课程设置目标，使各高校得到有效改革。

西方有关外语教学的一个观点是在20世纪80年代提出的，该观点认为实施外语教学的目的在于明确教学目标，而教学目标需要学术内容的支撑。基于这种课程理念，外语学习在很长一段时间内是作为一种教学工具来使用的，学生可以通过使用这种工具来获得学习外语的能力。

（二）教学内容改革的必要性

教学内容的改革势在必行，但也要以8个原则为前提着手展开。

1. 学习负担：课程的目的是帮助学生温故而知新。

2. 可教性：语言教学效果的因素包括语言课程的安排和学习者的学习时间等方面。

3. 不断推进：语言的教学过程应该是不断推陈出新和与时俱进的，要坚持吸收新形式的语言策略。

4. 语言体系：课程的语言必须以可推广化为前提。

5. 策略和自主：语言学习的最终目的在于使得学生通过对学习策略的掌握实现自主性学习。

6. 间断性的复习：在语言学习过程中，学生应该有平等的不断复习所学知识的机会。

7. 干扰：并列学习的语言要提前意识到彼此之间是否会相互影响，如果答案是肯定的，那么这种影响要是正向的。

8. 频率：语言课程要尽可能多地包含语言的运用方法，如此便可以确保学生从学习中获得回报。

（三）教学形式改革的必要性

定期对学生的学习成果进行测试是英语教学过程中的一项必要手段。听、说、读、写、译是使用英语的能力，也是学习英语的能力。以下就其中的两个方面进行举例说明。

从目前的教学课程来看，英语作为一项主要课程是放在了和语文、数学同等的地位上的，可以看出对其重视程度。一般来讲，学生是从小学开始就已经慢慢接触英语了，随着求学程度的不断深入，对英语的掌握水平及要求也是呈上升趋势的。这个学习过程是漫长的。虽然我国学生在英语学习的道路上投入了大量的时间和精力，但仍然有很大一部分同学无法学以致用。探求原因，一方面是我国整体的英语教学环境的应试教育趋势明显，教师仍然作为课堂主体以传统模式进行授课；另一方面，学生自身没有兴趣学习，没有意识到自主学习的重要性。这样的结果只能是我国大学阶段的英语教学一直未能获得突破性进展。

我国高校中对大学生英语水平进行测试的方式以英语四、六级最为突出，其作为一种基础的考试形式，目的在于检验大学生对英语的掌握能力。虽然在一定程度上来说，英语四、六级考试的设置对我国的大学英语教学起到了一定的促进作用，但由于其本质还是应试教育的一部分，依然侧重于对理论知识的考查，并没有对英语教学起到彻底的改革效果，外界对其评价是褒贬不一的。甚至有的人认为正是由于英语四、六级的存在，才使得英语应试教育有了可支撑的依据。

（四）大学英语教学模式改革的必要性

1. 模块教学模式改革

模块教学模式是一种新型的教学方式。实施这一教学模式的前提是将英语教学看成一个系统，然后从知识、技能、拓展的层次对其进行划分，在此基础上就形成了一种具有系统性的教学模式。高校采用这种教学模式并不是一成不变的，而是根据不同的学期采用差异化教学，其最终目的都是实现大学生英语水平的综合提升。

（1）模块教学模式的一般含义。所谓模块教学，主要是通过教法和学法两方面来实现的。"教"是基于教师的方向，强调教师可以做到知能一体，而"学"相对就是从学生的角度来体现了，要求学生达到知行一致。模块教学模式的目标是提高大学生的英语综合水平，力图在教学过程中以理论知识为基础、以实践应用为结果。

大学英语实施模块教学可以在一定程度上使英语课程得到内容上的扩展，增强一定的趣味性。这对于学生来说，可以极大提高他们的学习主动性，以此收到满意的学习效果。随着时代的发展和社会对新型人才需求的改变，传统的大学英语教学模式的教学效果已经无法满足学生的要求。因此，探索一种适合当代大学生需求的英语教学模式就显得尤为重要。

（2）模块教学模式的实施。我们如果对《大学英语课程教学要求》进行仔细研究的话就可以发现,其从不同的角度对大学生需要掌握的英语水平进行了划分,形成了各种层次。这种情况的出现使得大学英语教学的困难又加深了一步,因为目前的教学方式很难满足《大学英语课程教学要求》中的所有层次,教学中也很难培养出综合能力都很优秀的人才。针对这种情况,英语模块教学模式给出的解决方式是厘清头绪,分阶段有针对性地开展教学,而不是眉毛胡子一把抓。这一主张可以说和目前的教学要求不谋而合。

2. *网络教学模式改革*

如今是科技和互联网飞速发展的大时代,这种大环境使得网络教学模式可以有很好的根植的土壤。网络教学模式的提出也并不是凭空想象的,而是经过了反复的实验不断总结出的经验,这些都为大学英语教学的顺利开展提供了有力支持,为实现有效实践提供了思路。

第二章　信息化时代与我国大学英语教学

第一节　信息化技术与教育信息化

一、信息

（一）信息的定义

信息（information）作为社会资源自古以来就存在，也一直被人类所利用。在人类所拥有的三种资源——物质、能量、信息中，信息资源在形态上较为抽象，其重要性被人类广泛认识和接受，在时间上最晚。一般认为，在游牧时代、农业时代乃至工业时代，信息资源位于从属地位。到了信息时代，信息资源的重要性上升至首位，处于主导位置。因为只有在信息时代，强大的信息基础结构才能有力地支撑并促进社会经济、教育医疗等良性发展。

鉴于信息内涵的丰富性、广泛性、复杂性，科学界、学术界一方面对信息的定义从未停止，另一方面对信息的定义未能达成广泛认同。

1948年，美国数学家、信息论的创始人香农（Shannon）在《通信的数学理论》中指出："信息是用来消除随机不定性的东西。"创建一切宇宙万物的最基本单位是信息。

控制论创始人维纳（Norbert Wiener）认为，"信息是人们在适应外部世界，并使这种适应反作用于外部世界的过程中，同外部世界进行互相交换的内容和名称"。

我国信息学专家钟义信教授认为，"信息是事物存在的方式或运动状态，以及这种方式或状态的直接或间接的表述"。

美国信息管理专家霍顿（F.W.Horton）给信息下的定义是："信息是为了满足用户决策的需要而经过加工处理的数据。"简单来说，信息是经过加工的数据，或者说，信息是数据处理的结果。

还有其他的定义，如信息是维系事物内部结构和外部联系，感知、表达并反映其属性和差异的状态和方式。又如，信息是指应用文字、数据或信号等形式，通过一定的传递和处理，来表现各种相互联系的客观事物在运动变化中所具有的特征性内容的总称。

根据不同研究的成果，可以将信息定义为：信息是对客观世界中各种事物的运动状态和变化的反映，是客观事物之间相互联系和相互影响的表征，表现的是客观事物运动状态和变化的实质内容。

需要提出的是，信息不同于消息。首先，信息是消息的内核，消息是信息的外壳，得到了信息就是得到了消息。其次，消息是信息的一种载体，两者是形式和内容的关系。

信息与知识有区别。信息是物质的一种普遍属性，是物质存在的方式和运动的规律和特点；知识是人类通过信息对自然界、人类社会以及思维方式与运动规律的认识和掌握，是人的大脑通过思维重新组合的系统化的信息的集合。知识是信息的一部分，是一种特定的人类信息的一部分，是进入人类社会交流的运动着的重要知识。

（二）信息的特征

信息具有以下基本特征：

1. 信息体现着主观性和客观性的统一

信息是一种以物质或意识为基础的普遍存在，具有普遍客观性。同时，信息在被传递过来时，不可避免地加入了人为因素，受到一定的人为主观影响，具有一定主观性。

2. 信息具有自我积累性

不同于具有消耗性的物质和能源，信息则是越用越多，能实现自我积累，自我增值。

3. 信息兼具压缩性和扩散性

信息可以转换成不同形式储存在不同的介质之中。随着科技的发展，储存介质呈现小型化，信息储存呈现海量化。这种压缩的特性加快了信息的自我积累，在一定程度上加速了信息的扩散。在信息化社会，信息能实现高速传播，能在社会上快速运行，同时可以渗透到各个学科、社会生产等各个领域和活动中去。它能使接受者受益，而给予者未受影响。它在时间和空间上创造了人类共享精神财富的客观条件，使今日世界在概念上变小，科学疆域在空间上变大。

4. 信息具有转换性

一是信息有再生能力，这一特性决定了信息资源是用之不竭的资源；二是信息可以从一种形态转换成另一种或多种形态。

5. 信息具有失真性和可提炼性

信息失真，首先缘于信息在发出与传递过程中，因环境、传输介质、处理方法等因素影响，可能导致失真。其次，信息的再生性和可转换性，加上人为因素，也有可能导致失真。信息可提炼性表现为：即使搜集到的信息真实性无可怀疑，完整性已经足够，人们仍可以进行完备周详的推理、分析，把表象所蕴含的潜在实质发掘出来，去伪存真。

6. 信息具有相对性

其相对性体现在三个方面。第一，信息具有时效性。相对不同时期，信息的作用不同。这是因为信息所反映的事物特征存留时间有限，所以获得信息越及时越好，才能把握时机。第二，信息对于不同空间的作用是不同的。信息相对空间具有差异性。第三，信息作用对象是相对的。同一信息作用于不同的对象，所得到的反馈或产生的价值、影响是不同的。

7. 信息具有共享性

不同于物质和能量，信息具有不守恒性，即它具有扩散性，具有自我扩容或增值功能。通常在信息的传递中，对于信息的持有者而言，不会产生损失。这体现了信息的一个重要特性——可共享性。这种可共享性正在成为信息在信息社会的鲜明特征，以此使其重要性得到社会的广泛认可，成为影响当今社会发展的一个重要因素。

二、信息化

（一）信息化概念的由来

信息化概念是同信息产业、信息社会等概念相伴而生的。信息化（informatization）概念的提出，可追溯到20世纪60年代初期，首先由日本学者提出，而后被译成英文传播到西方。西方社会20世纪70年代后期才开始普遍使用"信息化"和"信息社会"概念。1963年1月，日本学者梅田忠夫（Tadao Umesao）在日本《朝日放送》（Hoso Asahi）杂志上发表了一篇题为《论情报产业》的文章，第一次使用了"信息产业"的概念（日语"情报"即指"信息"）。1964年1月，《朝日放送》杂志又刊登了日本Rikkyo大学Kamishimn教授的另一篇论文《信息社会的社会学》，第一次使用了"信息社会"的概念，指出日本社会正在进入"信息产业社会"。1967年，日本的一个科学、技术与经济研究小组创造并开始应用了"Johoka"一词，"Johoka"即"信息化"之意。他们认为，信息社会是信息产业高度发达且在产业结构中占主导地位的社会，但从某种意义上说，信息社会描述的是一种静态景象，而信息化是由工业社会向信息社会前进的动态过程。他们把社会信息化定义为：从有形的物质产品创造价值的社会向无形的信息创造价值的社会阶段转变的过程。这是"信息化"一词的首次出现。1970年，日本学者松田（Masuda）第一次把在日本广泛使用的"Joho Shakai"，译成英文"Information Society"。在信息化概念的国际传播中，法国的西蒙·诺拉（Simon Nora）和阿兰·敏克（Alain Minc）起了重要作用。1977年，两人在为法国政府撰写的经济发展报告《社会的信息化》中，使用了法文单词"Informatisation"，这一单词的英译"Informatization"，随后便被世界各国普遍接受并使用至今。

到了20世纪80年代，美国未来学家托夫勒出版了《第三次浪潮》（1980年），从历史的角度考察了技术和社会发生的革命性变化，并对这些变化可能形成的未来局面做了概括性描述。美国学者约翰·奈斯比特于1982年出版了《大趋势：改变我们生活的十个新方向》，指出从工业社会向信息社会的过渡是改变我们生活的十个新方向之首，并描述了信息社会来临的标志和基本特征，在当时产生了深刻的影响。20世纪90年代以后，美国著名学者尼葛洛庞帝的《数字化生存》论述了网络技术给人类的生活方式、工作方式、教育方式和娱乐方式带来的各种冲击和其中值得深思的问题。全球范围的信息化使信息基础结构成为国民经济的新支柱，以互联网为物理基础建立起来的空间成为人类的一种新型的生存空间。

信息化的概念真正推广到家喻户晓是由于20世纪90年代初美国副总统戈尔致力于"信息高速公路"的建设，以及由此而引发的美国经济持续10年高增长、低通胀的"新经济"启示。1994年，美国于"信息高速公路"计划后，又提出了"全球信息基础结构构想"。此后，世界各国政府纷纷效仿和响应，1995年七国集团召开部长级会议，研究共同面对信息社会的问题，1996年在南非召开了"信息社会与发展大会"部长级会议，讨论了发展中国家进入信息社会的有关问题。信息化已经成为全球性浪潮，成为世界各国政府、组织和业界的实际行动。

（二）信息化的定义

正如前面提到的，信息化概念在20世纪60年代由日本学者提出，是基于对人类社会从低级向高级的形态发展，即从有形的物质产品创造价值的社会向无形的信息创造价值的社会转变的认识。随着信息化在实践中迅速推进，人们对信息化概念的认识也逐步深化和丰富起来。

乌家培提出，"无论是技术层次，还是知识层次，或者产业层次，最终都会在经济发展和社会进步上得到反映。同时，'化'是一个过程，从起点到终点，渐进地慢慢演变。所以，信息化是从工业经济向信息经济、从工业社会向信息社会演进的动态过程"。

陈禹认为，"信息化包括产业信息化、国民经济信息化、社会信息化三个基本层次"。郑建明等认为，"信息化就是指在国家宏观信息政策指导下，通过信息技术开发、信息产业的发展、信息人才的配置，最大限度地利用信息资源以满足全社会的信息需求，进而加速社会各个领域的信息化发展过程"。汪向东提出，"信息化是指人们凭借现代电子信息技术等手段，通过提高自身开发和利用信息资源的智能，推动经济发展、社会进步乃至自身生活方式变革的过程"。周宏仁认为，"信息化是利用现代信息技术对人类社会生产体系的组织结构和经济结构进行全面的改造，使人类社会的政治、经济、社会、军事、文化等各个方面适应信息社会的发展和需求,从而推动人类社会的进步"。

张哲将信息化过程划分为四个阶段,分别是数字化、一体化、虚拟化和智能化。他认为,数字化是信息化的起点,一体化是信息化的核心,虚拟化是信息化的延伸,智能化是信息化的终点,四个阶段层层深入、相互衔接,由数字化(点式)到一体化(面式)到虚拟化(体式),最后上升到智能化(多维)的高度。周宏仁还提出了信息化的理论模型,把信息化的过程看作是一个投射的过程,同时给出了信息化的理论定义:"信息化就是将我们生活的物理世界通过同态映射将其变换为数字世界,同时利用逆变换将数字世界转换为物理世界,成为我们认识和改造物理世界的工具。在同态映射的过程中,我们利用的是信息时代的核心产业,即信息技术产业(ITI,包括微电子、计算机、通信和软件产业)和信息内容产业(ICI)。在由数字世界至物理世界的逆变换中,我们所依赖的主要是信息服务产业(ISI)。"

综上所述,虽然专家学者对于信息化的定义不尽相同,但人们还是形成了比较统一的认识。

一是从信息技术的角度看,信息化就是信息技术和信息产业在经济与社会发展中的作用日益加强,并发挥主导地位的过程。信息化有三个相互联系的主要方面:信息技术本身的发展及其产业化;基于信息技术的信息产业的发展壮大,直至在国民经济中占据主导地位的过程;信息技术手段在经济和社会领域中的广泛应用,如在教育领域。

二是从信息资源的角度看,信息作为一种资源比其他资源(指物质资源和能量资源)的作用相对增大,表现为经济生活形态的变动、社会结构的变动、产业结构的变动、教育结构的变动等。因此,信息化就是利用现代电子信息技术,实现信息资源高度共享,挖掘社会智能潜力,提高国民经济等活动中信息采集、传输和利用能力,提高相应领域的运行或管理效率,进而提高竞争能力。

三是从社会演变的角度看,信息化就是工业社会向信息社会前进的过程。这一过程不仅是经济结构和经济增长方式的转变,而且是整个社会结构的全面变革。信息化的目标不仅是发展信息产业,而且要提高社会各领域信息技术的应用和信息资源开发利用水平,从而提高社会各领域的效率和质量,为社会提供更高质量的产品和服务。

三、教育信息化

(一)教育信息化的定义

教育信息化的概念是在美国1993年9月的"国家信息基础设施"(NII,National Information Infrastructure,俗称"信息高速公路")之后逐渐演变而来的。"信息高速公路"计划中,美国特别把在教育中的应用作为实施面向世纪教育改革的重要途径,这一举措立即引起了世界各国的高度关注。

"教育信息化是指在教育与教学领域的各个方面,在先进的教育思想指导下,积极应用信息技术,深入开发、广泛利用信息资源,培养适应信息社会要求的创新人才,加速实现教育现代化的系统工程。"(李克东)

"教育信息化不简单地等同于计算机多媒体化或网络化,而是一个关系到整个教育体系全面发展和促进教育现代化的系统工程。"强调教育信息化是个系统工程,是先进的教育思想和现代信息技术的有效融合,推动教育观念、教育目标、教育内容、教育模式、教育手段朝着现代化发展的系统工程(黎加厚)。

(二)教育信息化特征

教育信息化可以从技术层面和教育层面两方面进行考察。

从技术层面看,信息化教育的基本特点是数字化、网络化、智能化和多媒体化。现代信息技术,主要是以计算机为基础的数字化技术。数字化使得教育技术系统的设备简单、性能可靠、标准单一。同时,以计算机为基础的多媒体技术使信息媒体设备一体化、信息表征多元化、真实现象虚拟化。网络化体现为当今的数字信息网已经做到了"天网"(如数字卫星通信系统、移动数字通信系统)和"地网"(目前以因特网为主)合一。网络化的优势是资源共享、时空不限、多向互动和合作便利。智能化表现为:人工智能将成为信息化教学系统的核心技术,智能化将使得系统能够做到教学行为人性化、人机通信自然化、繁杂任务代理化。

从教育角度看,信息化教育具有以下特征:

1. 教材多媒体化。教材多媒体化就是利用多媒体,特别是超媒体技术,建立教学内容的结构化、动态化、形象化。已经有越来越多的教材和工具书多媒体化,它们不但包含文字和图形,还能呈现声音、动画、录像及模拟三维景象。

2. 资源全球化。利用网络,特别是因特网,可以将全世界的信息资源连成一个信息海洋,供广大教育用户共享。

3. 教学个性化。利用人工智能技术构建的智能导师系统能够根据学生的不同个性特点和需求进行教学。为了做到这一点,学术个性的测定,特别是认知方式的检测,已经成为当今教育研究的重要课题。

4. 学习自主化。要求学生通过合作学习方式完成学习任务,也是当前国际教育的发展方向。信息技术在支持合作学习方面起着重要作用,其形式包括计算机合作(网上合作学习)、在计算机面前合作(如小组作业)、与计算机合作(计算机扮演学生同伴角色)。

5. 环境虚拟化。教育环境虚拟化意味着教学活动可以在很大程度上脱离物理时空的限制,这也是电子网络教育的重要特征。

6. 管理自动化。这包括计算机化测试与评分、学习问题诊断、学习任务分配等功能。其中,网络上建立电子学档是趋势之一,其信息包含学生电子作品、学习活动记录、学习评价信息等。利用电子学档可以支持教学评价的改革,实现面向学习过程的评价。

从表面上看,教育信息化是以信息技术在教育中的应用,促进教育全面改革并最终实现社会化的过程。但这只是一部分,从本质上讲,教育信息化有着更深刻的内涵。这体现在:

1. 促进了新的教育理念的生成。在信息技术应用的过程中,传统的教师观、学生观、知识观、教学观、方法观发生了深刻的变化。

2. 为新的教育模式的应用创造了条件。情景教学、在线讨论互动、虚拟课堂、智慧教室成为现实,极大地丰富了人们的教育文化生活,展示了一片新的教育天地,使人们尽可能地按需要获取教育资源和自定学习速度,体现了高度的学习个性化。

3. 促进了技术文化与教育文化的融合。当信息技术作为一种普遍的生活方式时,信息化教育使得它与人们习惯了的教育生活结合起来,构成了新的教育文化图景,从教育内容、课程、教学、活动等方面进行了全面的改造。

教育信息化的最本质特征是教育的现代化。包括现代化的教育理念、现代化的教育资源共享、现代化的教育方法手段、现代化的教育环境和条件,以此使教育过程表现出开放性、共享性、交互性、协作性和系统性等。教育的开放性体现为社会化(大众化)、终身化、个性化(生活化)等;共享性体现在教育资源的极大丰富、网络学习的极大便捷、获取信息的经济廉价;交互性扩大和便利了学习者与教师、媒体、他人的信息交流及自我训练与评价;协作性表现在网上合作学习、小组合作学习等;系统性则表现在要求学习者有良好的道德和信息素养,要求组织者有系统的设计和科学的管理艺术,对系统环境有严格的要求。而所有这些是教育信息化最终走向教育现代化的重要基础。

(三)影响教育信息化的六个因素

1. 基础设施

工欲善其事,必先利其器。基础设施是教育信息化的基石,亦是其工具。基础设施建设作为教育信息化发展的前提和必要条件,其建设水平在一定程度上反映了教育信息化的发展水平。教育信息化基础设施建设是实现教育信息化的物质基础和先决条件,也是教育信息化进程中的重点建设内容之一。

2. 信息化资源

建设优质的教育资源是各国教育信息化的重点内容。教育信息化面对的最大挑战就是资源问题,如何获取资源、有效利用资源、共享资源等问题已经成为教育信息化推进过程中的一系列值得关注的问题。

信息化教学资源是信息社会教育质量提升的关键因素,信息化教学资源供给服务体系建设则是教育信息化建设的重要内容。

3. 师资队伍

师资队伍的职业胜任力是教育事业成败的一个标志，是直接决定教育质量的因素。师资队伍的建设需要基础设施、政策、资金等各方面的支持，且一直都是教育活动重视的环节。教育大数据的发展，对教育信息化时代的教师提出了更高的要求，以解决教师教育过程中个性化、全程化培养的问题。

4. 教育信息化应用

教育信息化的应用主要体现在教学中，借助教育信息化的推进，变革教育模型，使信息技术在课堂教学中起到革命性影响效果。在信息化还未普及的时候，信息化教学在现实中的应用会受到多方面的限制，如资源结构性缺乏、升学压力、效果不明显等，这些问题是客观存在的，随着科技的发展和文化背景等变化，在教育信息化演进过程中，每一时期都会提出不同的要求，当然也会取得不同程度的成果与进步。

5. 教育信息化规章制度

政策法规年表可以看作我国教育信息化发展进程的缩影。信息化作为一项重要战略决策，在引领教育事业发展中的作用越来越显著。教育信息化的发展离不开教育信息化政策和制度设计保障。此外，教育信息化是推动教育改革与发展、缩小地区教育差距、促进教育普及的有效途径，是提高全民信息素养和培养创新性人才的重要手段。

6. 教育信息化产业

教育信息化产业的发展是教育现代化的先决条件，而教育现代化又是教育信息化产业得以发展的保障。因此，教育信息化产业与教育信息化的推进相互依存，相辅相成。随着教育信息化事业与学科的发展，促生了一门新兴的教育信息化产业，产业的兴起反过来推动教育事业和学科的进一步发展，信息化产业成为教育信息化过程中不可或缺的重要组成部分。

第二节　二十多年来我国高校英语教学信息化历程

20世纪末是中国实行改革开放、经济蓬勃发展的时期，也是我国高校英语教育领域开始利用信息技术进行大规模英语教育改革的时期。自从1999年起，我国开始大规模利用信息技术开展高校英语教育改革。我国高校英语教育信息化改革是通过利用信息技术来对教育体系进行改革，提高英语教育质量，全面提升英语学习者的能力。

根据不同阶段内信息技术在教育领域发展和应用的演化角色，我国高校英语教育信息化政策发展的历程大致可以分为三个阶段：第一个阶段，1999年至2005年，在这期间计算机主要是作为英语教育的辅助手段；第二个阶段，2006年至2013年，这个阶段倡导计算机与英语教育进行整合；第三个阶段，2013年至今，这个时期进入信息技术与英语教育的深度融合时期。

一、第一轮高校英语教育信息化改革

（一）改革背景和实施

随着我国现代化建设的发展，我国英语教育状况已经无法满足整个国家和社会发展的要求。我国英语教育事业中的问题和矛盾突出，具体表现为以下三个方面：从1998年开始，我国高校以每年8%的增长速度增加招生人数，随着招收的在校大学生数量的不断增加，我国的大学英语师资日益紧缺，高校英语教学的质量问题也日益明显。鉴于此，英语教育政策的各个利益相关方都发出声音，要求改变大学英语教育的现状，以满足社会整体对大学英语教育所培养的人才的需求。由于大学英语教育是教育政策的一部分，大学英语教育的质量问题也涉及英语教育政策。为了解决教育中出现的上述问题，教育部从20世纪末起，在全国范围内发起了大学英语教学改革。目的是利用信息技术来改革教育系统，提高教学质量，促进英语人才培养。

2003年教育部"高等学校教学质量和教学改革工程"启动，大学英语教学改革位居其中，标志着大学英语教学改革由筹备阶段进入实施阶段。2002年12月，教育部高教司下发《关于启动大学英语教学改革部分项目的通知》，启动大学英语教学改革项目。其中，项目之一是结合我国高等学校的实际情况，加强实用性英语教学，充分考虑现代教育技术在教学中的应用，据此来制定《大学英语课程教学要求（试行）》；项目之二是大学英语网络与多媒体教学体系建设，目的是建设以提高学生的自主学习能力为重点的教学模式。充分利用网络和多媒体技术，建立虚拟的网上英语教学和训练环境，形成一套可以面向全国进行推广的行之有效的大学英语教学体系。依据教育部的要求，大学英语课程教学要求项目组于2004年1月完成《大学英语课程教学要求（试行）》的制定工作。《大学英语课程教学要求（试行）》是指导这场教学改革的纲领性文件，其核心部分就是基于计算机和课堂的英语多媒体教学模式。

（二）改革内容

1.教育资源建设

教育资源建设主要体现在大学英语网络课程和精品课程的建设与共享、以多媒体网络为依托的立体化教材发展、大学英语教学软件的开发。

为了推动教学资源的共享，教育部于2000年5月启动了"新世纪网络课程建设工程"项目。在现代远程教育工程中，网络建设是基础，资源建设是核心，教学应用是目的。鉴于此，2002年1月教育部办公厅公布了"新世纪网络课程建设工程"第二、三批项目。获准正式立项的项目为华南理工大学、湖南大学、电子科技大学、全国高等学校教学研究中心联合申报的"大学英语网络课程"。大学英语网络课程建设强调教学应用是建设的目的，这意味着认识到信息技术在学习中的成功应用，并不是简单地建立和完成网络课程。大学英语网络课程的成功应用意味着推广和普及在学习中应用信息技术，通过网络课程的方式利用信息技术提升教学成果。大学英语网络课程建设是教学资源建设的一种形式，为参与大学英语教学改革的院校提供教学资源和学习资源支持。

随着教学资源、学习资源的逐渐建设和形成，教育政策的决策者日益意识到开放和共享资源的必要性。2003年，为了通过信息化进一步改革现有教学系统，提升教学质量，促进英语人才的培养，教育部下发了《关于启动高等学校教学质量与教学改革精品课程工程建设工作的通知》，决定精品课程全部上网并向全国高等学校免费开放。该通知得到各高等院校的积极响应和执行。

以多媒体网络为依托的立体化教材发展体现在两个方面：一是由纸质教材、光盘、学习系统、网络等构成的立体化教材，为实施新教学模式提供了基本条件；二是立体化大学英语教材为大学英语教学改革提供了条件。在教师的职业素养发展方面，当时大量的大学英语教师参与了信息化背景下的教师职业发展培训，提升了信息技术素养。

相关的教育出版社积极参与"大学英语教学软件"的开发，开发出基于计算机和网络的大学英语学习系统。该系统中教学项目相当齐全，由听说读写的各个部分组成。例如，有语法结构，有动画游戏，有课文解释，有练习及参考答案，学生可以开展自主学习。教学软件作为教学资源的一个重要组成成分，最终的目的在于通过使用教学软件来促进学习者的学习进步。

2. 信息技术辅助下的英语教学法

这个时期，信息技术迈出了改革传统英语教学法的重要一步。最主要的表现为推进网络自主化教学模式以及英语教育主要目标的转变，即在英语教学中，由之前注重阅读能力培养转变为现在以提升听说能力为主，提高英语的综合应用能力。

网络自主化教学模式是指将传统的以阅读理解为主，教师讲授学生听记的教学模式逐步转变为以听说能力培养为主。个性化、主动式的教学模式强调的是通过开展个性化教学与自主学习，充分发挥学习者个人的学习潜能。

英语教学开始摆脱传统的学习方式，以技能型学习方式为重点，提高学生的英语应用能力，尤其是口语听说能力，即提高学生在本专业领域使用英语进行口语和文字交流的能力。于是，在这个计算机为辅助地位的英语教育改革背景下，废除了原有的教学大纲，制定了新的《大学英语课程教学要求（试行）》，提出在英语能力上表现为以听说为主，注重综合运用能力的培养。首先是将原来的以阅读理解为主的大学英语教学目标定位转变为以听说为主，全面提高综合应用能力，为此后大学英语教育培养实用型人才奠定了政策基础。其次,《大学英语课程教学要求(试行)》提出了各个学校根据自己的实际情况,设计出校本化的大学英语课程体系,确保提高本校不同层次学生的英语应用能力。

3. 基础设施建设

随着语音室、计算机、宽带联网的陆续建成,英语教育信息化的基础设施建设也陆续推进。许多高校在充分利用原有的电教设备的基础上,积极探索和开发计算机辅助教学,有条件的院校开始逐步建设计算机网络系统、光盘资料中心以及多媒体自修中心,为更新教学内容、提高教学效率、培养学生有效的学习方法创造条件。随后,校园网的升级和远程网络平台的开通成为现实,极大地提高了教学的直观性、立体性和师生之间的互动性,为学生开展自主学习提供了以学习者为中心的环境。为了保障这些教育信息化基础设施的运行,高校在专业的人力资源、技术支撑、管理和保障维护上也提供了相应的政策支持。

二、第二轮高校英语教育信息化改革

第二轮高校英语教育信息化改革从 2006 年开始至 2013 年,其主要特征为计算机与英语课程进行整合。

(一)改革背景和实施

第一轮信息技术背景下的大学英语教学改革本质上属于计算机辅助教学阶段。英语教学中的计算机辅助是指教师借助于计算机的某些功能来改进教学手段,提高教学效果。换言之,就是计算机辅助的对象是教学人员,教学的功能必须通过教学任何单元的合作才能生效。就整体而言,高校英语教学信息资源的开发、建设和利用还处于起步阶段,远远跟不上形势发展的需求,教学模式的实施、课后自主学习与课堂教学的结合开展、计算机网络在教学以及教材开发中所起的作用等,都存在一定的问题。

随着计算机技术和学科教学发展的不断深入,从 2006 年起的第二轮大学英语教学改革,计算机网络多媒体在教学当中所起的作用不仅仅是辅助教学,而且是将计算机与英语学习进行整合,使计算机多媒体学习正常化。

这一轮大学英语教学改革、政策改革,由政策的决策者教育部和政策的利益相关者高校教师组成的项目组等都参与了整个政策的决策过程。教育部于 2006 年 11 月成立了《大学英语课程教学要求(试行)》修订项目组,新版的《大学英语课程教学要求》于 2007 年 7 月正式颁布。2007 年,教育部和财政部联合颁布了《关于实施高等学校本科教学质量与教学改革工程的意见》,再次强调"大学英语教学改革要切实提高大学生的专业英语水平和直接使用英语从事科研的能力"。2007 年 2 月,教育部下发了《关于进一步深化本科教学改革全面提高教学质量的若干意见》，提出了进一步推进大学英语教学改革。

（二）改革内容

1. 基于计算机和课堂的新型英语教学模式

在第二轮高校外语教育改革中，《大学英语课程教学要求》强调"以现代信息技术为支撑，将计算机技术与外语课程有机结合"。计算机技术与外语课程有机结合即将计算机整合进外语课程。将计算机整合进外语课程，实质上是以一种技术支撑下的自主学习生态系统来彻底转变以往的以教师为中心的课堂。整个外语教学系统存在着很多生态因子，计算机融入外语教学，表示计算机作为生态系统的生态因子中的一个，是整个外语教学系统存在所不可缺少的条件。同时，计算机和其他生态因子，如计算机信息技术、教学内容、教师、学生、教学手段、测试和评价方式、教学理念等彼此制约、相互组合，形成了多种多样的学习环境。

2. 教师的信息素养

教师的信息素养受到高度重视。2007年，教育部开展了全国高校教师网络培训体系的建设工作，确定了国家精品课程师资培训项目，并先后分两批设立了30个教育部全国高校教师网络培训升级分中心和城市分中心，各高校纷纷开展对外语教师的信息素养培训。

3. 基础设施建设

在第二轮大学英语教学改革中，基础设施建设强调的重点已经发展到基于语音室的网络教学平台、自主学习平台的建设等阶段。这个时期，基础设施建设的重心放在建设学生自主学习平台上，为建设网络环境下的大学英语新教学模式创造条件。这些自主学习平台除了课程教学平台和教学课件之外，还可联系到其他学习资源，如拓展课程教学资源、精品课程资源、视频点播等。总之，这些丰富的教学资源，作为外语教育信息化生态系统的生态因子之一，极大地为拓宽学习者的学习自主性创造了条件。

4. 教育资源建设

教育资源建设体现在立体式教材和基于网络教学平台的建设上。立体式教材的主要特点是：以多媒体、多模态、多介质方式来存储和呈现教学资源；以一体化、系统化策略来设计教学内容；以多元化、互动式方法来实现教学过程。立体式教材体现的教学理念是动态理解外语学习的过程，以语言有声交流为教学起点，通过有意义的语言材料输入，以不同方式开展交流，互动式学习，各种教学手段循环利用，使课堂学习得到充分延伸和扩展。因此，立体式教材不是纸质教材的翻版，而是对教材进行重新设计、开发、利用。充分利用计算机虚拟技术创造出与内容相匹配的语言环境。网络学习平台是整套教材内容的延伸和发展，强调的是一种整体教与学的方法，包括情景化学习、个性化学习、自主化学习等。

三、第三轮高校英语教育信息化改革

第三轮高校英语教育信息化改革从 2013 年开始至今,其主要特征是大数据与英语教育整合。

(一)改革背景和实施

在此期间,信息技术与互联网整合的速度进一步加快,"互联网+"深刻影响着人们的生活习惯、思维方式、学习模式等,促使知识学习、获得、产生的方式发生变化,给高等教育带来冲击、挑战和机遇。2013 年起的第三轮大学英语教学改革中,随着信息技术对教学系统改革的进一步深入,技术通过大数据的形式与英语课堂教学整合。这要求彻底转变传统的以教师为中心的教学观念和思维方式。

2013 年 8 月,根据教育部的要求,高等学校大学外语教学指导委员会启动大学英语教学指南研制。2016 年《大学英语教学指南》出台后,成为指导我国当前和今后一段时期大学英语教学的重要文件,对继续推进外语教学改革、提高外语教学质量、培养外语教学人才产生了重要影响。

(二)改革内容

1. 大数据的生成及运用

"互联网+"时代是指互联网的思维方式、互联网观念和各个行业的有机整合。随着"互联网+"时代下技术的发展和进一步深入,大数据的出现和发展成为互联网用户行为分析的热点数据来源。课堂中诞生了海量数据,其中相当一部分是与学习者及其行为相关的数据。这些可获得的数据对于大学外语课程的建设与发展来说极其重要。以慕课为例,基于大数据的慕课给外语教学带来了更多机遇,如学习模式的个性化、学习环境的创造性及学习方式的终身化。同时,考验着教育者分析数据、运用数据、创造价值或效率的能力。

在"互联网+"时代,教师需要重点思考的是如何使用大数据进行学习者学习行为分析,提供个性化的有针对性的反馈意见并采取措施。总之,实现大数据背景下的现代信息技术与外语课程的进一步融合,目的是实现以学习者为中心的自主学习。

2. 通用英语和专门用途英语相结合

2016 年,教育部颁布了新的《大学英语教学指南》,明确指出,大学英语在注重发展通用语言能力的同时,应进一步增强其学术英语或职业英语交流能力和跨文化交际能力,以使学生在日常生活、专业学习和职业岗位等不同领域或语境中能够用英语进行交流。由此可见,在我国开展了近 30 年的以培养通用英语为主要目标的大学英语教学内容将会转向通用英语和专门用途英语相结合的教学内容。

3. 教师信息素养

《大学英语教学指南》中对大学英语教师明确了三个主动适应的要求，即"主动适应高等教育发展的新形势，主动适应大学英语课程体系的新需求，主动适应信息化环境下大学英语发展的要求"。这就要求英语教师主动适应信息化环境下的大学英语发展，保持终身学习和自我调整，使其具备相关的合适的技能。因此，英语教师需要具备两个核心素质：其一是以学生为中心的教学实践，其二是以优秀的教学法整合信息技术并将其融入教学实践中。

4. 教学模式改革

在教学方面，要改变传统的以教师为中心的教学思想，转换为"互联网+"时代真正以学生为中心的教学思想，积极地运用信息化手段将信息技术整合进语言教学，来开展教学活动，提升教学效果。这需要学生和教师两方面的自主学习：一方面，面对知识经济的发展，教育需要实现以学生为中心的教学理念，即学生主导整个学习过程，找出问题，通过各种信息技术手段进行探究及寻找答案，体现出自主学习能力；另一方面，在这个过程中，教师使用基于大数据的学习者行为分析的教学方法和教学手段，为学生筛选出合适的在线学习资源，引导学生有组织有系统地进行在线学习，帮助学生处理问题、解决问题，培育学生的自主学习能力。混合式教学模式是本阶段教学模式改革的特色之一。

5. 平台和资源建设

在原有基础设施的基础上，开发、提供新的教学资源和学习资源，包括网络教学系统、自主学习系统、课程网站、网络课程资源库、数字化影视库、音视频在线点播系统等内容，来支撑学习者的学习。其中，网络课程资源库建设以资源共建、共享为目的，以创建精品课程资源和开展网络教学活动为重点。

第三节　教育信息化2.0时代与高职院校英语教学

一、教育信息化2.0

（一）教育信息化2.0的主要内容

2018年4月13日，教育部印发了《教育信息化2.0行动计划》（以下简称《行动计划》）。《行动计划》提出，到2022年基本实现"三全两高一大"的发展目标，即教学应用覆盖全体教师、学习应用覆盖全体适龄学生、数字校园建设覆盖全体学校，信息化应用水平和师生信息素养普遍提高，建成"互联网＋教育"大平台，推动从教育专用资源向教育大资源转变、从提升师生信息技术应用能力向全面提升其信息素养转变、从融合应用向创新发展转变，努力建设"互联网+"条件下的人才培养新模式、发展基于互联网的教育服务新模式、探索信息时代教育治理新模式。

其主要任务由三个方面组成。第一，继续深入推进"三通两平台"，实现三个方面普及应用。"宽带网络校校通"实现提速增智，所有学校全部接入互联网，带宽满足信息化教学需求，无线校园和智能设备应用逐步发展。"优质资源班班通"和"网络学习空间人人通"实现提质增效，在"课堂用、经常用、普遍用"的基础上，形成"校校用平台、班班用资源、人人用空间"。教育资源公共服务平台和教育管理公共服务平台实现融合发展，实现信息化教与学应用覆盖全体教师和全体适龄学生，数字校园建设覆盖各级各类学校。第二，持续推动信息技术与教育深度融合，促进两个方面水平提高。促进教育信息化从融合应用向创新发展的高阶演进，信息技术和智能技术深度融入教育全过程，推动改进教学、优化管理、提升绩效。全面提升师生信息素养，推动从技术应用向能力素质拓展，使之具备良好的信息思维，适应信息社会发展的要求，应用信息技术解决教学、学习、生活中问题的能力成为必备的基本素质。加强教育信息化从研究到应用的系统部署、纵深推进，形成研究一代、示范一代、应用一代、普及一代的创新引领、压茬推进的可持续发展态势。第三，构建一体化的"互联网+教育"大平台。运用"平台+教育"服务模式，整合各级各类教育资源公共服务平台和支持系统，逐步实现资源平台、管理平台的互通、衔接与开放，建成国家数字教育资源公共服务体系。充分发挥市场在资源配置中的作用，融合众筹众创，实现数字资源、优秀师资、教育数据、信息红利的有效共享，助力教育服务供给模式升级和教育治理水平提升。

（二）教育信息化2.0的核心要义

1. 以智能化引发教与学的深刻变革

智能化将引发教与学发生更加深刻的变革。在向智能社会转变的过程中，教育会发生很大的变化。首先，获取知识的途径会发生变化。学生不再是只从教师和学习内容那里获取知识，而是在环境中学习，这个环境里有教师、学习内容、学习情境、学习伙伴、学习网络等。其次，人们的学习方式会发生变化。人们的学习方式主要有三类：接受正规教育、接受非正规教育、进行非正式学习。直到现在，人们的学习都以接受正规教育为主，非正规教育和非正式学习仅仅作为补充。未来，随着终身学习理念的普及，学习将变得越来越普遍化、越来越经常化，非正式学习将成为人们最主要的学习方式。最后，教学分析方法会发生很大变化。未来，无论是课堂学习反馈分析，还是教学方法、教学策略分析，甚至是教育决策分析，都会从以因果关系分析为主转向以数据关系分析为主，通过大数据分析为教学和教育决策提供支持。

2. 以信息化促进教育公平

《行动计划》提出了"教学应用""学习应用""数字校园"三个全覆盖和"互联网＋教育"大平台建设的基本目标，其实质是教育要素在本领域的全覆盖和广泛纳入社会资源，是从教育内部"小联结"走向教育与其他各领域的"大联结"。即实现人与人、人与资源、资源与资源、资源与机构等更加广泛和深层的联结，以充分发挥网络连通、资源流通与教学融通的信息化变革教育作用。同时，此举旨在优化信息化资源配置，削减数字鸿沟，促进教育公平。

《行动计划》提出的"网络扶智攻坚行动"，致力于解决深度贫困地区的教育信息化建设问题。一方面，体现了对教育信息化全覆盖的攻坚和对后发地区的兼顾，让信息化教育的红利为全民共享，是一种对教育起点和过程公平的关注；另一方面，也体现出对国家脱贫攻坚大局的支撑。这是因为，推进精准扶智，离不开网络等信息化基础设施在全国的全面实现，"三全"是实现教育资源高效、精准配置的基础。

目前，贫困区域的教育信息化发展缓慢，在较大程度上限制了教育精准扶贫工作的推进。信息化要发挥效用，"联结"是第一要义，是一切可能性的基础。"三全"是区域、学校、教师、学生等教育要素的全连接，也是社会万物互联的重要基础，它不仅能够促进扩大优质教育资源覆盖面，进而助力教育扶贫，而且也能够提升社会生产资料（资金、设备等）的高效配置，助力生活扶贫。因此，推进网络扶智，更有助于促进教育结果的公平。

3. 打造新技术时代的教育新生态

强调技术与教育的融合是近年来我国推进教育信息化的基本原则，但在实践中，更多的是技术对教育的"单向融合"，而非技术与教育的"双向融合"。某种程度而言，这种融合的结果实际上进一步强化了传统的教育逻辑。从其他领域的发展历程来看，要推动领域全方位的跨越式变革，仅仅依赖"单向融合"是远远不够的；相反，从技术本身入手，通过对其可能性的充分评估，转而以"技术逻辑"对领域原有的运行逻辑进行改造，才有可能实现领域的整体"革命"。教育领域概莫能外。"真正从相'加'阶段迈入相'融'阶段"的表述，充分表明《行动计划》已经考虑到了这一深层次问题。由此看来，"教育信息化2.0时代"的"融合"相较以往将更加深入、更加全面。

与此同时，线上线下结合的混合式教学成为主流。无论课上还是课下、教师还是学生，都将把网络和数字信息自觉或不自觉地应用于教与学之中。

4. 突出应用驱动

工具的选择是为了更好地解决问题，教育领域信息化工具的选择是为了更好地解决教育问题，这应当是教育信息化发展所应遵循的基本原则。新技术、新装备的不断涌现刺激着人们的迭代热情，如不改变上述状况，新的更多的浪费和闲置将由此产生。要改变这一局面，就必须"更加坚持应用驱动"，以问题驱动应用，以应用驱动建设。

而从《行动计划》来看,应用驱动就是"教育信息化 2.0 时代"中国教育信息化建设的基本方式。

5.师生信息素养受到高度重视

《行动计划》表现出了对"人"的关注,对学生、教师等信息化应用主体的信息素养提出了详细要求。尤其对于学生信息素养的培育,《行动计划》首次提出"制定学生信息素养评价指标体系"的要求,以及评价体系所覆盖的学段、区域和数量,并将信息素养纳入综合素质评价。对于教师信息素养的提升,不仅纳入"人工智能"等信息素养新内容,而且更是把信息素养提升的覆盖面拓展到全体教育工作者。可见,2.0阶段将更加注重培养师生胜任数字化生存的能力,把师生培育成为合格的"数字公民",促进教育信息化可持续和高水平的发展。

6.自主学习能力成为学习者的重要特质

建立在数字化、网络化基础上的个性化、终身化学习将变得更加重要。需要指出的是,自主学习能力对于师生而言,同等重要,同等需要。如果说教育信息化 1.0 为教育打下了数字化、网络化的基础,那么,面对未来教育现代化发展和教育支持创新的要求,更加需要信息化来提供支撑的是多样化教学、个性化学习和持续不断的终身学习。

二、教育信息化 2.0 与职业教育

《行动计划》提出要实现我国教育信息化由 1.0 向 2.0 时代的跨越。作为教育信息化的一部分,我国职业教育信息化虽取得了较大的进展,但供求矛盾仍然较为突出,不能满足国家的战略需求。因此,在职业教育信息化由 1.0 向 2.0 目标转变的过程中,职业教育信息化需要充分运用现代信息技术,开发教育资源,创新教育模式,推动职业教育现代化。

(一)教育信息化 2.0 于职业教育的意义

1.加速职业教育融合创新

就职业教育现代化而言,1.0 时期的教育信息化主要是带动职业教育现代化,2.0 时期的教育信息化则要全面推动职业教育现代化,相应地就有了以教育信息化带动职业教育现代化战略和全面推动职业教育现代化战略。"全面推动"是教育信息化成为职业教育系统性变革的内生变量,支撑引领、全面推动职业教育现代化发展,信息技术与职业教育教学深度融合,推动按时代的要求重构教育要素,推动职业教育理念更新、模式变革,产生职业教育的新形态。

具体体现之一就是教育信息化 2.0 加速职业教育融合创新。联合国教科文组织将教育信息化发展分为起步、应用、融合、创新四个阶段。教育信息化由 1.0 转入教育

信息化 2.0，一个重要转变就是教育信息化由起步与应用阶段，转向融合和创新阶段。其工作方针将由应用驱动逐步提升为创新引领，更加注重创新服务、创新发展、创新引领，同时加速实现职业教育的三大融合：一是实现现代信息技术与职业教育教学的深度融合，推动职业教育的深层次改革创新；二是实现虚拟世界与现实世界两重世界的融合；三是借助信息化力量，真正实现现代化意义上的校企合作。

不同于以应用为主的教育信息化 1.0，教育信息化 2.0 阶段的融合创新，既要有技术，发挥技术优势，更要有创新思维、创新方法、创新设计；既要变革传统模式，推进新技术与教育教学的深度融合，根据时代的新要求重构新的职业教育流程、形态、业态，更要达成全方位创新。

2. 使职业教学改革发生新的深刻变化

教育信息化 2.0 对职业教育的影响体现在三个方面。第一，更新教育教学观念，树立以信息技术推动高职教育发展的理念，发挥云计算、大数据、人工智能等现代信息技术在高素质技术型人才培养中的积极影响，促进教学模式的信息化改革。第二，注重信息化教学资源的开发与应用。以国家职业教育专业教学资源库建设计划为契机，引导广大高职院校加大教学资源库建设投入力度，基于学生学习规律、课堂教学规律开发优质数字化教学资源，鼓励与引导教师进行信息化教学创新实践，提高信息化资源利用率，使教师和学生真正体验到信息技术带来的教与学的质的革新。第三，以赛促变，以赛促升。教育信息化 2.0 时期的职业教育，必须将教师的现代化提升放在第一位，并从过去重点关注教师信息技术能力的提升，转向关注教师整体教育现代化意识、理念、思想和能力提升方面。教育部职业教育管理部门对此已采取措施，已将持续 8 年打造的全国职业教育品牌——全国职业院校信息化教学大赛，更名为全国职业院校技能大赛教学能力比赛，将其中的信息化教学设计比赛、信息化实训教学比赛、信息化课堂教学比赛，分别更名为教学设计比赛、实训教学比赛、课堂教学比赛，以对职业院校教师的现代化教学能力进行全面考核。新的竞赛规则旨在全面考察教学基本功，在此基础上逐步建构起新的信息化支持的人才培养体系、教育内容体系、实践教学环境、新的教育形式、新的教育机制。

3. 对职业教育教师职业胜任力提出更高要求

职业教育的人才培养目标升级为培养知识、技能、创新创造三位一体的新的职业人，必然要求教师具备创新创造的本领，应该成为创新创造之人。当信息时代来临时，人们认为教师不能满足于做知识的传授者，教师还要成为学习的组织者、引导者。在以创新创造为特征的智慧时代，教师应该成为创新的指导者、协同者和创新活动的设计者、组织者。这对教师提出了更高的要求，但随着教师能力的提升，以及在线学习的普及与学分互认的推广，大多数教师将会从课堂教学中解放出来。对于职业教育而言，当务之急是要加强在线课程的建设，加快职业院校间的学分互认，开展职业教育的在线开放课程认证认可，使职业院校尽快实现教师资源的开放，进而从根本上解放教师的生产力，支持教师升华成为引领型、创新型、学习型、专家型的智慧时代新四型教师。

4. 构建职业教育大平台

《行动计划》提出："积极推进'互联网＋教育'平台。"当前，职业教育的网络平台很多，但重复建设、多头建设、低水平建设较为普遍，多而分散，互相割裂，没能很好形成建设合力和整合优势。"互联网＋教育"大平台让广大学生利用网络学习名师课堂、充分利用优质的网络学习资源，在"互联网＋教育"大平台中为职业教育提供整合的、优质的、创新的资源，是职业教育改变的重要方向，是职业教育现代化的重要保障。要高度重视建立综合云平台，实现不同应用、不同平台间的融合。

"互联网＋教育"大平台，既是虚拟教学环境，又能够很好与实体环境对接与融通，既要优化已经建好的网络学习空间，又要充分发挥网络空间、自然空间、人造实体空间和精神空间的多空间作用，实现多空间融合。对于职业学校而言，与"互联网＋教育"大平台对接的是智慧校园、智慧教室、智慧课程等智慧化教学环境与形态，但一定要使所建设的环境与形态具有真智慧，能实实在在建立信息化教学资源的共建共享机制。

因此，各地区、各高职院校要加强交流合作，建立完善我国职业教育优质教育资源的公共服务平台，融合网络学习空间创新教学模式、学习模式、教研模式和教育资源的共建共享模式，促进优质数字化教学资源普及共享。鼓励将信息化教学大赛的获奖作品、典型案例等成果进行共享共用，带动更多的高职教师利用信息技术提高教学质量。此外，在"互联网＋"时代，要注重利用网络技术和网络载体推进优质教育资源跨区域、跨行业共建共享，建设数字教育资源开放共享体系，促进我国高职教育信息化教学水平的整体提升。

5. 推进高职教育信息化均衡发展

我国高等职业教育信息化发展水平仍然存在明显的区域差异性，均衡发展是《行动计划》关注的重点问题。《行动计划》将带来三个方面的影响。第一，中央财政会继续加大对中西部地区职业教育信息化的投入力度，引导地方加强对农村、经济相对落后地区职业教育信息化的经费支持力度，通过建立教育信息化专项经费，促进欠发达地区高职教育信息化发展。第二，坚持互利、公平、协调、共享的原则，打破"一亩三分地"的思维定势和狭隘的地域观念，通过交流学习、帮扶指导、辐射示范等多种方式，加强经济发达地区对相对落后地区的帮扶，提升全国高职教育信息化建设的总体水平。第三，利用互联网不受时空限制的特点与优势，借助信息技术和互联网平台向农村、民族地区、经济落后地区职业院校传输和分享信息化教学设计经典案例、名师视频课堂、优秀比赛获奖作品等优质数字化教学资源，开发建设远程互动学习平台，实现优质教育资源共享共用，提升区域间职业教育均衡发展指数，实现区域高职教育信息化的优质、均衡发展。

6.改造职业教育的学习方式

教育的归宿在于学生的发展，没有职教学生学习的改变，就无法建构新时代的职业教育，研究和改造职教学生的学习变得非常重要。首先，要求学生思维方式的进化，既要具有互联网思维，还要具有创新思维、融通思维等智慧时代必须具有的新思维；其次，促进学生主辅式认知方式的形成与发展，既要提升个体基于自身的认知水平，又要利用物联网、大数据、人工智能等现代信息技术帮助感知、记忆、判断、决策，使学习者的认知能力有质的提升；再次，要有多元的实践方式，一方面让学生在充分感知现代社会中进行实践，另一方面充分利用虚拟仿真、VR/AR、人工智能等现代化手段进行别样的高效的实践训练，充分利用学习空间进行学习，并开展形式多样的智慧化学习活动；最后，进行学习变革，在学习方式方面由通常意义上的学习，转向创新学习、联通式学习等综合的新型智慧学习，并借鉴共享经济理念开展学习。同时，对以上学习的变革，必须以评价方式的改变进行引导与保障。

7.技术在教育变革中发挥重要支撑作用

"立体化教材""在线学习""微课""翻转课堂"在职业教育教学中正在得以普及，表明当前职业教育信息化更侧重于数字教学资源的建设、资源形态的多样化和信息化教学方式的不断探索，这与近年来国家大力支持职业院校专业建设与课程开发相关。"虚拟现实、增强现实和混合现实技术""云计算"等技术近期内有望在职业教育领域广泛应用，"人工智能""信息可视化"等智能技术会在中期内进行推广。

（二）教育信息化2.0给高职院校英语教学带来的机遇与挑战

1.高职院校英语教学迎来的机遇

（1）政策和资金支持。《行动计划》提出"到2022年基本实现'三全两高一大'的发展目标"，为全面推进教育信息化树立了明确的目标，也营造了良好的舆论氛围。《行动计划》为高职院校全面深化信息化教学带来各种"红利"，包括来自中央、省、市各级政府的政策和资金支持。就高职院校英语教学而言，教师能得到更多的培训机会，会有更多的资金支持他们从事信息化教学改革和科研，以此为实现学校发展、教师发展、学生发展创造可能。

（2）技术支撑和效能提升。与教育信息化2.0紧密相伴的是人工智能2.0。人工智能2.0为高职院校英语教学探索提供强大的技术支撑可能，主要体现在两个方面。第一，基于大数据的智能的个性化教育成为可能。虽然教育领域一直在强调对学生实施个性化教育，但限于技术手段、教育效率、教师精力等种种条件约束，教育总体上依然是秉承工业革命以来的批量化教育模式。伴随着大数据及人工智能技术的发展，将精准的技术分析应用到教育领域，英语教师就可以通过收集学生的大数据（如日常习题、测试、历年成绩、听课表情、兴趣爱好、周围环境等），进行学生画像描写，从而制订个性化教育方案。方案实施后，进行新一轮数据收集，更新优化方案，进而实现个性化教育。第二，跨媒体学习将有效提高教育与学习效率。人类形成基本概念和判断依赖多种信息的综合，如文字、图表、听觉、视觉、嗅觉等。教学中，英语教师除了文字表达、知识讲授外，还要采用配图、参观、实习、实训等各种形式，其目的就是让学生形成跨媒体的知识。随着人工智能的发展，VR、AR技术不断完善，跨媒体学习将更为简易，教育与学习效率有可能得到大幅提高。

（3）理论和实践新探索。对于有效英语教学法的探索，一直是许多英语教师关注的重点。好的英语教学法有助于学生更快更好地掌握英语。在语言教学的发展过程中，诞生了许多不同的语言学流派，提出了许多不同的语言教学法。但教学实践表明，任何一种教学法都不完善，各有优点和不足。单独运用一种教学方法，难以解决语言教学中遇到的种种问题，尤其在"互联网+"时代，英语教学面临着涌现出来的新问题。"互联网+"、教育信息化2.0将大量新的因子引入高职英语教学的生态圈中，如手机APP、智慧教室、智慧教学、微课、微信公众号等，同时将信息化研究的相关理论带入生态圈，使原有的研究内容、研究路径、研究方法产生一定变化，扩展了理论研究和实践探索的时空，如信息技术与高职英语课程的整合研究、高校英语信息化教学模式构建的理论研究、高职英语微课教育理论及运用研究、英语课程教学大数据研究等。理论和实践新探索为在信息化时代提升高职英语教学效能提供了可能。

2. 高职院校英语教学面对的挑战

（1）英语教师信息素养不足。其表现为：信息化教学理论与技能知道不多，掌握不深，运用较少；信息化教学设计能力需要进一步提高；能熟练运用PowerPoint等基本教学资源开发软件，但对Photoshop等图像处理软件、Audition等音频处理软件、CS等视频处理软件等的掌握情况则相对较差，信息化教学实施能力有待提高；信息化教学监控能力有待提高。

（2）教学方法自适性不足。随着教育信息化的深入，高职英语教师在教学上引入信息化元素，进行了一些信息化教学的探索，如采用手机听说APP倡导学生进行自主学习，帮助学生学习MOOC（慕课），尝试制作SPOC（小规模限制性在线课程）等。但教育信息化进展快速，尤其在教育信息化2.0时代，信息技术的发展正在深刻地改变着我们的认知空间，整个世界正在从二元空间走向三元空间。所谓二元空间，是指由自然界组成的物理空间以及由人类社会联系构成的社会空间，三元空间则是在二元空间基础上增加了信息空间。相比之下，教学方法、教学管理与之尚未形成同步共振。因此，教学方法的变革需要加强，向纵深处探索、提升。

（3）学生学习能力不足。高职生在进行信息化学习时，自主学习能力偏弱，容易受"去中心化"的影响。"互联网+"时代泛在学习的特点之一是利用碎片化时间进行碎片化学习。碎片化学习的前提之一是碎片化学习资源。碎片化学习资源具有短小精悍、结构松散、传播迅速、生命周期短、去中心化、多元化和娱乐化的特点。其后面三个特点导致学生的思维不能集中，容易产生思维跳跃。知识碎片的多元化导致学生很容易被环境中时刻变化的新信息所吸引，尤其是娱乐信息吸引，无法围绕一个主题进行深入思考。高职生在完成教师布置的 APP 作业时，有时会出现需要 10 分钟完成的练习，结果用了长达 1 个多小时得以完成。其中的原因有学生在做作业的时候，受即时聊天软件的影响，去浏览微信消息、视频，导致关注力被"去中心化"。同时，由于大量碎片化知识和信息唾手可得，其中大量的信息内容空虚、缺乏价值甚至是毫无价值，而学生对于这类信息全盘接收不加以思考，导致思维活动空洞，毫无深度可言。

第三章　教学改革背景下的大学英语多媒体与网络教学

如今是一个信息高度发展的时代，多媒体技术与网络在大学英语教学中的应用是大势所趋也逐渐得到普及。本章主要从大学英语的多媒体教学和网络教学两个方面展开阐述，并分别介绍了两种教学模式的优势、特点及发展问题，并提出相应的解决策略，这都为后续的教学效果的提高打好了基础。

第一节　大学英语多媒体教学

目前是一个技术飞速发展的时代，传统的教学模式已经不适应新的教学要求，也不能满足学生的需求了，新型的教学模式的发展刻不容缓。随着多媒体教学在大学英语教学过程中的应用越来越广泛，与其有关的一些问题也逐渐凸显。以下就针对多媒体教学所涉及的有关内容逐个进行阐述。

一、大学英语多媒体教学的形式

（一）资源的共享性

由于多媒体技术的支持，大学英语教学过程中的信息资源基本上可以实现向数字化的转化，这就代表着这些资源是可以共享的。就像一些英语教材的发行商为了提高自身教材的知名度和发行量而在网上设立了自己的网站，然后定期对网站内容进行更新。这些网站所采用的内容主要有与教材匹配的电子教案和一些有关英语教师的实际教学经验的分享和交流，这些都是可以免费下载的，实现了资源的共享。这在一定程度上减轻了某些英语授课教师的教学负担，不但可以向其他优秀的英语教师学习经验，还可以免除繁重的教学工作中的劳累，而将更多的时间利用在有关提高教学质量的工作上，并实现和学生之间的良好互动，可谓一举多得。

（二）对信息进行处理的集成性

在多媒体技术还没有出现以前，人们获取知识的途径是通过教师的课堂行为将教材内容进行传输，学生通过阅读和教师的讲解来进行知识的学习，这主要涉及的是学生的视觉和听觉两个方面的感官运动,而对于其他的感官功能的调动还不够充分,从这个方面来说,这种方式对学生获得英语的综合能力是非常不利的。

多媒体技术的出现并应用于英语教学中就是将单一的课本知识统一整合成一种集文字、图形、音频、视频于一体的多功能载体,进而可以在同一时间刺激学生的多种感官的运用。这样一来,学生在接收到多媒体课件内容的刺激后,可以通过眼睛、耳朵、嘴巴的共同反应对接收的信息进行统一处理,然后再向大脑进行传达,最后在大脑的综合处理下来获得相对完整和科学的信息。这种综合性的感官处理信息的方式不仅使人们处理信息的方式相对轻松了,而且还增加了趣味性,激发了学生的学习兴趣,对语言的综合技能的提升起到了一定的辅助性作用。

(三)信息媒体的多样性

人类感知外界的刺激和反应基本上都是通过自身的一些器官的感知来获得的,其中视觉所占的比重是最高的,占到70%~80%,而听觉差不多是10%。由此可见,人类还是主要通过视觉来获取大部分信息的,通过嗅觉、触觉和味觉的共同作用而获取的信息也占到总信息获取量的10%。多媒体技术的出现和在大学英语课堂的应用正好调动和刺激的就是学生的多种感官,这样可以帮助学生全面感受和认识接收到的刺激,然后给出综合性的反馈。

信息媒体的多样性对学生的学习效率的提高也有非常明显的促进作用。在英语学习过程中,一个非常重要的环节就是需要对新接收到的知识进行及时强化理解,以便掌握得更牢固一些。再加上计算机 CPU 的强大运算能力使得多媒体软件教学更上一层楼,在很短的时间内就可以将对学生有用的信息及时充分调动起来,然后再对教师和学生的教学和学习过程实施监控,针对反馈对教学策略和学习过程进行迅速整合,以配合学习进度的完成。

(四)学习过程的互动性

总体来说,我们可以将多媒体教学的教学过程理解为教师与学生的一个有效互动的过程。只不过这里的互动性具有了更加宏观的意义,那就是教师和学生的行为活动都被看成是一种媒体活动而被收纳到信息的传播过程中,这样一来大家都可以参与这个过程,然后参与其中的每个人可以对信息进行控制、编辑和传递,从而实现互动性。

互动性的作用也体现在可以帮助学生在获取和使用信息的过程中将自身的主观能动性充分调动起来,以实现对知识的全面深层次的了解。一般来说,传统的英语教学方式都是采用以教师为中心的单向知识传递,在有限的课堂教学时间内英语教师向外传递信息的程度就受到了很大限制。再加上学生之间本来就不是一个统一体的存在,但教师的授课内容却是一致的。这就导致只有需要的学生才会去主动接受知识的信号,而那些对此不感兴趣或是觉得没有需求的学生则会主动选择避开,对他们来说这也许是在浪费时间。

这就对英语教师教学提出了更高的要求，他们在实施多媒体教学的过程中可以根据实际要求和需要对所学习的语言顺序进行有效调整和句型的转换，以便照顾到大多数学生的学习进度。另外，学生也可以主动对所感兴趣的或想要进行探索的知识进行检索，这就相应提高了他们主动求知的意识。

二、大学英语多媒体教学的模式

（一）集体教学模式

从整体来看，集体教学模式与传统教学模式有很大的相似性，其区别就是集体教学模式需要在多媒体技术的帮助下利用课下的时间进行备课，然后再通过多媒体的设备将备课资料以更加立体的形式呈现出来，并给学生以享受。

此外，集体教学模式与传统课堂教学模式的相似性还体现在依然需要教师在特定容量的教室内对学生展开讲解和传授，而且这还是主要形式。在这样的过程中，教师依然占据了教学关系中的主体位置，而将多媒体的教学功能又放到了辅助作用的位置上，这其实是背离了高校开展多媒体教学的初衷的。

当然，为了和传统教学模式进行区别，以调动起学生的学习兴趣，需要教师在使用这一教学模式时单独使用某一个多媒体资料。例如，将幻灯片、音频或视频等制作成小影片的形式将英语教学内容呈现出来。这种教学方式就相对削弱了教师作为主体位置的影响，而学生通过影片的内容感官上受到了刺激，在大脑内形成了认知，这相对于传统的教师授课模式又提升了教学深度，而且还在一定程度上减少了教师人力方面的投入，在改善教学质量的同时也提升了教学效率。

另外，教师如果想要在多媒体的辅助下开展集体教学模式并且还想达到调动学生积极性的目的，那么他们在教学过程中就可以将整体的多媒体技术进行分解，只利用其中的某一个功能，如可以单独使用有增强视觉冲击效果的幻灯片和视频材料，或者是带来听觉享受的音频资源，这些都是可以单独使用来呈现教学内容的。需要注意的是，虽然这种模式依然需要在教师的指导下进行，却基本上摆脱了以教师讲解为主的形式，教师的主要作用是利用这些材料来引导和激发学生的自主学习兴趣，这相对于传统的课堂讲解模式来说趣味性就高了很多。从学生的角度来说，英语学习不再是枯燥乏味的了，更愿意主动学习了。而从教师的角度来说，不仅使教学内容更有层次感，而且还降低了教师的教学成本，最终的教学效率却相应提升了，最终的教学效果的实现也就指日可待了。

（二）个别化教学模式

个别化教学模式从某个角度来说，是在向因材施教策略的靠拢和学习，其宗旨都是从学生的角度出发制定不同的差异化教学。教师在进行英语教学的过程中，要始终将学生放在中心的位置，然后结合每个学生的特点、兴趣和学习进度的差异制定出有针对性的教学目标和教学内容。只有从每个学生的实际情况出发，制定符合他们自身发展的学习策略，才可以使他们的综合能力得到相应提升。统一的教学模式只会让能力强一些的同学觉得是在学习简单的内容而浪费了时间，而对于那些能力较弱的同学来说又觉得教学内容过难，学习过程有些吃力。这就导致了整体教学效果的不理想。

教师在使用个别教学模式进行教学时，需要从学生的实际需要出发进行考虑，以学生为中心，切实考虑到学生的内心实际需求，这样制作的学习计划和提供的教学资料才不会偏离主体。同时，教师还可以在整个的教学过程中针对学生提出的有关问题给予及时反馈和指导。此外，教师还要对学生的整个学习过程起到有效监督作用。例如，在某些个别化的教学模式的指导下，学生将有更大的自主性根据自己的能力水平选择适合自己的英语教材。如今是一个信息网络时代，学生可以利用学校的网络图书馆查询自己所需要的英语资料，或者是通过电子邮件将自己的作业或学习中的疑问提交给教师，然后等待教师的回复和答疑。

（三）支架式教学模式

支架式教学模式向我们提出了一种全新的理论，这一模式认为学生所获得的知识并非是通过教师的课堂教授获得的，而是在所提供的多媒体资料和所处英语环境的共同作用下而形成的一种意识上的建构方式，这一观点可以说是打破了我们以往对教师知识传授者身份的认知。

支架式教学模式的出现对教师来说，可以称得上是对教学过程的又一考验。首先，教师在使用支架式教学模式之前需要在学生的认识体系还没有完全建立的时候就构建出一种与知识结构相关的框架，然后以此为基础在一定的原则的指导下一步一步实施。但不管怎样，教师采用何种教学模式其目的都是一样的，都是为了提升学生学习效率。总之，如果教师想要在实际教学过程中采用这一教学模式，可以从以下5个步骤着手：

1. 知识框架的构建

这对整个的支架式教学模式来说是第一个步骤，在这一环节对教师的要求还不算太高，教师只需要在一定的教学要求的前提下制订出相关的教学计划即可。在这一环节需要注意的是，教师要特别做好其中所涉及的各个教学因素之间的协调，以使教学过程可以顺利开展下去。

2. 进入问题情境

问题情境的创建可以有很多种方式，在这一环节中，教师就可以最大限度地使用多媒体技术所提供的高效内容，然后还可以在现有资料的基础上为学生构建一个与真实语言环境类似的场景，最后再根据所处的环境设置一些匹配的问题。需要注意的是，在这一环节中，要特别将学生的思考与视听感官结合起来，以促进学生自主性学习习惯的形成。

3. 学生独立探索

经过前一环节的问题情境的设置，在教师的从旁协助下便可以开始引导学生逐渐向问题的解决方向逐步靠拢。在刚开始的时候，学生可以在教师的指引下逐渐得到启发，一步步趋向于正确的方向。但随着探索次数的增加，教师的辅助作用就要相应地减少，而学生也会逐渐适应这样的自主探索方式并游刃有余地使用知识框架。

4. 组内协作学习

经过了前面环节的铺垫以后，就逐渐可以倾向于学习的层面了。在这一阶段，可以将学生根据一定的人数分成不同的小组，为后面学习的展开打好基础。而学生要做的就是小组内的不同成员需要根据所获得的信息进行讨论，然后在商讨的基础上对最后的结果做一个全面总结和陈述。进行到这一步骤，关于内容上的建构已经基本上处于完成阶段了。

5. 教学效果评价

这一环节就是整个的支架式教学模式的最后一个步骤了。其实，对教学效果展开评价是一个复杂的过程，这个过程中的评价基本上包括3部分，即教师对学生的学习效果的评价、生生互评及学生的自我评价。而教学评价从内容上来说也是非常丰富的，教师可以对在学习过程中取得较大进步的学生进行表扬，也可以根据学生在整个模式构建过程中所做出的贡献给予中肯的评价。

三、大学英语多媒体教学的原则

（一）以学生为中心原则

教学模式革新首先要做的就是师生在整个的教学过程中地位的确立。众所周知，任何语言的习得都非一朝一夕之功，是需要经过时间和实践的双重积累构建起来的，同时学生又是这一实践过程中的主体部分。因此，在英语的实际多媒体教学实践中始终要将学生的中心地位体现出来，从而推动学习活动的顺利进行。作为教师，在开展多媒体英语教学时还需要特别注意调动学生的自主性学习意识，使其自动建立起学习的意识，然后再按照自身的情况来对学习的整个过程进行把控，在学习的过程中遇到自己无法解决的难题时可以向教师或其他学生进行请教，甚至还可以通过计算机网络来自己查找解决方案。

而在这里，学生向教师或其他同学进行请教的方式可以是通过电子邮件的形式，也可以是在班级里组建论坛展开讨论。仅仅是这样一个过程，学生的自主操作能力就能得到相应提升。在这一过程中，还实现了学生主体学习地位的进一步巩固和实现。

（二）情感与合作学习原则

情感因素包括的方面是很丰富的，常见的主要有兴趣、动机、态度和注意力4个方面。这些因素都会对学生的最终学习效果产生一定的影响，这主要是取决于情感因素有积极方面和消极方面之分。对于学生来说，积极方面的情感因素是对教学过程的正面促进，而消极情感因素的作用则相反。另外，英语教学过程中采用的多媒体教学方式本身就具有丰富性和生动性的优点，对于学生学习兴趣的激发是很有效果的。另外，由于一直受到传统英语教学模式的影响，多媒体教学对于我们来说就是一种前所未有的新颖模式，而且是与当前的学生要求和需要不谋而合的，避免了传统英语教学模式的一些弊端，以一种新颖的方式将课本内容立体地展示在学生面前，使教学过程变得简单和有效。

只不过我们需要关注的是，凡事都需要有一个度，超过这个度就有可能产生相反的效果。因此，教师在进行英语教学过程中使用多媒体和网络的时候也要注意把握好分寸，如果教师过分放大多媒体的使用功能就会造成一种依赖性。如果时间长了，甚至还会影响师生间的沟通和交流，而对于学生来说还会对英语学习产生一定的抵触心理。

（三）情境与交际性原则

语言的学习从某种角度来说和学习者所在的社会文化背景有着密切联系，这就从侧面说明了社会文化背景影响着学习者语言的习得。虽然社会文化的熟知不是短时间内就可以实现的，但我们可以从它的一些外化的实际情境中窥探一二。此外，现实中的语言情境在一定程度上还可以促进学生联想性思维的产生和发展，使他们在原有经验和知识的基础上引起对新知识的探索渴望。这样新旧知识之间就形成了一种连接的桥梁，旧的知识可以发展出新的知识，而新的知识也有旧知识的内涵。英语教学的最终目标就是实现学生运用英语的综合能力的提升。如果想要尽可能实现这一目标，还需要学生在日常的相对真实的教学环境和情境中在所学知识的基础上深化听、说、读、写、译的使用技能。

目前，我国的英语教学过程使用多媒体技术的范围越来越广泛，并且多媒体由于其自身的先进技术特点为大学英语教学提供相对接近真实语言场景的机会，以保障英语交际活动的顺利进行。英语教学的过程中设计有关英语文化知识的场景是必然的，教师在进行授课的过程中还需要注意让学生建立起跨文化学习的意识。大学英语多媒体教学活动在很大程度上是以网络环境为基础的，在实际教学过程中就要将多媒体教学的优势充分发挥出来，以便在教学语言场景中使学生的跨文化意识得以培养，成为日后跨文化交际的坚强后盾。

(四)目的性原则

说到底,英语教师应该采用什么样的方法来实施教学,是受到很多因素的共同制约的,其中不仅包括教师自身的学习观和语言观的影响,而且还包括教学目的的制约。如果一开始教师所设定的教学目的存在一定差异的话,那么最终所使用的教学方法也会随实际情况进行变动。因此,在多媒体教学中的目的性原则也是一个不容忽视的问题。

英语教师在实施多媒体教学以前,首先要做的就是要在心中有一个明确的教学目标。如果宽泛来解释的话,就是英语教师需要对《英语课程标准》和《教学大纲》有一个比较清楚的认识和了解,以便深入贯彻其指导思想。从小的角度来说,就是英语教师需要具体到每一节课来设定具体的教学目标,然后以此来选择相应的教学内容和教学方法。总之,无论教师怎样进行教学都不可以脱离教学大纲的指导和要求,但要特别注意对教学内容进行及时筛减和补充,将多媒体教学的优势充分体现出来,以此促使学生学习效果的提升和最终教学目标的实现。

(五)系统性与最优化原则

我们必须认识到语言的学习过程是一个需要长期坚持的过程,并非一朝一夕就可以获得成效的,需要慢慢积累和整合。当然,英语教学过程中采用的多媒体教学方法也不可以脱离这些原则的范畴,更需要将教学目标实现渐进式完善,以达到最优的教学效果。

目前,我国高校内具备的多媒体教室和网络系统所提供的资源基本上可以满足大学生的英语教学过程。这就要求英语教师在开展教学的过程中从实际出发,在充分了解学生的能力水平和希望实现的目标的基础上选择合适的教学材料,要难易适中并且还要随着教学进程的推进和学生学习水平的提升而逐渐加大难度。作为教师,还要对学生的学习进度进行有效监控,当学生在学习过程中存在疑惑时要给予有效解答和帮助。在教学过程中采用系统性原则主要是为了最终的教学优化的实现,要求教师在进行多媒体教学的时候要受到系统性与最优原则的共同约束。

四、大学英语多媒体教学的优势

(一)能够实现以学生为中心

多媒体教学的产生在很大程度上帮助英语教师为学生提供了一个相对真实的英语学习情境,在这样的学习情境中,学生掌握了最大的主观能动性并使其得以释放。在这里学生处于学习过程中的主体中心位置,他们不再只是被动接受教师所传授的内容而是可以自主选择学习材料和把控整个的学习过程,对学习进度实施有效监控。从这个方面来理解的话,我们认为多媒体的教学形式是与社会趋势和当前学生的需求相匹配的，最大限度地体现了以学生为主体的教学概念，这对学生主动进行英语学习是非常有效的。

（二）能够激发学生的学习兴趣

大学英语多媒体教学形式是一种综合性很强的方式，在开展教学的过程中可以最大限度地调动学生的感官进行反应。这种方式让原本枯燥的单纯性知识灌输变成了相对生动和活泼的学生自主性学习过程，这在一定程度上也相应激发了学生对英语学习的热情。

学生通过多媒体方式的教学，在音频和视频教学的共同作用下，使学生的预感能力也得到了明显提升。

（三）能够打破时空限制

传统的英语教学方式是教师采取统一的课堂授课形式，但由于教室的空间限制，使得其的学生的数量受到了一定阻碍，通常人数都不会太多。还有就是每个学生的基础水平和接受能力方面也是有差异的，这就导致学生最终展现出来的教学效果也是不同的，但每节课又有一定的时间限制，教师不可能做到对每个同学都一一指导。教师就只能在有限的教室空间和上课时间的共同制约下，对各水平阶段的学生实施统一的教学。

但是，多媒体形式英语教学方式的出现，在一定程度上打破了这种时空上的限制，学生不仅可以充分利用课堂上的有限时间进行英语学习，而且更可以利用课下的闲散时间在具备条件的情况下利用多媒体软件进行学习，对于那些在课堂上没有弄明白的地方进行反复研究。另外，英语教师还可以利用多媒体软件向学生提供和共享不同的学习资料，让学生实现随时随地的学习。这样一个过程，同时促进了对所接触的学习内容的综合分析能力和在学习过程中对问题的解决能力的提升。

（四）能够增加课堂信息量

在传统英语教学模式中，学生获得的知识大多是通过教师的课堂授课来获取的，但同时又由于教学大纲的要求导致了教学内容大多是以应试为目的的，再加上课堂时间有限和课本内容更新不及时等因素，导致了传统教学模式所收到的教学效果并不是特别理想。而多媒体英语教学方式所提供的教学内容在很大程度上满足了学生的学习需求，促进了多重感官的共同作用，使得英语教学的内容一下子变得丰富起来，教学效果得以显著提升。

再加上在传统的英语教学活动中，就算教师花费大量的时间和精力在课堂上向学生进行知识的传输，但学生所接收到的信息量依然还是非常有限的。这种情况下采用集各种方法于一体的多媒体教学方式可以以一种最直观的方式将课本内容立体地展示在学生的面前，其所包含的信息量与传统课堂授课模式相比有了很大提升。

总体来说，英语多媒体的教学方式的优势是传统教学模式不可相比的。多媒体教学模式相应节省了时间，而且课堂传输的信息量也得到了相应增加，这些都对英语教学效果的实现起到了促进作用。

（五）使得课堂环境得以优化

在传统英语课堂教学过程中，由于教室的座位安排也不是统一的，有前后和中间、两边的区分，教师在平时的授课过程中如果说话的语速和音调只适合靠近的学生的话，那些座位相对离得远的同学就会很难听清楚教师的讲话内容，从而不理解教学内容。长此以往，学生的学习兴趣就会大打折扣，进而逐渐失去学习的兴趣。

而在进行多媒体教学的过程中，通过一些技术设备的支持，使得每个学生无论坐在教室的任何角落，对教师所讲的内容都可以融入耳内。这得益于多媒体教学中的音频与视频功能，这在一些大班的英语教学过程中可以使一些传统英语课堂活动的不足之处得到一定程度的缓解，使得学生对整个教学活动的接受程度更高了。

五、多媒体英语教学的前景

（一）多媒体英语教学日常化

目前，科学技术和信息技术在快速发展，应用于多媒体技术的方面也在日益成熟，同时可以共享的网络资源数量的增长也为多媒体的日常化教学提供了基础支持。

我们可以对其进行大胆设想，未来的大学英语教师的授课完全使用多媒体技术来实现也是很有可能的，多媒体内容完全可以满足教学大纲的要求和学生的兴趣，从而达到一种无纸化的英语教学境界。这时候的多媒体教学过程对于大学师生来说就是一种极为普通的教学手段了。需要注意的是，多媒体在英语教学过程中可以扮演各种不同的角色，这样就使得多媒体的英语教学过程显得更加饱满了。

（二）英语多媒体教学软件应用更广

大学英语之所以采用多媒体的形式进行教学，其主要的原因在于基于这一技术所开发的语言识别系统，这一技术让学生体验到的是一种与现实极为接近的情境，这是以往的教学模式从未带来的享受，这是学生愿意接受的。随着多媒体技术在大学英语教学中应用的不断深入，其所依托的各类软件也越来越丰富，功能也更加齐全，同时这也意味着多媒体软件的适用领域将会更为广阔。这对于学生来说也意味着自主性学习和学习兴趣的提升。

多媒体教学方式所带来的教学上的优势是大家有目共睹的，教学软件因其高效、方便的特点为大学英语教师的教学和学生的学习过程带来了很大的改进，尤其是其所提供的多样的学习信息使英语教学过程更加有趣。随着我国高校加大对师资力量的建设和投入力度，多媒体教学在英语教学过程中的应用也会越来越普遍，而与多媒体软件制作相关的人员将会成为社会的急需型人才。

第二节　大学英语网络教学

在网络信息时代，大学生的整体学习意识还是比较强的，都是为了将来走入社会、走向工作岗位积累学识和经验，想把大学的学习当成未来谋生的资本和进步的跳板。网络信息时代的大学生普遍认为学习是一个充实自己、改变命运的过程，是应对知识经济时代人才竞争的必要手段。他们认为要想在这样一个机遇与挑战并存的高速发展的时代生存和发展，必须有扎实的、充足的基础知识，必须通过学习努力提升自己的综合能力与素质。身处网络信息时代的大学生有这样的积极向上的学习观是很难能可贵的。从教师的角度来说，展开科学的网络教学也是同样重要的。

一、大学英语网络教学的优势

从我国基础教育的现状来看，网络教学虽然优势明显而且在一些地区开始进行示范性教育，但在短时间内完全取代传统教学模式还是存在一定困难的。不过，我们要认清的是这是一个趋势。教师借助网络教学的实际应用，从而摒弃原来不合适的教育观念，树立全新的认知，并且将网络化思维运用于日常教学中，这在提升教师素养的同时也使得学生的学习兴趣有所提高，最后得到的教学效果自然也会是非常令人满意的。具体的优势我们可以从以下6个方面来进行阐述：

（一）促进教学资源开放性的提升

教学资源的开放性主要是通过可利用范围和内涵范围两个概念来界定的，只有这两方面的内容同时得到延伸和拓宽，开放性才可以实现。在这一性质的影响下，教育资源得到扩展，不再局限于书本、教材和课件上，各种教育网站、电子书刊、虚拟图书馆、新闻组等都成了教学资源的来源宝库。英语可以说是互联网上使用最广泛的语种，浏览英语网站也可以看成是学习英语的一个重要过程。

（二）教学环境虚拟化

网络相对于现实的世界来说可以理解为一个虚拟的时空，在这个虚拟环境下很多物体都可以被虚拟化，如教室、实验室、校园、图书馆等，在这个以计算机网络为基础建立起来的虚拟空间内进行学习，从另一个角度来说也使传统的单向性的师生关系得以改变。

（三）网络资源库的合理利用

在传统教学方式中，因为各地区的经济条件、师资力量和重视程度等方面所存在的差异，使得有些地区的教学资源相对比较匮乏。而在网络相对发达的今天，师生只要在网络环境下进行简单的操作就可以从网络上获得对自己有用的资料。只不过，如果想要使网络资源的效用得到最好发挥，其有效性不可忽视。

另外，还要对教学资源进行有效整合，使校园网的教学资源库得到发展，这些都是实施网络教学的必要前提。网络媒体之所以有别于传统教学方式，主要是通过教师的教学方法与教学策略的改变来体现的。教师可以通过超链接的形式将所用到的信息进行有效整合，并提供一套合理的具有导航作用的学习系统，其导航作用主要体现在学生可以阅览参考书目、资源检索等方面。对于教师来说，在实施网络教学的时候还要提前进行充分的准备，包括建立一套相对完备的多媒体网络课件，以供学生进行参考与使用。此外，教师还有一项重要的工作，就是根据所在学校和学生的实际情况，建立一套与之相适应的教学资源应用库，以避免造成重复建设和教学资源的浪费。

（四）网络资源实现共享

这一方式一方面避免了学生由于没有明确目标而浪费大量的时间来寻找相关的资料，并且避免了受到不良信息的侵袭，另一方面还可以有效地引导学生进行有计划的学习。另外，超链接式的教学设计还有利于促进学生在不受到任何压力影响的情况下，积极主动地从网上获取多方位、开放性的知识。例如，在有关电影的课程学习中，教师采用传统教学方式和网络教学方式会呈现截然不同的过程。如果教师采用的是前者，那么就会要求学生进行一些简单的常规性训练。而如果教师采用的是后一种方法，那么教师就会将学生放在主导位置上，教师只是以一个辅助性的身份出现，引导学生利用网络去搜集一些有关的信息并进行整理，了解所需要的电影的起源、发展、种类，甚至是一些外国信息，包括参与电影拍摄的明星的成长故事，对经典影片进行赏析并与其他人进行交流，调查电影院正在放映的其他热点影片等。通过网络学习，学生学会了对自己所喜欢的电影进行分析和交流，然后爱上看电影。甚至有的学生还将从中得到的感悟放到自己的社交网站上与他人进行分享，体现了网络的价值。

（五）实现学生自主学习能力的提升

多媒体网络技术的应用为学生提供了模拟性的情境式学习方式。学生置身于真实的语言环境中感受到的自然也是最直观的体验，这样的学习效果是以往传统教学模式所无法比拟的。这种教学方式可以说是从空洞、泛泛而谈的形式中抽离了出来，其优势主要体现在两个方面。第一，多媒体除了具备基本的图文功能外，更重要的是融合了更直观的声音和影像功能，可以全方位调动起学生的感官，仿佛置身于真实的情境之中，学生可以利用这一方式听一些英文歌曲和观看原版影视作品，极大地提高了参与的积极性。第二，网络是非常便捷的，学生可以不受时间和空间的限制，如果有需要就可以即时下载学习资料，获得的这些资料为他们的大学教学课堂注入了新鲜的活力。这可以引导学生通过网络培养英语的综合技能得到全面提升，从而触发体内更高层次的语言思维能力的提升，将目前国际上最为前沿的资讯尽收眼底，从而形成一个知识的储备库，寓学于乐，双管齐下，使课堂学习变得生动有趣起来。

多媒体网络技术在某种程度上促进了学生之间的合作互助学习模式的形成。进行语言学习并不是自己单纯地将大量语法知识不断输入大脑中就可以的，语言学习的最终目的是输出，同时也应该是一种师生之间或同学之间合作与对话关系逐渐形成的过程。

在这里，课堂变成了实时互动的平台，而不是传统教学中的单纯的教师在课堂上讲，学生被动接受的很少有互动和交流的形式。网络教学提倡的是师生间的双向互动。教师可以采取分组的形式让学生针对相关问题展开讨论并进行总结，这样几乎每个同学都会有机会参与其中，具有了更大的主动性和参与感，他们可以根据自己的想法和理解来讨论相关问题。在这个过程中，教师的身份也从主导者逐步向辅助者转变。此外，教师还可以组织丰富多彩的课外教学活动，让学生有更多的实践的机会，这在一定程度上是对我国目前大学英语教学过程中所面临的课堂互动的匮乏的问题的有效补充。网络教学对学生和教师来说是提供了一种具有多功能的语言交互途径，为师生间的学习交流提供了平台。

（六）促进虚拟化情境模式的建立

语言要发挥出作用并不是自身就可以实现的，它需要依靠一定的语言环境才可得以显现出来，任何脱离了语言环境而独立存在的教学模式都无法使学生获得足够的语言运用技巧。

构建主义理论提倡的是"情境"化的学习方式，该理论认为学习者的学习过程要以情境或社会文化为依托，而且还需要他人的辅助作用，然后再通过人与人间的协作活动而达到一种主动建构知识意义的过程，需要注意的是环境的创设与协作学习需要借助一定的情境才可以顺利进行。在传统课堂教学方式的影响下，学生的思维活动受到限制，因而也无法产生联想等一系列有助于学习的心理活动，这在一定程度上影响了学生对知识体系的整体构建。网络教学的优势是可以将原本书本上比较死板的内容以更加立体、更为生动形象的形式呈现在学生面前。基于网络环境建立起来的互动过程是通过快速的言语信号向对方进行传递的，并且对方接收到之后又可以以同样的速度进行解码，这就保证了语言学习的真实性。作为教师来说，可以利用网络的便捷性为学生提供一个与真实交流环境极度接近的模拟空间，以实现激发学生交际兴趣的目的。在实际教学过程中，每个学生的基础是不同的，每个学生可以根据自身的情况选择适合的学习阶段进行练习。

二、大学英语网络教学存在的问题

　　大学英语教学是一个涉及多方面内容的综合教学体系，其中包括教学模式、教学手段、学习策略以及跨文化交际等方面。网络教学从某个方面来说就是实现了多媒体与教学体系的完全融合，并且还可以对教学过程中的一切信息进行进一步加工和处理，实现了大学英语教学性能的深层优化。与此同时，伴随网络而来的各种信息也相对使语言的输入量得到大幅提升，这对提高大学生的英语水平是有促进作用的。目前，网络教学模式相对传统教学模式来说是比较先进的一种教学模式，但也由于自身所具有局限性和对教学条件、师资力量等方面的要求而不能完全取代传统教学方式。不过，我们需要认识到的是这是一个大趋势，只不过过程是曲折的，并不能一蹴而就。如果不考虑实际情况而盲目追逐趋势反而会弄巧成拙，事倍功半，达不到理想的效果。

　　网络在大学英语教学中的应用为广大学生提供了一个可以实现自主性学习的平台，他们的主动性得到了最大限度的释放。只是由于在这种学习模式的作用下，教师的作用逐渐被弱化了，学生缺少了教师的监督，学生学习的积极性与参与度就成了决定学习效果的重要方面。而在传统教学模式下，即使学生的参与热情不高，也会在教师的威严之下尽力完成学习任务，而教师反过来也可以对学生的学习情况进行实时监督，以便得到最有效的反馈。此外，在教师的引导下，学生也可以跟从教师的思路展开进一步思考。而在如今大力倡导新型教学模式的形式下，教师的监督作用也日益衰微，对那些学习自主性相对较弱的学生来说，学习成绩的提升就不那么明显了。此外，教师所制作的学习课件也是适用于大多数学生的，而不是针对个别人的，学生要从冗杂的学习内容中梳理出适合自己的知识也是要下一番功夫的，需要先分清主次，然后再归纳总结。

　　基于以上因素的考虑，我们可以看出全面实施网络教学还是存在一定困难的，因为单从师资力量方面来说就无法提供有力支撑。所以，如果从我国大学英语教学现状的角度出发，可以将多媒体教学与传统教学相结合的过程作为一个过渡阶段，而不是盲目地彻底推翻原来的教学模式，让这两种方式各尽其用，逐渐向新模式靠拢。只有这样，才可以使英语教学得到令人满意的效果。

三、大学英语网络教学问题对策

（一）改变教师教学方式

　　教师在教学过程中所起到的作用是不容忽视的。在网络信息时代，教师的角色应该不局限于单一的"传道、授业、解惑",还应该向更符合网络教学的方面靠拢,建立恰当的师生关系就显得很有必要。

(二)重视教师培训

教师在教学过程中对于学生来说所担任的就是一个具有辅助功能的角色,教师可以帮助学生更加客观地认识自己,从而可以制定明确和符合自身的学习策略。而且教师对于学生而言还具有榜样的力量,教师的言传身教是学生学习的动力,如果学生可以从中领悟到学习的意义,那么培养起终身学习的能力也就相对容易了。在如今的网络信息时代,教师的任务更多地偏向组织教学、设计学习策略、多方协作答疑等方面,这就对教师的综合能力提出了更高的要求,其中工作技能和理论素养能力是基本前提,不可或缺。

(三)加强教师的评价过程

在网络课程效果评价中,教师的单一评价方式已经不再适用,此时最需要的便是一套全方面、多角度的客观评价体系,其中最重要的就是学生由被评价对象向评价主体的角色的改变。教师可以从以下4方面着手:

1.加强小组内外各学生的评价能力,使小组活动取得"双赢"的效果。因为对于每一个评价者来说,在对他人进行评价的过程中,也可以认识到自身存在的不足,使自身得到提升。这样就摆脱了一直依赖于教师的约束的学习方式,对培养学生终身学习的能力具有很大的帮助。

2.时刻以学习目标和要求为中心,随时对学生的学习情况进行评价,然后提出具有建设性的意见,促使学生进步。

3.对学生在进行网络学习时的风格与偏好进行研究,以便提出极具针对性和个性的评价,避免千篇一律使学生失去兴趣。

4.教师在对学生进行评价时,要尽可能多地使用带有鼓励作用的词语,促使每个学生都有获得进步和成功的渴望。

(四)网络教学与传统教学相结合

随着科学技术发展的突飞猛进,网络教学方式在大学英语中的应用也逐渐受到社会各界的广泛关注,进而进一步对传统教学模式产生了冲击。虽然传统教学手段在课堂上传授的知识量有限,但从整体来说对大学英语的教学水平提升还是有一定促进作用的。因此,针对传统教学手段和网络教学手段各自的特点,教师要尽可能实现这两者的完美融合,以期共同为大学英语的教学尽一份力量。

在传统教学模式下,师生之间是通过课堂的授课形式来实现联系的,教师的语言、肢体动作等都会向学生传递相关的信息,为学生的理解提供了有效支撑。

现代教学手段在一定程度上使得教学效率得到进一步提升,同时也使教学环境得到进一步改善，在一定程度上促进了传统教学手段的不断升级，这两者共同为大学英语教学朝着更完善的方向而贡献自己的力量，使其不断优化。

不管是采取何种教学模式，都不应该忽视师生间的有效互动，要通过沟通建立起师生间的知识桥梁，实现知识的有效传输。在引入多媒体教学的过程中，教师会逐渐放弃原来直观的板书书写方式，取而代之的是将现有的网络文字，在显示屏上向学生进行展示。因此，导致教师没有书写的印象，学生也只是一扫而过。针对这种情况，教师就需要充分发挥多媒体的声音和影像功能了，可以将单纯的文字内容幻化成具有画面和音效的动态形式，充分调动起学生的各个感官系统，从而从各个方面理解所学内容，并进一步消化理解。如果条件允许的话，教师还可以结合传统教学模式的方式进行综合讲解，来加深学生的理解。在这种情况下，课堂提问和小组讨论的效果会更容易地显现出来，教学效果也会更明显。教师通过课堂的互动来对学生进行检测并及时给予纠正，可以将教学效果的作用发挥到极致，这是任何一种单一教学模式都无法达到的高度，由此可以看出双模式教学的结合使用在过渡阶段是非常有必要的。

（五）加强对学生学习策略的指导

由于每个学生都是不同的个体，学生可以从自身角度出发在网络环境下选择与之相适应的学习资料，以此来构成属于自己的"新课本"。以后的资料都可以从这个课本中提取。另外，这个过程还是学生主动发现和构建知识的过程。从这个角度来看，我们也可以将网络教学模式理解为一种学生在自主学习的基础上更加自由的学习方式，这种自由主要指的是受时间和空间的限制作用很小。这一教学环境的改变在一定程度上会影响学生学习动机因素的改变。我们只有在认识和了解了这些影响因素产生变化的前提下，才可以根据其特点制定出适合的教学策略，以此让学生来持续拥有积极的学习动力。从教师的角度来说，为了实现学生学习成绩的提升，可以从以下3个措施入手进行改进：第一，实时了解学生的真实想法和对想要获得知识的真实需求，这样就会有的放矢，其效果也会是事半功倍；第二，认识到每个学生都是独立的个体，并充分尊重个体带来的差异性，进行有针对性的训练；第三，实时跟踪，时刻关注每个学生的学习进度，对学生的反馈要及时进行整理并给予有效帮助。

四、大学英语网络教学的模式

（一）网络教学模式的一般定义

关于教学模式的概念，在传统的教学论中已经有了多种定义。随着网络信息时代的到来，整个的教学活动发生了翻天覆地的变化，面对这种情况，如何对网络教学模式进行重新定义就成了专家学者们研究的重点，其结果更是多种多样。我们在结合各家观点的基础之上进行整理后做出如下总结：网络教育模式指的是在一定教学思想和教学理论的指导下，依托计算机网络技术，在教学实践中培养学生自主探究式的学习能力，不仅如此，还要从教师和学生两方面入手，营造以学习者为中心的自主学习氛围；教学相长，为实现一定的教学目标而构建起来的较为稳定的教学结构框架和教学方式。

总体来说，在大学英语教学中，教师要始终注重英语教学综合技能的重要性，并让学生认识到其中的意义所在。

（二）大学英语网络教学模式的构成要素

1. 大学英语网络教学模式的教学目标

大学英语网络教学中的教学目标指的是教学活动所要完成和实现的教学目的，为未来的教学方式的发展和教学方法的选择指明了方向。

2. 大学英语网络教学的技术环境

技术环境指的是为网络学习提供基本的技术支持的关系总和，主要有各种网络的构成及计算机设备等。网络教学模式的技术环境主要受到设备自身的性能以及信息传输条件等的制约。

（三）大学英语体验式教学的信息化

将现代先进技术应用于大学英语的课程改革中在国际上也早有研究，我们进行改革也并不是无迹可寻的，我们可以参考相应的案例大胆进行全方位的试验，以期找到与我国大学英语教学现状相适应的方式。

比如，应该充分结合现代教育技术的综合功能，强调外界环境对语言学习者的学习过程所产生的影响，在这里主要看重的是学生对语言的整体感知和运用能力。教师可以在教学过程中逐渐使学生的自主学习能力得到相应提升，具体措施就是教师可以在每周有限的学习时间内挤出一部分时间用于学生自主性学习。此外，还可以建立课堂口语活动，而这些活动并不要求一开始就做到完全成型，需要通过教师的合理安排抽出一段时间来进行听说能力的训练。

（四）大学英语网络教学的主要模式

一般来说，教学模式需要一定的教学思想作为指导并且围绕一定的教学主题，以便形成最终的相对稳定的理论化教学示例，教学模式是教学过程的各个因素共同作用的结果。同理，网络信息时代的教学模式的教学过程也是受到多种因素的共同影响和制约的。网络信息时代的教学过程所涉及的要素包括教师、学生、网络教学材料、网络学习环境4方面，其组织形式也包括面向个体、面向小组和面向群体3种形式。

网络信息时代，网络教学可以从两个方面开展。一方面，学习过程由被动参与逐渐转变为学生的主动参与。另一方面，教学组织形式由个体向群体发展。

1. 网络自主接受模式

网络自主接受模式主要由学生、网络多媒体课件和学习指导者3个要素构成。在这里网络多媒体课件实际上指的就是学习资源，只不过是基于计算机网络建立起来的一种可以展示出声音和影像的资料。而学习指导者是一个比较广义的概念，并不局限于教师，更重要的还指的是计算机的作用。网络自主接受模式的简化模型如图3-1所示。

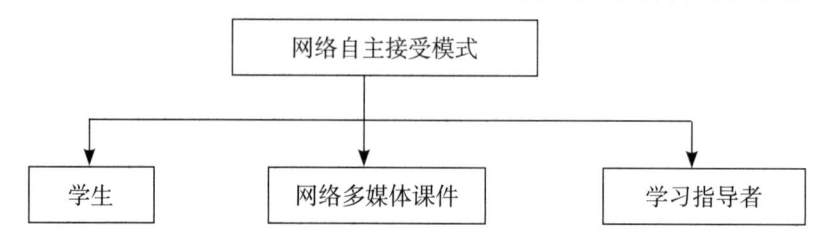

图3-1 网络自主接受模式的要素构成

2. 网络自主探究模式

4个方面：学生＋语言任务＋参考资料＋教师。这一模式的主要作用是向学生传递语言基础知识方面的信息，培养学生对语言的综合运用能力。

在这一模式中，教师会提前将具体的语言任务发布给每一位同学，可以是名篇阅读，也可以是翻译指定文字或其他有关内容等。教师回收前应做好指引工作，提供足够的参考资料。当然，这一过程并不代表教师就完全放任不管了，而是始终对学生的整个学习过程进行监督。学生可以随时就所遇到的问题向教师进行请教，以获得相关的解决办法。学生最终在这样的模拟环境下通过教师的指导不断提出问题，再到解决问题，自身能力得以不断提升，但最终目的都是以培养学生熟练掌握语言技能的综合使用能力为最终目标。网络自主探究模式简化后的基本模型如图3-2所示。

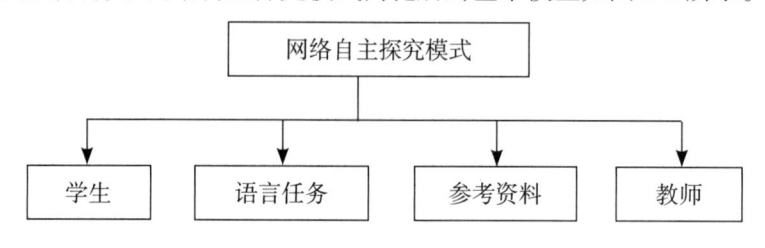

图3-2 网络自主探究模式的要素构成

3. 网络任务合作模式

这一模式的主要构成要素也是多方面的，主要包括以下4个方面：学习小组＋语言任务＋参考资料＋教师。该模式的形成是建立在学生的学习小组基础之上的，然后在网络资源的支持和配合下完成教师所指定的语言任务，使学生的团队精神和运用语言的能力得到有效提升。而这里所说的语言任务一般都带有特定指向性，基本上和学生未来的社会生活或所参加的工作有密切关系，以便大学生走向社会以后可以应对自如。

在这个任务合作模式中，教师所处的位置和扮演的角色还是相对重要的，教师需要从每个学生所掌握的能力水平出发对学生进行合理分配，然后在需要材料支持的时候给予必要帮助，并对学习过程中学生所遇到的问题提供解决办法。此外，还要注意协调好组织内部各成员之间的关系，如果出现学生之间有矛盾的情况，教师还要及时进行解决。总之，教师的任务就是要有一个整体的全局观，实时监督学生的学习进度并对最终的学习效果做出合理的评价。而学生的任务就是扮演好组织内部分配给的角色，在此基础上制订合理的计划并按时完成任务，还要时不时地进行阶段总结，最终达到一个相对完美的结果。

不过，需要注意的是，学生在整个的学习过程中要尽量使用目标语言来完成学习任务，也就是整个的沟通、参考资料、总结发言和最后的作品都应该在对应的目标语言的基础上来进行解决。实际上，网络任务合作模式的基础是在虚拟的任务情境的基础上使学生慢慢在任务完成的过程中不断提高自己对语言的整体把握和运用能力，而在这个过程中得到有效提升的还有学生团队间的合作意识。经过简化后的网络任务合作模式如图 3-3 所示。

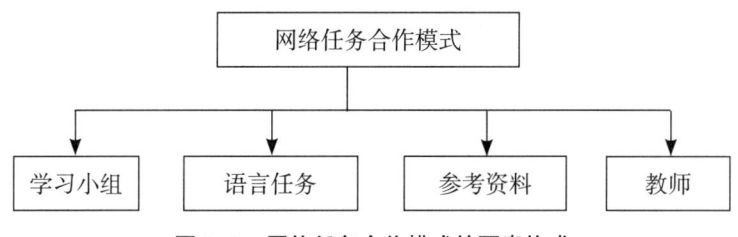

图 3-3　网络任务合作模式的要素构成

4. 协作模式

"协作"，顾名思义就是在学习过程中在意的不是个人而是小组合作的成果。这一学习模式主要是学生为了达到某一共同的学习目标而以小组的形式进行参与的相关行为，其目的是使得团队习得成果在一定的激励机制下可以发挥到最优。具体该在何时使用协作学习模式还需要从实际情况进行考虑。一般来说，当某个学习任务需要多个学生的共同参与才可以实现时，就需要协作学习模式的支持了，其理论支持来源于构建主义学习理论和人本主义学习理论两个方面。在协作学习过程中，可以根据不同的任务对学生进行分工，这样可以将学生的各自优势发挥出来，取长补短，使他们之间可以互相学习，共同提高。这种学习模式还可以实现对学习资料的共享，从而可以获得事物之间的内在联系。我们也可以说，这种学习方式更加注重的是学习者自身的一种互动性和主动性、创造性。

5. 探究学习模式

探究性学习从根本上来说就是对数据库整体系统和相关检索功能的综合应用，学生可以根据自己的实际需求，从数据库中检索到自己需要的信息，如地理、生物、历史等数据量较大的学科。在系统信息服务功能的支持下，通过搜集有关的智力活动，然后得到预设问题的相应答案。网络上这一学习模式的覆盖率相当高，不管是简单的电子邮件还是相对复杂的学习系统都会有所涉及。而这种模式一般都是由教育机构选择某些特定学生来解决问题，然后通过网络的作用传递到学生手中让其进行解答。不过也不是让学生毫无头绪地抄袭解答过程，而是系统会向学生提供一些与问题相关的大量信息资源来让学生进行参考，从中获得有用的信息。这种学习模式使学生处于学习的主动地位，从而也就自然摆脱了传统教学模式下的被动状况，而且还从另一个角度使学生的学习兴趣和创造性得以激发。这种教学模式从成本方面来说的话也是很经济实用的，因为只要通过网络环境下的电子邮件功能就可以实现，不需要太过复杂的技术作支持，这就使得它的实现变得更加容易。

6. 个别化学习模式

网络教学模式不仅注重面对群体和小组的讨论模式，而且对以个体为基础的模式也比较关注，其对个别化的学习模式也有了许多成功探索。在当今的网络信息时代，这些网络教学模式还处于初级阶段，需要进一步改进和完善。我们需要明白的是，随着时代的进步和发展，旧的教学模式必将会被时代所淘汰，而适应时代需求的新型教学模式兴起并逐步得到广泛的应用。因此，对于网络信息环境下的教学模式将得到研究实践和加强，在一定意义上说也是我国推进素质教育和教育全面改革的进一步深化。

五、大学英语网络教学的发展方向

（一）数字化技术的应用得到加强

数字化进程的开展是需要以互联网技术的支持为坚强后盾的，教学过程就会变得简单和稳定。所谓数字化的教学资料，通常指的是经过某些数字化技术加工和处理的，然后适用于网络环境下的教学资料，如数字化的视频和音频数据库和在线学习管理系统等。数字化的学习方式对教师和学生来说更容易借助数字化的平台来进行实时沟通和交流，然后对数字化的资料经过一定的分析之后加以合理利用，并以此为基础不断更新教学过程和发现新的知识，从而有效促进教学效果的达成。

大学英语教学过程经过数字化以后的特点具有了一些全新的内容，主要包括以下5方面：

1. 教学内容向外进行了扩张，不再局限于原来某个单一的知识点，而是逐步上升到以主题为中心的阶段。

2. 教学过程依赖于数字设备，而且在这整个的教学过程中教师和学生完全处于一个平等和合作的关系之中，而不是有级别之分。

3.教学的过程和所展示出来的内容与原来的相比具有了很大的创造性和可以重复利用的特性。

4.在这个教学过程中主要是从学生的角度出发,以学生为主,尽可能地满足各水平阶段的学生的不同要求。

5.网络教学的数字化趋势使得教学过程摆脱了空间和时间的双重限制,具有了很大的自由性。

(二)人工智能技术应用于英语课堂

随着时代的发展,科学技术也在发生着日新月异的变革,其中人工智能技术的发展更是一跃成了网络化教学过程中的中坚力量,作用不可小觑。而且人工智能技术在大学英语教学课堂的实践应用也已经证明这已大势所趋。人工智能技术在大学英语课堂的应用是利用计算机的高超技术实现对人脑思维模式的模拟,逐渐将计算机视为人的身份来进行教学,逐渐使人机互动的过程更加合理、自然和人性化。

人工智能技术下的英语教学特点主要表现在以下3个方面:

1.教学环境虚拟化

人工智能技术在大学英语教学中的广泛应用在一定程度上促使了教学情境的高度虚拟化的形成,使得教学活动的开展在一定程度上摆脱了时间和空间的束缚,具有了更大的自由性。

2.教学管理趋于自动化

计算机网络中引入的人工智能技术在大学英语教学过程中的实际应用主要表现在对学生学习情况的自主分析和保存方面,其核心在于可以根据学生的学习情况生成一份独有的电子版学习档案,跟踪学生的学习进程并及时给予适当评价,方便学生做出整改。另外,该技术还可以实现对学生的学习资料的保存和共享。

人工智能技术在计算机网络体系中的应用使得可以对学生建立一种相应的电子档案,可以对学生的学习情况进行自主记载和恰当评价,甚至还可以完善对学生的学习资料的保存和共享。

3.教学过程更加个性化

人工智能技术影响下的大学英语智能教师主要从学生的学习进度和个人的真实水平的角度等实际情况出发,制定出与学生相适应的教学计划和教学内容,从根本上体现出个性化教学的意义。

第四章　网络环境下大学英语课堂教学生态学理论和优化原则

课堂教学优化研究是课程整合中最重要的一个环节,所以要在网络环境下实现外语教育质量方面质的飞跃,我们需要信息技术与大学英语课程深层次理论整合。何克抗教授(2009)提出要运用先进的教育理论(特别是建构主义理论)来指导"整合"。他主张学生在一种真实自然的语言学习环境下自我建构知识体系,教师为学生提供相应的指导与帮助,充当学生学习的"支架"。在这种理念指导下,外语教学的师生关系实现了彻底改变,奠定了学生自主、探索、合作式学习的理论基础。但任何一种理论都不是完美无瑕的,建构主义理论强调学生的自我知识建构的同时,学生和教师同样具有主体地位。然而,在教学实践中,教师如果稍一放松,就会走向极端建构主义一边,失去应有的主导地位。没有教师的引导,学生的外语自主学习其实是散漫而盲目的,许多学生的外语学习活动甚至变成对支离破碎的词汇与语法点的记忆,对于系统全面的语言知识与文化的学习则无从谈起。

陈坚林教授认为:"教学上的失调现象已对传统理论构成了挑战。依靠传统的教学理论研究这些失调现象的成因与对策,很难达到预计效果。可见,要克服'排异现象',合理解释失调的成因,使教学系统保持动态和谐,应以生态学视角来重新审视我们的外语教学。"研究者需要依据生态学的原理,考察大学英语课堂教学系统内部诸要素与技术环境的相互关系和相互作用,探讨教改模式中课堂教学出现的各种问题及其成因,探讨外语教学生态的功能特征及其演化发展的自然规律。因此,要想优化大学英语课堂教学,解决教学上的失调现象,就必须以教育生态学的视角重新审视课堂教学环境,使之能协调系统内各要素的生态位并形成新的稳定系统,从而实现网络环境下大学英语课堂教学的优化(郭颖,2012)。本章将对生态学理论、教育生态学理论及网络环境下大学英语课堂教学优化原则进行系统阐述。

第一节　生态学与教育生态学理论

生态学中的生态发展原理认为,"发展是一种渐进的、有序的系统发育和功能完善过程"(王晓红,2010)。大学英语课堂教学优化研究正是从生态发展的角度来看待外语教学，使之从无序走向有序，不断完善其系统内各个教学要素的功能，从而真正提高课堂教学质量。陈坚林教授主张用教育生态学理论来指导大学英语课堂教学，指导大学英语课程与信息技术的整合，外语教育生态学为探索网络环境下大学英语教学失调及优化提供了理论基础。

一、生态学理论

在自然界环境中，生态是指有机体与周围环境之间的关系，即生物与环境及共同生活于环境中的个体间或种群间的各种关系，是指生物在一定的自然环境条件下生存和发展的状态。希腊文"oikos"是"房屋"或"居住地"的意思，"logos"是"论述""研究"的意思，这两个词根组合一起就形成了"ecology"，即"生态学"。博物学家索罗于1858年提出"生态学"这个词，但它的内涵一直不确定。直到1868年，德国生物学家赫克尔给生态学赋予了一个较明确的定义，即生态学是"研究动物与其无机环境和有机环境的全部关系"的科学。现代教科书上对于生态学这一概念比较普遍的定义为：生态学是研究生物与生物及生物与环境之间关系的一门学科。这里的"环境"是物理环境（温度、湿度等）和生物环境（其他有机体对于有机体施加的任何影响，包括竞争、捕食、寄生和合作）的结合体（宿晓华，2006）。

"生态系统"是生态学的核心概念。生态系统是指在一定地域或空间内生存的所有生物与其周围环境的相互作用，包括能量转换、物质循环代谢及信息传递功能的统一体。英国植物群落学家坦斯利（A.G. Tansley）于1935年提出了"生态系统（ecosystem）"的概念。他认为生物及其生存环境是不可分割的有机整体，有机体按照一定的规律进行着能量和物质的交换与循环。宇宙中有无数大小不一的生态系统，每个系统又可以和周围的环境组成更大的系统。子系统之间及子系统与母系统之间不断进行着物质和能量的交换。各个生态系统之间相互交错，相互循环。生态系统是生态学上的结构和功能主要单位，是生态学研究的最高层次。生态系统的主要特征如下：①开放性特征。为了保持系统的稳定，它需要与外界进行能量交换和物质循环。②动态可持续发展特征。生态系统存在于一个从简单到复杂、从不成熟到成熟的演变过程。③系统的整体性特征。生态系统的内部调节能力随着系统结构的复杂性、物种的多样性而不断加强。④生物多样性特征。正是物种的多样性、遗传与变异使生态系统得以循环发展，从低级向高级演变。

"生态平衡"是生态学的另一个核心概念。"生态平衡（ecological balance）是指一定时间内生态系统中的生物与环境之间、生物各个种群之间，通过能量流动、物质循环和信息传递，使它们相互间达到高度适应、协调和统一的状态"（范国睿等，1995）。因为任何一个生态系统内部都存在着能量流动和物质循环，其中一个要素的变化必然导致其他各要素的相应变化，从而引起生态失衡现象，所以生态平衡只是相对的动态平衡。系统的自我调节机制会使系统达到新的平衡。如此周而复始，生态系统总是处在这种从平衡到不平衡，再到新的平衡的发展中。

20世纪初，生态学的思想、原理和方法被广泛运用于社会科学领域，Cremin(1976)的教育生态学、Goodlad(1987)的"文化生态系统"及Bowers&Flinders(1990)的"微观课堂生态学"等研究把教育生态学推向科学研究的热潮。

二、教育生态学理论

1932年，美国教育学者沃勒在教育研究中正式使用"生态学"一词。"课堂生态学"(ecology of classroom)也在他著名的《教育社会学》一书中首次被定义。教育生态学是教育学和生态学相互渗透的结果，它根据生态学的原理，特别是生态系统、生态平衡、协同进化等原理与机制，研究教育与其所处的生态环境之间的关系，探讨教学要素与环境之间相互作用的规律和机理，并且研究各种教育现象及其成因，进而掌握教育发展的规律，揭示了教育的发展趋势和方向（康淑敏，2012）。教育生态学集认知学、人类学、社会学及生态学于一体，为我们在一个集个体、社会与物质环境等因素于一体的统一框架内解释人类的认知活动奠定了较为合理的理论基础（魏晶，2010：69-76）。

通过研究教育生态环境及生态因子和教育之间的相互作用，我们可以进一步剖析教育生态结构和生态系统。作为社会生态系统中的一个子系统，教育生态系统是一个拥有自身结构与功能的开放的系统，它与社会生态系统进行着物质与能量的交换，系统内部结构与功能统一，不仅制约着教育生态系统的发生与发展，同时也制约着教育生态系统应付周围环境的能力。

教育生态化的主要观点是"系统观、整体观、联系观、和谐观、均衡观"（任丽，2013）。其主要特征有：①"生命性"，即尊重生命，培养全面发展的生命个体。作为重要生态因子，每个学生都是与众不同的生命个体，按照"保持物种多样性"的观点，教学中应秉承"教育多样性"的理念，实施个性化教学，尊重和理解不同的学生，促进其个性化的发展和创新性的培养。②"系统性、整体性"。"系统是由相互作用和相互依赖的若干组成部分结合而成的具有特定功能的有机整体"（曹凑贵，2002）。生态化课堂是人与教学环境相互作用而形成的一个整体。在这个系统中，不同特点的教师和学生在不同的时空和环境中发挥着自己的作用，从而形成一个有机的整体。③"开放性"，教学主体、教学过程、教学环境、教学实践等都必须呈现开放状态才能与其他子系统进行物质、能量的交换，才能使"自然人"（学生）的培养达到可持续发展状态。④"动态平衡"，生态化教学系统师生之间、生生以及师生与环境之间的能量流动、物质循环和信息传递处在不断地运动、调整的状态中，课堂教学也正是在这种平衡—不平衡—平衡的过程中才能实现生态化课堂的优化进程。

从生态学的角度来看外语教学，就是基于生态学的基本原理来探讨教学以及系统内部各个要素之间与环境的关系，解决教学过程中出现的矛盾并且探索出符合外语教学生态化教学理念的道路。自从教育生态学的概念提出以来，其研究范式逐渐趋于成熟化，随着当今科学技术的发展，生态学找到了与其他学科交叉的汇合点，促使生态学理论与应用巧妙地结合在一起。陈坚林指出计算机网络时代的日新月异及其与课程的整合正在深刻地影响和改变各学科的生态，引申至外语教学，现代教育技术进入了课程，自然也发挥应有的作用，与外语课程的其他因素相互作用，协调发展，这样才能创造自然和谐的外语教学环境（陈坚林，2010）。

大学英语课堂教学生态优化研究就是运用生态学的理论和原则研究大学英语课堂教学中学生、教师及各因子之间及其与环境间的关系，从教育生态学的视角来思考和解释课堂教学中各种失调现象和产生的原因，用生态化原则构建一个网络环境下的大学英语课堂教学生态系统，优化大学英语课堂教学。作为教育生态学微观研究范畴，大学英语课堂教学生态研究重点是大学英语课堂教学生态主体与生态环境之间的相互作用关系。课堂不仅仅是教室或班级，教室强调物理条件，班级强调课程教学的系统性。从生态学的角度来看，课堂包含了教学的环境因素和生命体。课堂生态的生命体是学生和教师。相对于课堂生态环境而言，师生形成一个整体，并构成课堂生态主体。在课堂生态中，"生态"一词可以从两方面解读："生"既是生命（生命教育），又是"学生"；"态"是指形态、样子。概而言之，生态即课堂生命（学生及教师）及其生存空间环境的状态（王晓红，2010）。课堂生态是一种特殊的生态，是教育生态中最重要的子系统，组成这个子系统的是学生、教师和课堂环境三部分，课堂生态主体是学生与教师，课堂生态环境包括桌椅、设备、自主学习平台等硬环境和课程设置、教学目标、评价体系、学习资源等软环境。课堂生态系统特有的多样性和有序性表现在课堂教学不同要素之间的相互作用和相互影响。课堂生态最基本的性质是整体性。课堂的整体性表现与学生、教师和环境诸方面的整体关联。课堂生态的各个要素相互作用、相互影响，某一方的变化会导致另一方在心理和生理活动方面发生协同变化。各因子相互依存、相互制约，在"平衡—失衡—新的平衡"的矛盾运动中形成一个有机的整体。课堂生态的优劣对学生的学习、成长和发展都有非常重要的影响。我们需要用系统的、动态的教育生态学理论去设计大学英语课堂教学，使课程设计、教学目标、评估体系、课堂教学硬件环境等和课堂教学主体——学生和教师共同成为一个良性互动的生态系统。

三、大学英语课堂教学生态失衡

蔡丽等（2008）按照教育生态学的相关原理，对我国信息技术与课程整合的"高原期"现象进行了分析，她发现三个方面的原因：整合依附的环境——学校和大学英语课堂是一个开放、动态发展的生态系统，对课程整合所带来的变化系统会有差异现象；整合中的信息技术也是具有能动性和自主性的重要生态位。如果只是盲目地拿来推行和使用，技术使用得不恰当会引起严重后果；整合中的"关键物种"——教师和学生的进化与发展直接决定着课程整合的成败。彭伟国等（2010）也从教育生态学的理论出发，分析目前大学英语课堂信息生态系统处于不平衡状态，教学思想层、教学实践层及课堂支持环境层三个方面都存在不同程度的问题。生物学驱异定律是生态学中的一个基本定律。它的核心是如果在一定区域内生命形式（生态小环境）越多，这个区域支持生命多样性的能力也就越强。各物种只有在多样性动态平衡的环境中才能健康持续存在和发展（严耕、杨志华，2009）。通过对大学英语课堂教学失调因素的分析，笔者认为，当技术走进课堂后，根据生物学驱异定律，技术作为一个新的优良物种丰富了大学英语课堂内的"生命体"，为课堂生态的进化带来了机遇，同时也带来了挑战。作为大学英语课堂教学生态系统的重要生态位，教师和学生在教与学的过程中出现了各种失衡现象，同时，大学英语生态教学环境也出现了许多失调现象。本研究就是探讨如何在生态学视角下研究网络环境下大学英语课堂教学的优化途径，使大学英语课堂教学的各个生态因子——教师、学生、技术等兼容、动态、和谐相处在课堂教学系统中，形成优化的大学英语课堂教学体系。

第二节　网络环境下大学英语课堂教学优化原则

陈坚林教授把教育生态学理论引申到大学英语教学中，构建了一个完整的大学英语生态化研究理论体系。我们根据这个理论体系可以通过分析外语教学生态系统中各要素的生态位现状以及各要素的发展变化，探讨如何维持课堂教学生态系统的动态平衡。优化网络环境下大学英语课堂教学必须坚持灵活、兼容、和谐六字方针（陈坚林，2010）。同时，在教育生态学理论指导下，结合实证研究对大学英语课堂生态系统失衡原因的探索，笔者认为，课堂教学优化应遵循"最优化"、"稳定教学结构，兼容教学要素"、"制约教学运转，促进个体发展"、"主导式自主学习"、"多元互动教学"这五项基本原则。

一、最优化原则

尤·康·巴班斯基创导的最优化教学理论认为，教学的最优化需要用系统的方法来看待教学全过程，在这个教学系统中包含的所有成分、课堂内外教学要素都是相互联系的，在这样一个教学系统中，从整体的视角来论证教学过程中的最优化原则，选择最优教学方法和教学手段，选择最优教学内容和教学形式，并形成最优化的教学结构。

事实上，大学英语教学堪称一门"实践性"技能课。在现代信息技术时代，对大学英语课堂教学优化研究是一个比较大的问题。根据巴班斯基的"教学过程最优化"理论，要达到教学过程的最优化，不仅要科学地组织教师的劳动，还要科学地组织学生的学习活动，网络环境下的大学英语课堂教学应该运用不同的课堂教学形式来教授不同的教学内容，并选用最适合这种教学形式的教学手段（包含多媒体、网络等），做到网络媒体等教学手段的选择与组合达到最优。通常来说，要实现大学英语教学目标，单靠网络教学媒体这一种手段是不可能的，应该同时选用几种适当的教学模式或手段方法，包括传统与现代相结合，共同运用。从大学英语课堂教学法的选择、教师角色的变化、学生自主学习模式的选择、学习策略的选择、网络教学平台设计与选择、立体化教材设计与选择，课程设置、评价体系、教学资源等方面系统采取最优化原则，这样才有可能实现最优化教学效果，才能有效提高课堂教学质量。可以说，大学英语课堂实践性教学的成功，取决于大学英语课堂教学过程的最优化处理。

二、稳定教学结构，兼容教学要素原则

在教育生态学理论的指导下，大学英语课堂教学生态系统的环境应该是一种综合、动态、平衡的环境。要想达到这种理想的教学生态环境，课堂生态系统必须拥有兼容系统内部各要素特征的功能，同时还需拥有调节各要素间关系的功能，这是一种能够制约课堂教学活动，使课堂教学各要素相互作用、相互依存、相互转换的功能，功能取自课堂生态环境的特点。教育生态论强调教学各要素的稳定与教学环境的平衡关系，课堂教学要素的兼容与生态环境和谐之间的关系。"稳定"这个目标需要"兼容"的手段与方法来实现。大学英语课堂教学通常包含以下要素：教学目标、课程设置、评价体系、教学资源、教学设施、教学方法、学习策略、教学媒体、师生教学理念及教学能力等，它们构成了大学英语课堂教学生态系统的生物链。在课堂教学实施过程中这些要素互相作用、相互依存，缺一不可，如果课堂生态系统的生物链上的任何教学要素出现问题，都会导致生物链断裂，整个教学结构自然就会失去平衡，教学结构的失

衡自然就会导致教学系统的不稳定。所以，为了达到系统的稳定，教学要素必须相互兼容。

比如，信息技术这一要素走进传统大学英语课堂后，传统的大学英语课堂教学平衡就被打破，为了生物链的重新连接，我们必须把信息技术与大学英语课程进行整合，这种深度整合的内涵并不是在多媒体教室中，利用电脑放映十几页甚至几十页的PPT，这只是在形式上给课堂教学冠以技术的头衔，信息技术没有真正融于课堂教学的实质内容，不过是将纸质教材内容电子化。根据何克抗教授（2005）的定义，"信息技术与外语课程的深度融合"是指信息技术全方位、多层次地融合于大学英语课堂教学，并营造一种生态化大学英语教学环境，在这种环境中。教师主导作用与学生主体地位以"自主、探究、合作"的方式体现，发挥学生的主动性、积极性、创造性，变革以教师为中心的传统大学英语课堂教学结构，培养真正具有批判性思维、创新精神与应用能力的外语人才。

信息技术与教学要素的深度兼容体现在技术与外语教学理念及外语教学方法的兼容，以及生—生、师—生、生—技的深层互动上。网络信息技术与大学英语课程整合重点强调的就是师生的互动，并且充分发挥他们各自作用。教师在PPT课堂或计算机自主学习中心，教师和学生的主体作用都会随着教学过程的变化而相互兼容，相互转换，课堂教学可能是以"教师中心"为主、以"学生中心"为辅；而计算机自主学习就是以"学生中心"为主、以"教师中心"为辅。因此，兼容就是要便于教学模式的综合运用，并且把技术当成生命个体完全融入课堂教学生态系统各要素中，包括技术与教师教学方法的融合，技术与学生学习策略的融合，技术与课堂教学软、硬环境的融合等。网络信息技术变成了大学英语课堂教学的有机组成部分。在这个信息化教学环境里，硬件、软件和人机环境三种要素有机组合成一个综合系统。在这个系统中，教师、学生、教材、技术都在自己特有的生态位上发挥着角色作用，同时又相互兼容、相互作用而产生一定的教学效果。只有达到信息技术与原课堂教学要素和环境的深度兼容，才能在教学上发挥信息技术的角色功能，从而达到大学英语课堂教学结构的平衡与稳定。

三、制约教学运转，促进个体发展原则

"制约"是保持生态系统稳定的手段，"促进"是大学英语课堂教学优化的目标。在教育生态学视角下，大学英语课堂教学各要素都有其特定功能，并且各要素同时运转在各自生存的时空位置上，在各自的生态位上发挥着独特的作用。然而，各个要素在发挥功能时必须讲究"遵守规则"，不能越位发挥。刘辉（2012）认为，利用信息技术进行课程内容建设应遵循的原则之一就是：坚持信息技术应用为主线的原则。应大量使用先进的信息技术，开发和建设各种基于计算机和网络的课程，为学生提供良好

的语言学习环境和条件。然而，许多外语教师忽视了网络环境下的大学英语课堂教学中，信息技术的应用是以提高英语教学效果为目标，于是在教学上出现了各种信息技术的误用现象包括低值使用、过度使用、滥用信息技术等。甚至把英语课堂教学使用网络技术手段进行量化对比，在教学评估中作为重要依据，教师换上了PPT依赖症等。这样的误用不能促进教学效果，更不能促进个体发展。所以，有效地促进个体发展的前提是各教学要素要在合适的生态位上发挥功能，角色功能的发挥要有制约机制，在"规则"允许的轨道内与其他要素相互作用、相互依存、相互转换，充分发挥作用。陈坚林教授（2010）认为"制约"是为了更好地"促进"，而"促进"又是合理、有效"制约"的必然结果，使得外语教学在和谐的环境中自然地发展。刘辉（2012）认为信息技术与课程整合还要采取适用性原则。外语信息资源的应用并不意味着抛弃所有的非信息资源，而是要立足校本原则，以学生为中心，根据实际的教学方式，采用合理的教学方法，恰当地采用现代教育信息技术和传统教学手段，以最佳方式组织教学。

促进个体发展的另外一个含义是指个别化教学原则。网络环境下大学英语课堂教学的优点之一就是为教师的因材施教创造了可喜的条件。不同基础的学生可以根据自己的接受能力选择不同的学习材料和学习方法，优秀的学生有丰富的学习资源和材料，落后的学生也能找到适合自己的学习内容。在网络环境下，教师可以为不同的学生量身定制学习目标、学习计划。校园大学英语网络平台向学生开放一个资源广阔，没有时空限制的自主学习课堂，学生用自己的步调和方法来进行自主学习，发挥每个学生独特的学习风格，因材施教的个性化教学原则得以实现。

四、主导式自主学习原则

让大学英语课堂生态系统重新走向平衡就是要促使教学要素找到其合适的生态位，特别是学生和教师这两个重要的生态因子，确定他们的生态位对于课堂教学结构的稳定具有决定性作用。学生是生物链上最活跃的生态因子，应该鼓励学生在海量信息中建构自己的知识框架，从被动的知识接受者变成主动的知识构建者。处于生物链上的另一个重要因子是大学英语教师，教师的主导作用在角色转变过程不能减弱，作为组织者、帮助者、促进者，在立体化互动教学过程中保持师生生态位稳定，同时又不失灵活，主导式自主学习符合生态系统各要素相互制约、相互转换的生态辩证关系。

"主导式自主学习"是一种累积性并有目标指向性的学习模式（葛宝祥，2012）。它强调学生的自主学习需要总体教学目标的宏观调控及教师的科学指导，是国家教育政策、教师的指导干预和学生的自主性三方面的有机结合。从生态学的角度看，它符合兼容教学要素，促进良性循环的原则。首先，这里的主导是指教师为学生创造一种自主学习环境，指导学生通过自主学习能力建构对周围世界的认识，包括课堂教学启发式的讲解与传授，引导学生自主思考与探究，在语言输出与实践中与学生进行协商互动等。教师主导的前提是学生主动认知和自我发展，自我建构知识。其次，这里的学生自主是相对于依赖教师指导而言的非完全的自主学习，它不是自由学习。学生正确的学习观、明确的学习目的、有效的学习方法和学习策略，加之较强的认知能力共同构成了自主学习的内在机制。它强调目标引导下的自我调控，主动参与和自我实现，其能力体现在自我计划、监控和评估上（庞维国，2003）。据研究表明，自主学习的有效性在于教师指导与学生自主两者的有机结合和良性互动。也就是说，学生自主性的培养与提高和教师主导作用的适度释放与彰显，主导方式的正确把握与应用息息相关。在外语教学生态系统中，教学是一个动态过程。在此过程中，学生要对所学的外语知识进行分析、归纳、总结和演绎，认知过程始终处于平衡与不平衡，再平衡的动态进化与更新之中。没有教师这个重要生态因子的适时监控与指导，学生仅凭自己的努力无法成为高效的、具有可持续发展能力的知识建构者。同时，从生态学的生物多样性角度分析，作为认知主体，每个学生都拥有自己不同的生态位，拥有各自不同的认知能力，语言需求及参差不齐的知识水平等个体差异，面临海量的网络资源，他们需要教师有计划、有目的、有针对性地在心理、方法和知识层面上给予引导。教师应在明确学习目标，制定学习计划，改进学习策略等各个方面帮助学生。主导式自主学习道路能够让教师和学生找到自己的生态位，使课堂教学系统具备良性循环的趋势。

五、多元互动教学原则

多元互动教学是指网络环境下大学英语课堂教学中的师—生、生—生和人—机之间多方位、多层次互动教学机制。多元互动原则强调信息处理过程中的双向性和多向性，注重语言输入和输出的协同作用。建构主义理论强调语言学习的自我构建和整合过程，网络环境和学生的认知驱动力是这个过程中的必要条件，语言作为一个技能体系，实践性和互动性是语言教学不可缺少的重要特征，互动是学好外语的关键。"交流促进学习者与学习伙伴共同建构话语，促进语言输入，只有当学习者的内部机制与语言环境交互时，学习才会成为可能。"Ellis(1997)、Rivers(2000)认为，互动可以增加学习者的语言储存量，因为在互动中，在选择性注意和语言输出的联动作用下，学习者最容易获得可理解性输入，更容易注意到新的语言现象以及自己中介语体系的不足之处，有更多的机会修正自己的输出。网络环境下的大学英语课堂教学站在以互联网为中枢、校园网为依托的教学平台上，具有虚拟社会化、教学交际化特征，为多元互动教学创造了优势条件。师生在开放、虚拟、仿真的网络化大学英语课堂中，以各种互动交流方式和手段（包括小组互动、聊天室、在线会议、BBS、e-mail等各种互动形式），培养学生的语言交际功能。教学实践表明，语言教学的互动性是培养兴趣、发展个性、整合知识、提高意义建构效率的有效手段。网络环境下，大学英语课堂多元互动教学是课堂教学优化的必然趋势。

陈坚林教授把教育生态学理论引申到大学英语教学中，构建了一个完整的大学英语生态化研究理论体系。我们根据这个理论体系可以通过分析外语教学生态系统中各要素的生态位现状及各要素的发展变化，探讨如何维持课堂教学生态系统的动态平衡。大学英语课堂教学是一个生态系统，是由许多相互联系和相互作用的要素组成的有机整体，系统拥有一定层次和结构并具有特定功能，在大学英语课堂教学环境中，各教学要素与环境构成了自然、开放的生态整体。各种教学要素要在这个整体中生存，需要教学之间存在竞争、依存的关系，并形成健康有序的状态。因此，要想优化大学英语课堂教学，解决教学上的失调现象，就必须以教育生态学的视角重新审视课堂教学环境，使之能协调系统内各要素的生态位并形成新的稳定系统，从而实现网络环境下大学英语课堂教学的优化。

第五章　网络环境下大学英语课堂教学优化框架构想

网络环境下的大学英语课堂教学改革给传统的外语课堂教学注入了新的血液，课堂教学系统中各种教学要素都相应发生了变化，信息技术走到了课堂教学的前台。然而，"技术中心论"（techno centric）（Chamber&Bax，2006）夸大了信息技术在外语课程中的作用，认为信息技术能够解决大学英语教学中的所有问题（technological one shot solution）的观点是荒谬的（S. Bax，2000）。传统大学英语课堂教学系统的平衡由于教学要素的变化被打破，于是导致了笔者讨论的诸多失调现象。如果把语言教学规律放在一边，忽视这些大学英语课堂教学出现的失调现象，按照生态学理论来讲，"排异现象"就会发生。网络环境下大学英语课堂教学还处于"磨合期"。研究表明，课堂教学系统中各种生态失调现象不断出现，对此也听到一些质疑声。在这个时期，我们应该保持清醒的头脑，承认信息技术与大学英语课程的整合是必然趋势，但在肯定教改模式优势的同时，需要客观分析造成失调问题的原因并研究解决问题的方法与途径，结合本校教育现状，探索出一条适合地方高校发展网络环境下大学英语教学的优化道路，为我国大学英语教育事业的发展提供理论支持与实践依据。

笔者在借鉴了大量学者研究成果的基础上，经过实证研究与理论探索，在五项教学优化原则的指导下试图构建一个"以教师发展、学生自主为核心，以生态化课堂教学环境为支撑的大学英语课堂教学优化框架"。此框架涉及教师发展框架、学生自主框架和课堂教学环境生态化三个子框架：

1. 教师发展框架是指构建以优化教师教学观、教师信息素养以及建立教学方法多元化理念为核心的现代化教师发展框架，以此框架进一步强化教师自我发展和终生学习的理念，并提出教师自主、智能化教师发展平台建设、完善机构培训及师培内容信息化4项重要支撑内容。

2. 学生自主框架是指建立以优化学生自主学习观、信息素养、学习动机、自主学习策略为内涵的学生自主学习能力培养框架。笔者建议从"显性""隐性"两个方面，对学生进行外语学习理论指导、学习策略培训，重视网络环境下学生自主学习情绪调节，提出了教师、班主任、教学管理员以及平台技术等全员参与的多元监控体系构想，组成了一个网络环境下大学生自主学习英语的策略群。

3. 生态化大学英语课堂教学环境构建是指优化硬件建设与服务，构建多元化、个性化软件环境的大学英语课堂环境优化框架。硬件环境优化强调师生决策、优化图书馆自主学习功能与服务、学校设备资源共享等措施。软件环境优化提出了生态融合型多元课程设置、生态多元评价体系建设及个性化教学资源、平台建设等见解。

教师发展优化框架是学生自主优化框架的前提，而学生自主优化框架是教师发展优化框架的最终目标，环境优化框架是师生优化框架的给养。总而言之，优化框架的三个子框架既自成体系，又互相兼容、互相支撑，缺一不可。只有在生态共荣、协调发展的原则下，优化框架才会发挥真正的积极作用。

具体优化框架如图 5-1 所示。笔者将在本章对网络环境下大学英语课堂教学优化框架构想及三个子框架进行详细阐述。

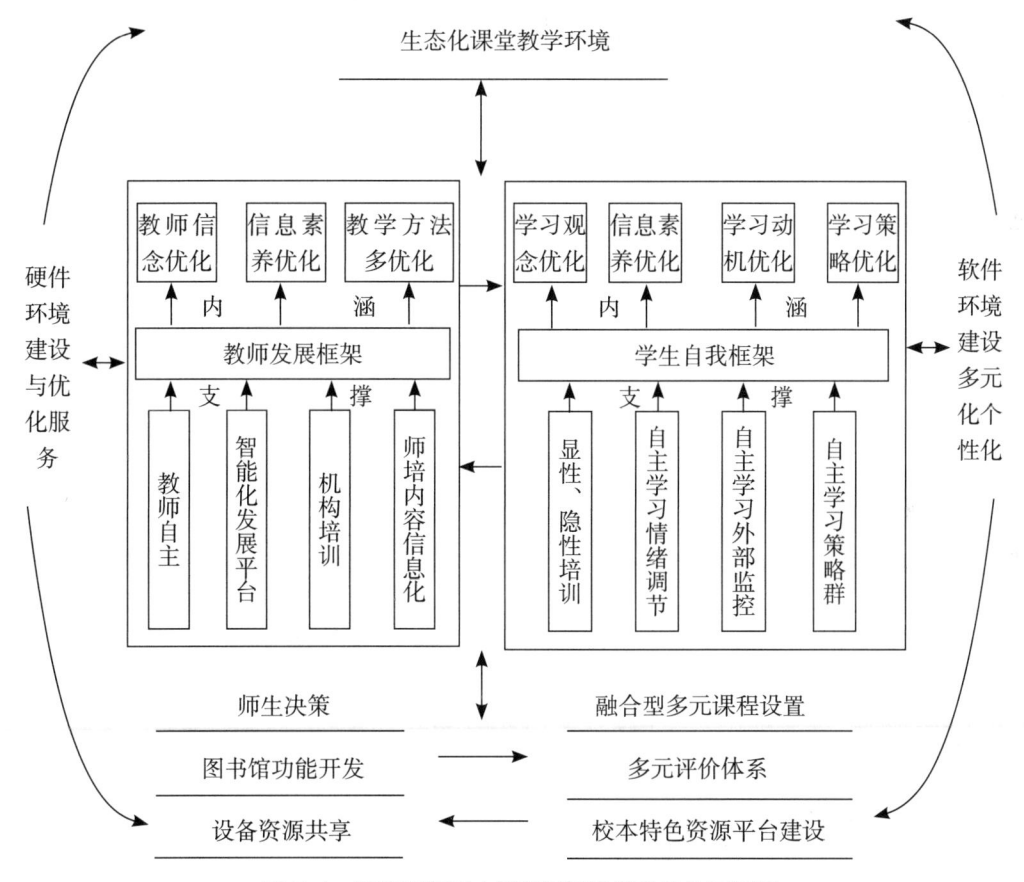

图 5-1 网络环境下大学英语课堂教学优化框架图

第一节 构建提升教师信息化素养的发展框架

作为大学英语课堂教学生态系统里的关键生态因子，教师的优化是大学英语课堂教学优化的关键。信息技术走进课堂，不仅为教师带来创新的机遇，更带来发展的挑战。

在最优化教学原则的指导下,教师应该随着环境的进化而不断改变自己,以适应生态系统的整体发展观,使教学效果达到最优化。王守仁教授在谈到教师培训工作时说:"大学英语教师要自觉成为学习型教师,与大学英语教学改革进程同步发展,加强终身学习的意识和能力,方能应对挑战,胜任工作。"(2010)也就是说,教师发展是优化网络环境下大学英语课堂教学的核心之一。根据第五章教师层面的失调讨论,笔者认为教师发展应在兼容、多元及主导形式教学优化原则的指导下,构建一个以优化教师教学观(教学信念)、教师信息素养及教学方法多元化为核心,以提倡教师自主、建设智能化教师发展平台、完善教师机构培训及师培内容信息化为支架的现代化教师发展框架。(见图5-2)针对教学信念优化,笔者提出了教师角色多元化、终身教学观念及政策支持三方面内涵;信息素养优化,以用好活书、选好资源、掌握信息化教学方式和虚拟化教学环境设计为支撑;教学方法多元化,笔者强调教学方法从传统向现代转化以及传统与现代教学法彼此兼容的教学理念。笔者在以下章节中将对教师发展框架进行详细阐述。

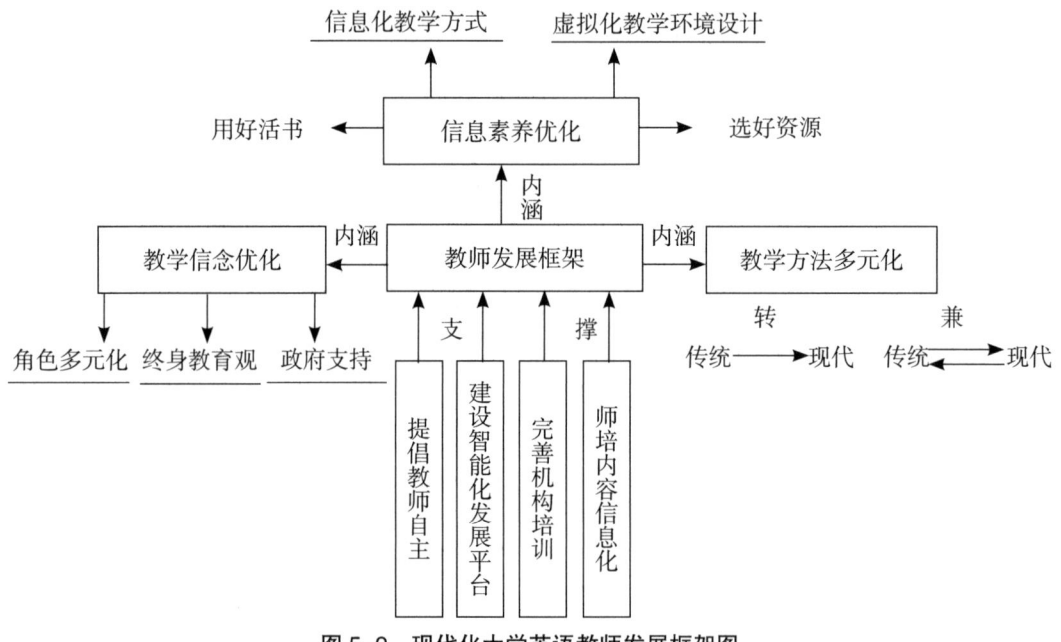

图5-2 现代化大学英语教师发展框架图

一、教师教学信念优化内涵

笔者对某高校大学英语教师教学信念进行了科学分析,发现部分教师教学信念稳定性不高,在新环境下对自身角色定位模糊,从而导致他们即便拥有了先进的教学信念,在实际教学中的行为和信念依旧脱节、课堂教学出现了各自为政的状况。陈坚林教授(2006)指出,随着信息技术的日益发展,在外语教学中,外语教师应该率先与时俱进,树立正确的教学信念。除了教风、知识结构及师德方面的要求以外，教师还应具备反思和批判的教学态度，首先应该反思的就是网络环境下教师信念的转变。只有具有批判性思维的教师才能教出具有批判性思维的学生，完善的教师信念体系应该跟随文化、社会和时代变化的步伐，在课堂教学实践中进行检验和调整。大学英语教师对网络环境下自身的角色定位以及教学结构的改变应该有一个全新的认识。

首先，教师角色多元化是网络环境下大学英语教师信念体系进一步完善的重点。网络环境下大学英语自主学习课堂中，海量的学习信息、新的学习方式、现代化学习手段等会使学生束手无策、不知所措，教师合理的角色介入显得尤其重要。何明霞（2012）认为，教师在大学英语网络自主学习过程中应扮演以下十大角色：帮助者（facilitator）、组织者（organizer）、激发者（motivator）、监控者（monitor）、指导者（Mentor）、诊断者（diagnostician）、学习顾问（Study consultant）、协调者（Coordinator）、个体差异的发现者（individual difference detector）、评估者（evaluator）。陈坚林教授（2010）认为，教师角色应被重新定位为：课前是课程设计者和开发者，课中为课程讲授者和组织者、培训者及评价者，课后为学习活动协助者和学习资源提供者。教师角色的完美转型需要开展师资培训工作，从而改善和优化在职教师的素养结构。教师应该把信息技术作为学习的工具来提升自身的专业水平和教学效率，将信息技术应用于交流、合作、研究和解决问题之中，为学生创设生态化学习环境。

其次，终身教育观是网络环境下教师信念转变的关键。大学英语教师在信息时代也要不断更新外语人才的培养理念。斯坦史克指出："信息增长的速度令人难以置信，我们不能再继续堆积课程内容，因为这是人类无法企及的目标。"（费德恩、沃格尔，2003）埃德加·富尔等在《学会生存——教育世界的今天和明天》中强调，教育应该是一个长期发展的工作。他们认为，人永远不会变成一个成人，人的生存是一个无止境地完善过程和学习过程，学习应该贯穿人的一生。也就是说，教育是教会学生学会学习、学会生活、学会终生教育自己。

最后，陈坚林教授（2010）指出："没有社会、学校、人文这些大环境的扶植，再好的信念都会出现摇摆现象。"他认为高校首先应在政策层面上大力支持大学英语教学改革，减轻全国英语四、六级考试压力，增加大学英语自主学习软、硬件投入，改革教师评价体系，创建有利于现代教学观念实施的生态教学环境，从而支持和维护教师信念体系的进一步完善。

教师教学信念的稳定和完善是课堂教学实现优化的基础，也是教师信息素养完善和优化的前提。

二、教师信息素养优化内涵

本研究调查结果显示,某高校英语教师具有相当清晰的信息意识,但教师在信息知识方面还比较薄弱,大学英语教师的信息素养亟待加强。新时代的英语教师应该具备复合型的知识结构,从而发挥信息技术的优势,在网络环境下进行有效教学。有专家认为,网络环境下大学英语教师的信息知识结构有以下三级标准:掌握计算机基础知识及基本操作水平;熟练使用课件并且能够制作中等水平的教学课件;掌握教学原理及计算机原理,熟悉多媒体开发技术、数据库开发技术,具有较高编制程序的能力。目前,我国大学英语教师的信息教学能力基本不能达到第三层次。在软件设计方面,还需要电教专业人士的共同参与。陈坚林(2010)认为,根据我国大学英语教学改革现状,大学英语教师应该具有以下几种最基本的"信息—教学"素养:

1. 用好"活书"的能力

网络环境下的大学英语教学的教材已呈多媒体化趋势。教材内容以多媒体,特别是超媒体技术,通过动态化发展、立体化表达方式呈现在课堂上。除了文字以外,声音、动画、仿真三维景象是大学英语立体化教材的独特之处。教材内容在网络学习平台上,通过无形的链条互相串联,课本变成了"活书"。大学英语教师必须拥有用好"活书"的"信息—教学"能力,在备课时认真研究如何设计"活书"的教学方法,让学生把"活书"学好。

2. 选好资源的能力

网络环境下大学英语教学的学习资源具有全球化特色。全世界的外语教育资源在教学网络平台上形成一个知识、信息的海洋。网络上的教育资源类型繁多,良莠不齐。面对这样一个外语教学资源海洋,英语教师必须具有选好教学资源和优化组合教学资源的能力。

3. 设计好虚拟环境的能力

大学英语课堂教学环境具有虚拟化特征,教学活动可以不受物理空间和时间的限制。教师应该学会根据课堂教学的主题、技术环境、文化背景等设计好虚拟教室、虚拟场景等虚拟的外语教学环境。

4. 学会运用信息化教学方式

信息化教学具有个性化、自主化和合作化等特色。教师应该利用网络教学的优势根据学生不同特点进行网络环境下的大学英语个性化教学;教师要能利用信息技术环境教会学生技术支持下的自主学习方式,做好学生自主学习资源的提供者、自主学习的辅导者和促进者;教师还要以平等的身份参与学生自主学习,并且能够帮助学生设计好网络合作的学习方式,完成特定的学习任务。设计任务、组织任务、评价任务的能力也是英语教师必备的信息素养。

根据以上对几种基本信息素养的概括，笔者认为，在具体教学过程中，教师信息素养和信息教学能力大致包括以下细节：将网络信息技术运用于大学英语教学的熟练程度；在课堂上需要快速从互联网上找到合适的英语教学资源；真正掌握并运用网络环境下有效的教学策略与教学方法；能够利用计算机互联网设计开发有利于培养学生自主学习能力的英语学习活动；能够利用信息技术培养学生的探究热情和合作性自主学习能力；能够有效利用网络环境的优势针对学生个体差异进行因材施教；能够利用网络技术帮助学生解决学习上的难题，完成复杂的任务并且培养他们的批判性思维能力；能适应学生不断变化的学习计划，教会学生"如何学习"；教师应该引导学生探索个性化自主学习方式，帮助他们确定学习目标、制定阶段性学习计划，对学习过程进行自我监控，对学习结果进行自我评估等。

自从教师拥有了先进的教学信念后，利用良好的信息素养，在大学英语课堂教学中才能采取生态化多元教学方法来优化课堂教学。

三、从转换到兼容的大学英语课堂多元教学方法

经实证研究发现，大学英语课堂教学教师教学方法滞后，不能灵活运用信息化教学模式，甚至患上PPT依赖症等问题，笔者认为，应该在生态学理论指导下，按照转换、兼容和多元教学优化原则做到：教学方法由传统向现代的转换；传统教学法与先进的教学方法彼此兼容；建立教学模式多元化生态教学理念。

1. 教学方法由传统向现代转换

根据生态系统能量转换的理论，在生态化的大学英语课堂中，作为生态链上的核心因子——教师应把学生自主学习能力的培养放在首位，教会学生随着信息和环境的不断变化提升自己的认知能力、终身学习的能力。教师应改变课堂教学理念，为学生营造出一个科学的语言教学环境，改变传统的教学方法，创造主动性教学模式。从封闭式传统教学法转变为新颖的开放式教学法。教师教学重点应从语言基本知识转变到培养学生听说能力及跨文化交际能力上来。在教师主导学生主体的大方向下，创设互动式的大学英语教学课堂。在教师的引导下，做好师生之间、生生之间的多向交流。

2. 传统教学法与现代教学法的生态兼容

在教育生态学"兼容"的理念指导下，把先进的教学手段与传统教学方法融合在一起。在探索采用信息化教学方法的同时兼容优秀的传统教学法。让传统的研讨课、讲演课、课程论文、观点陈述等教学方法和围绕学生中心应用的情境假设、协作学习、主动探究、会话商谈、意义建构、任务型教学、交互式教学、探究式教学、案例教学等多种新型教学方法进行生态化兼容。新方法要科学采用，旧方法要择优保留。比如，

PPT 只是课堂教学中的一种知识传播手段,而不是唯一的教学手段,优秀的教师依旧需要站在传统的讲台之上尽情展示自身的才华和魅力。

3. 教学方法、教学模式多元化

从宏观上来看,中国高校区域差别大,办学条件千差万别,还有不少学校无法实施信息化教学模式。信息化教学法的运用需要相应的教学条件、师资力量和生源水平。针对不同层次的学校和学生,新方法也有其特定的优势和劣势,摒弃传统教学模式的长处,只靠某种新型教学模式和方法来实现教学目标也是不可取的。课堂教学分级制一直是高校大学英语教学的改革重点,即便有些学校由于种种原因取消了分级教学,但像某高校这样的地方高校,学生水平参差不齐的现象会一直存在,分级教学在网络环境下依旧显得尤为重要。Pennycook 以及 Prabhu 曾经提出"后方法时代"(post-method era)的概念,强调教学的关键不是设计何种教学方法,而是要适应不同的需求以产生最满意的学习效果。一种激进的说法是:"一切方法都很有趣,不存在最好的方法。"(转自陈坚林,2010)所以,在网络环境下,根据环境的多变性、学生的差异性采取多元教学法是课堂教学生态优化的重要内容。

教育心理学家加涅提出了为学习者设计教学的原则。教学设计应当针对合适的学习者。Harmer(1998)指出:"只有通过给学生提供不同形式的课堂活动才能确保他们持久的学习兴趣。"根据某高校的学生特点(基础薄弱、层次鲜明),针对大学英语课堂教学方法滞后,教学模式单一的失调现象,笔者认为教师应该树立现代化多元教学观,即利用现代化教学手段,根据不同学生、不同课型、不同的教学目标和教学条件采取灵活多样的教学方法、灵活运用信息化教学模式。

总而言之,大学英语教师教学观、教师信息素养优化以及建立教学方法多元化理念是网络环境下大学英语课堂教学优化的核心之一,而这些生态因子的优化需要一个现代化教师发展框架的支撑。

四、现代化教师发展框架的支撑内容

教师发展是优化教师教学观(教学信念)、教师信息素养及教学方法多元化的重要途径。教师自主和相关的师资培训是教师发展的重要内容,而师培体系建设不光是一个部门、一所大学的问题,还受到学校、省甚至国家大环境政策层面的制约。在前人研究的基础上,根据某高校大学英语教师的师培现状和教师对师培的期待,笔者认为现代化大学英语教师发展框架的支撑内容应包含以下几方面:

首先,实现大学英语教师的自主性。教师的自主性包括内在自主和外在自主。内在自主意指教师对自身的主观世界具有自主开发、自主规划的潜能。外在自主性是指教师对教学客观环境具有自我决定、自我支配的权利;内在自主的内涵有以下三个方面:(1)教师要具有终身学习的信念。大学英语教师应不断提升自身的英语专业知识和教学能力,特别是信息教学能力,调整自己的知识结构以适应教改模式。(2)课堂教学应体现教师的自主性。大学英语教师应该根据信息化课堂教学的特点灵活组织课堂教学,时刻关注学生的兴趣和表现及时调整教学方法和教学进程;根据教学活动的目的适时调整教学手段和教学环境;根据不同层次学生的认知结构和身心发展规律进行相应的指导。(3)教师需要通过教学反思来分析和评价自身的教学过程,进而调整教学活动,实现教师自主和自身的职业发展。外在自主内涵包括:(1)让教师拥有更多的自主权。学校应充分尊重教师在教学过程中的首创精神,支持和鼓励教师改革教学方法,探索新的教学手段,在教学实践中逐步形成独特的教学风格。(2)建立多元化教师评价制度。注重教师教学过程性评价与结果性评价相结合,通过制定科学的教师评价制度促进教师自主能力的发展和教学水平的提高,逐步改变以往仅仅依靠单一的量化评分来评判教师的教学业绩的片面做法,做到评价有突破、机制有创新。王守仁(2009)曾指出:"大学英语教师要自觉成为学习型教师,与大学英语教学改革进程同步发展,加强终身学习的意识和能力,方能应对挑战,胜任工作。"戴炜栋等(2011)认为外语教师专业发展应是教师的一种自主自觉行为,即教师在知识建构和反思学习的基础上,不断提升自身的教学能力、科研能力和师德修养的过程。也就是说,大学英语教师应该通过不断的自我知识建构与反思来更新自己的专业知识、提高自己的综合素质,进一步强化终身学习理念,在学术研究的团体氛围内以及现代教育技术的信息化大环境中进行教师专业发展研究。像某高校这样教育资金投入不足的地方高校,大学英语教师的自我发展、自我培训应该是师培的首选路径。

其次,建设智能化教师发展平台,让外来物种——技术来优化教师素质,为教师发展服务。(1)学校应支持公共外语部建设一个大学英语教师网络发展平台。平台应拥有各类外语教学多媒体资源及精品课程录像。教师根据课程不同类型或所教授年级建构不同模块,共享平台资源并借助等论坛进行教学研讨交流,在群体氛围中培养信息教学素养。每位教师应为自己建立电子教学反思档案,反思自己的课堂组织、教学效果、学术研究、学术成果等,对自己的教学与研究活动给予评析、支持或修正。反思档案袋可以借助博客、微博等形式完成。同伴互助和专业引领等也应进入平台。不同年龄、职称结构的教师共同交流体会,在充分利用网络信息技术资源作用的同时增进信息教学能力。(2)国家应该建设一个宏观的信息化师培平台。笔者认为,针对当前大学英语教学面临的困境和挑战,国家教育培训部门应该协同各省教育培训机构、联合各高校大学英语教研部,充分利用信息技术,建设一个智能化大学英语教师网络师培平台。教师可以通过平台进行信息素养培养、信息技术培训,也可以在平台上了解国家相关教育政策和教改方向。最重要的是在平台上能和国内知名专家、学者分享教改经验和探讨教改途径等。网络师培平台可包含国家层面、省级层面以及校级层面不同系统，平台系统能够借助各类教育软件、数据库、电子期刊、在线工具书、视频、同步或异步反馈、网络日志等形式对教师进行网络多维培训。平台的设计理念可以参照戴炜栋等（2011）在2011年建构的一个关于外语教师专业发展的网络生态环境系统。该系统包括微系统（如年级教研组、学术方向组等，相关环境因子包括教研氛围等）、中间系统（如院系与学校相关职能部门等，相关环境因子包括院系评价机制、校方管理机制）、外系统（如教育部、省教育厅或直辖市教育委员会等，相关环境因子包括教师专业发展规划、外语课程大纲、外语教师入职标准等）以及宏观系统（如国际社会、国家与社会、文化等，相关环境因子包括全球化经济发展以及国际化教育对教师的影响、社会对教师学术研究与教学的态度等）。（3）发挥电教专业教师的技术优势为大学英语教师培训提供支持。王守仁等（2011）认为当前大学英语师资培训的有效途径是，充分利用现有的电教专业师资，加强对现有专业课任职教师的计算机应用水平和课件开发能力的培训，形成以点带面的师资迅速扩张局面。

再次，完善大学英语教师机构培训。国家应完善大学英语教师职前和职后培训体系（陈坚林，2010）：职前教师培训属于教师教育体系，教师在接受专业教育之时就应该了解新的教学观念，同时加强信息技术与课程整合能力的培养；大学英语教师职后培训应纳入国家整体的教师培训体系，在职英语教师可以通过长、短期教师教育培训来提高自身的综合素质。在职培训需国家专门教师培训机构规划和组织，信息教学技术培训课程在形式上可采用"菜单式"：开设不同模块的培训课程，课程内容可以灵活多变，并且在同一模块培训中开设不同等级的课程，教师可以根据自身需求为导向进行选择性学习。

最后，师培内容信息化。培训内容不仅包含教师专业知识，更应帮助教师端正其教师信念、改变其传统观念、提高其信息素养。信息素养培训内容包括学习和教学两个层面：一方面培养信息应用意识，夯实信息基础理论，丰富学科知识与教学知识，另一方面运用信息技术解决教学中的问题，完成教学中的信息评价、反馈与决策，并能够熟练运用网络信息知识从事学术研究工作（戴炜栋、王雪梅，2011）。师培内容应设立信息技术教育应用方面的专业培训。培训具体内容应与当前外语教学改革形势密切相关，包括人工智能、数字化和信息网络三大关键技术工具的应用，还应包括现代教育技术的理念和方法及信息技术与外语课程整合的相关方法等内容（张善军，2010）。

总而言之，"教师发展"是教师观念转变、信息素养提高、改进教学方法的重要途径。构建以优化教师教学观（教学信念）、教师信息素养及教学方法多元化为核心的教师发展框架，通过大学英语教师自我发展、机构培训以及网络智能培训系统的有机结合，英语教师的整体素质会有一个明显的提高，对优化网络环境下大学英语课堂教学质量会起到有力的支撑作用。只有师资队伍（人才建设）建设好了，被"移植"的大学英语教学新模式才有可能"成活"，并发挥作用（陈坚林，2010）。

第二节 建立生态化学生自主学习能力培养框架

联合国教科文组织在新世纪提出了终身教育原则以及学会认知、学会做事、学会生存、学会合作思想，它的基本内涵就是培养学生学习、实践、适应信息社会以及合作学习的能力。生态化视角下的大学英语课堂应培养学生语言习得的习惯（即学会认知），把学生自主学习能力的培养放在首位，教会学生随着信息和环境的不断变化提升自己的认知能力、终身学习的能力（王晓红，2010）。《国家中长期教育改革和发展规划纲要》（2010）指出，学校要"注重学思结合。倡导启发式、探究式、讨论式、参与式教学，帮助学生学会学习。激发学生的好奇心，培养学生兴趣爱好，营造独立思考、自由探索、勇于创新的良好环境"。针对某高校网络环境下大学英语课堂教学，学生学习观、信息素养、学习策略及教师外部监控等方面出现的生态失调问题，笔者认为，教师应改变学生学习观念、提高学生信息素养，培养学生网络环境下学习策略等自主学习技能、强化自主学习过程监控，为学生营造出一个科学、良性的语言教学环境，把培养学生网络环境下的自主学习能力作为优化大学英语课堂教学的核心因素。建立一个学生自主学习能力培养框架，其中优化学生自主学习观、信息素养、学习动机、自主学习策略是框架的核心内涵；显性培训与隐性培训、自主学习情绪调节、强化学生自主学习外部监控、建设自主学习策略群是优化框架的有力支撑。（见图5-3）笔者以下将对学生自主学习能力培养框架进行详细阐述。

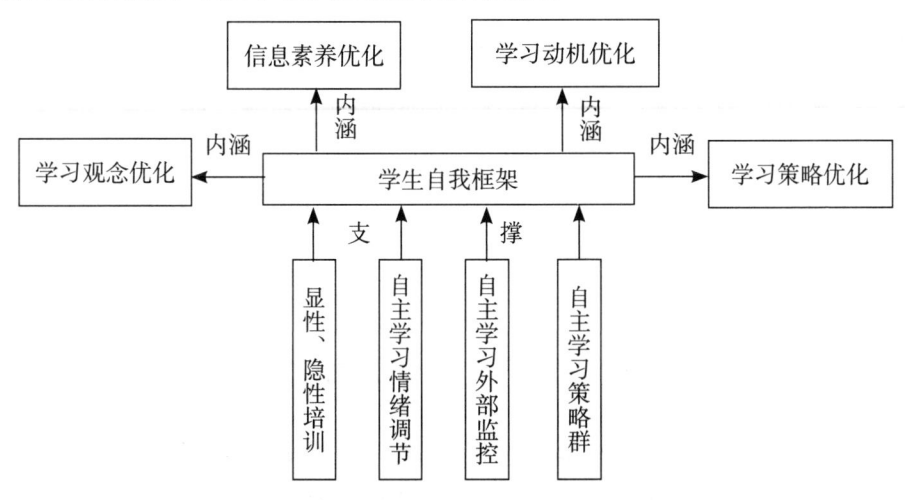

图5-3 学生自主学习能力培养框架图

一、学生自主学习观念、信息素养、学习动机、学习策略优化

网络自主学习是人脑与电脑并用的新型自主学习模式。这种模式下的自主学习需要学习者的智能思维、创新思维、批判思维与技术的有机整合。当代认知心理学家认为，没有任何教学目标比"使学生成为独立的、自主的、高效率的学习者"更重要（何明霞，2010）。在信息化时代，一个称职的大学英语教师应该拥有"授人以渔"的能力，网络环境下学生自主学习能力和培养显得尤为重要。学生在网络环境下大学英语自主学习课堂会受到许多因素的影响，如前文讨论的自主学习观念、学习动机，学习策略，信息素养、教师介入等。正是这些重要生态要素的失衡导致了网络环境下大学英语自主学习课堂生态系统的失衡现象，最后导致自主学习效果不佳。在讨论的"兼容教学要素"和"主导式自主学习"教学优化原则的基础上，笔者认为，学生自主学习观念、学习动机，学习策略，信息素养是大学英语自主学习中心生态系统中的重要生态因子，它们互相牵制，缺一不可，它们的协调统一、共同发展是实现课堂生态优化的重要内容，是培养学生自主学习能力的关键所在。因此，有必要对学生的网络自主学习进行适当的干预，发挥教师的主导与支持作用，帮助学生掌握网络自主学习策略并对学生自主学习观念、信息素养、学习动机进行有效优化。

（1）学习观念："师道尊严"是中国传统文化教育领域中不可触碰的教规，这种传统观念是学生自主学习观形成的巨大障碍，教师需要帮助学生从知识的被动接受者转变成学习活动的计划者，学生应主动制定学习目标、规划小组活动、评估自主学习成果并能对他人学习提供建议。只有教会学生真正认识到这种角色（观念）的转换，网络环境下大学英语教学模式的改革才会取得成功。（2）信息素养：教师需要帮助学生学会在网络环境下抵制不良诱惑，并且提供认知支持，从而实现有意义的学习，提高信息素养。（3）学习动机：教师需要帮助学生转化外在动机为内在动机、培养学习综合动机。以"学生生命发展"为核心，充分满足学生个性发展需求，深刻体会学生的情感世界，积极引导学生主动探索未知世界，激发其自主学习的兴趣和动力。（4）自主学习策略：教师需要认真研究利用信息技术进行自主学习的策略和方法，并采取有效措施教会学生掌握网络环境下大学英语学习自主学习策略。

二、显性、隐性大学英语自主学习能力培训

针对某高校"大学英语自主学习课堂"出现的失调现象，学生自主学习能力的缺失原因，笔者认为大学英语教师在教学实践中应该采取有针对性的教学方法和教学模式，发挥教师的重要作用，从"显性""隐性"两个方面对学生进行外语学习理论、学

习策略培训。具体可以采取以下措施：

首先，对学生强化"显性"培训。

笔者认为，新生入学初期是语言学习理念和学习策略培训的最佳时期，应该为新生开设自主学习能力培训课程，进行为期一个月的有关语言观和语言学习策略的"显性"培训，充分发挥教师的主导作用，提高学生对语言能力的认知，增强语言学习中策略能力和自我反思与自我管理的元认知能力培训。教师可使用《大学英语自主学习能力培养教程》《大学英语语用交际能力自主提高教程》《大学英语课程学习指南》《大学英语学习策略教案》《外语学习理论教程》等相关教程。这些教程的电子版还可放在大学英语网络自主学习平台上，供学生自主学习。

其次，对学生进行"隐性"培训。

笔者认为，英语教师需要在教学过程中不断向学生渗透自主学习相关知识，比如：开学初就指导学生设定一个完整的学期计划，然后再制订具体的月、周学习计划；经常向学生倡导自主学习的观念，培养自主学习的意识；在教学过程中培养学生的外在动机，让学生喜欢英语、享受英语，并把英语看作开阔文化视野、培养交际能力的综合素质课，激发其英语学习兴趣，帮助他们树立学好英语的自信心，内在动机可以在任务型等现代网络环境下的教学过程中加以培养；系统介绍网络环境下学生自主学习的方法或策略，引导学生思考并正确使用学习策略和学习方法；鼓励学生利用校园网自主学习系统和资源进行自主学习；经常与学生进行网络互动交流；认真备课，举办借助网络环境能够真正提高学生英语基本技能以及批判性思维能力的教学活动，教学活动还要有利于促进学生相互合作的设计，如两人活动、小组讨论、角色扮演等，从而提高学生利用信息技术解决问题的能力；充分利用校园广播播放语言学习材料，鼓励学生课下听英语广播，参加英语角、英语竞赛等活动；要求学生经常阅读英文报纸和杂志，并且推荐给学生一些有用的英语网络学习工具和网上资源、网址等，鼓励他们利用网络学习；教师要舍得利用时间针对学生的自主学习进行在线答疑，帮助学生发现错误，并且提出适当的改进意见；鼓励学生利用电子邮件、QQ、微信等交流问题；在线公布课后作业及其他课程信息；在线收取、批阅学生作业并且记载和监督学生学习情况，对学生进行网络环境下学习的形成性评估或评价。相信在教师课堂教学的潜移默化中，学生网络环境下大学英语自主学习能力会有质的飞跃。

三、网络环境下学生自主学习情绪调节

笔者认为，教师首先需要引导学生掌握网络环境下自主学习情感调控策略，进行自我情感管理。其次，教师的人文关怀和站在讲台上的人格魅力是调节学生长时间面对机器产生的焦虑情绪的良方，传统课堂上的精髓在网络环境下更要发扬光大。最后，

为了避免学生由于网络迷航产生焦虑情绪,建议教师做以下工作:①在校园学习网站上链接几个热点新闻网址,(如 *China Daily* 和 *21st Century* 等),要想开阔学生英语学习的视野,中国英语教学协会网是一个不错的选择,其中含有几个英语国家主要报纸、杂志的网址,是个超级的资源库。为了防止网络迷航,教师可以在每个主题单元学习中,只推荐一两个网址让学生使用。②为学生搜索并下载一些特别具有挑战性的资料,挂在网页上,吸引学生,可让学生直奔主题,如在 Love 主题单元中,情人节或母亲节的材料很有吸引力。

四、加强学生自主学习外部监控

通过实证调查,监控与管理严重滞后是网络环境下大学英语自主学习中心出现生态失衡现象的另一个重要原因。网络环境下大学生自主学习需要保持高度的自控力,而某高校自主学习中心的学生普遍缺乏自主性、自控力,是一个自我控制水平比较低的学习群体。要解决这一问题,需要建立一种科学的多元监控体系。通过教学实践和其他学者的相关研究,笔者认为,教务处、督导处、辅导员、教师、学生及网络平台应该互相协调,共同参与自主学习中心的自主学习监控,组建一个多元的自主学习监控体系(何明霞,2012)。具体包括:教师的角色(激发者、监控者、指导者、诊断者、评估者)介入;同伴相互监控(互查学习结果并给予评价,给出学习策略调整建议等);班主任及辅导员介入(人生观教育,学习策略培训,学习时间管理,以量化考核标准,反馈学习结果,激发学习兴趣);教学管理机构介入(自主学习学分制、教学督导制、横向协调、纵向沟通);网络技术监控,包括监督、评价与控制等活动。相关人员利用网络平台对学生网络自主学习实施实时监控,进行注册、登录、记录网上学习时长以及学习内容,记录测试结果与评价,在线答疑,实现学习者之间以及师生之间人机互动,记录交流内容,列出报告并由教师掌握,为教师了解学习者网络环境下大学英语自主学习情况并做出客观评价。

以上是笔者对自主学习能力培养,特别是学生学习观念转变、信息素养、自主学习策略培养等方面提出的一些针对性措施。许多研究表明自主学习效果和自主学习策略关系呈正相关,也就是说,自主学习能力的培养主要从自主学习策略抓起。然而,当下对网络环境下大学英语自主学习策略的研究微乎其微。笔者经过教学实践和实证调查,针对网络环境下学生使用的有效学习策略进行了分析总结,主要有以下 5 种大的策略范畴和 12 种网络环境下的自主学习策略分支,笔者将在下面篇幅中对其加以阐述。

五、网络环境下大学英语自主学习策略群建设

本研究主要针对某高校优秀学生在网络环境下的大学英语自主学习策略进行了调查，设置中心问题为：你在网络环境下进行自主学习时常使用哪些方法、途径？这里所涉及的网络环境是指学生通过计算机利用校园网、局域网、因特网或脱机状态在自主学习中心或任何可以自主学习的空间、时间内，进行的各种英语学习活动，包括英语网络课程、英语学习课件、英语网上测试、浏览相关英语学习资料库和网页、在线英语口头交流等。调查以开放式回答为主，辅之以外语部一线教师多年教学观察，按照以往学者对自主学习策略的界定，通过综合分析法，笔者对学生在网络环境下自主学习方法进行了总结归类，结果发现，在各项策略中，学生对于元认知策略、认知策略以及补偿策略使用较多，其次是社会策略、情感策略，而记忆策略使用最少。笔者概括网络环境下师生认为较为有效的自主学习策略，重点包含如下 12 种，按照前人对策略的研究分类，它们大部分隶属于元认知策略、认知策略、补偿策略、社会策略、情感调控策略。具体分支有：（1）学习资源管理策略（包含学习时间管理策略、学习环境管理策略、寻求他人帮助策略）；（2）目标性资源管理策略；（3）情景性策略；（4）自主学习互动策略；（5）数据驱动学习策略；（6）批判性学习策略；（7）内省策略及追溯策略；（8）自我调控策略；（9）问题中心式学习策略；（10）抛锚式学习策略；（11）支架式学习策略；（12 合作小组讨论式自主学习策略等。

调查发现，学生在网络环境下自主学习离不开元认知策略、认知策略、情感调控策略、补偿策略、社会策略等。所以，笔者首先综合学生问卷的回答对这几项策略的内涵以及其在网络环境下的具体行为表现或方法进行了阐述。

1. 元认知策略及认知策略

元认知策略强调学生为完成学习目标，进行积极、主动的自我计划、监督、评价、控制及调节的过程。网络自主学习关键在于学生对认知过程进行调节和控制的能力。学生在学习过程中把元认知策略分解成学习方法和技巧，包括认知策略（复述、归纳、推理、转换、记忆、背诵、写作、听力、阅读等常规策略）在内。认知策略和元认知策略相互联系，共同作用，保证学习者实现认知目标。元认知策略控制整个信息加工过程，并制约和促进认知策略的发展。网络自主学习就是不断提出目标、实现目标的过程。学生努力地管理和控制自己的学习过程，他们把自己看成具有自我效能和内在动机的个体，他们能够选择甚至构造最优化学习环境。网络学习者要取得成功，他们的自立、自主、自选尤为重要。

结合学生策略问卷的回答，笔者分析和利用元认知策略在网络环境下的学习可分解为以下多种具体行为：

充分利用电脑网络的各种功能来练习英语技能；在网络环境下有意识地改进网上学习英语的方法；计划好上网学习英语的地点、时间；注意收集好的英语学习网站，并有针对性地浏览；进入网站首先查看网站导航和网站地图；选择网上难度适中的学习材料；注意电脑自动纠错功能的使用；有具体的网上学习需求和学习目标。对自己使用网络系统学习的效果进行自我评价并总结有效的学习方法；能有意识地排除其他信息（如八卦新闻、游戏网页）的干扰；网上学习遇到困难时，知道如何获取帮助等。

笔者认为，认知策略在网络环境下的学习可分解为以下多种具体行为：

能在线学习或下载各种英语学习材料，搜索所需的学习信息，完成相关的测试和练习；能够在线欣赏或下载英语歌曲、影视节目并能模仿说话人的语音和语调，学习正确的表达方式；学会利用网上语音分析对比软件进行发音和口语练习；在网上有意识地阅读英文材料，发现文章太长，能够先阅读标题、摘要或关键词；能够用英语写E-mail 或在 QQ、微信等平台与他人进行在线交流；在网络阅读英语材料时，不要逐句进行中文翻译；能够归纳网上英语听力或阅读材料的大意等。

2. 情感调控策略

情感因素在网络环境下的大学英语自主学习中起着非常重要的作用。情感因素包括学习过程中学生的感情、情绪和态度等非智力因素。情感调控策略主要是针对学生的学习动机、自信心、学习态度、归因方式、自我效能、焦虑等情感因素的掌控与调节。情感调控策略会激发学生自主学习的动力。学生可以从学习动机、归因方式、自我效能感等情感因素方面进行自我调控。

笔者认为，网络环境下的情感调控策略可以分解为如下多种具体学习行为：努力让自己适应网上英语学习方式，克服消极情绪；网上用英语互动，且不怕犯错误；网上学习疲倦时，能通过听音乐、玩游戏等方式放松调节；尽量心平气和地对待死机、网页打不开、下载失败等问题；主动与他人交流网上自主学习英语的体会和感想；在线和同学相互鼓励，增强信心等。

3. 补偿策略

补偿策略原指为了争取更多的交际机会、维持交际并能提高交际效果，学习者自主使用的各种学习策略（如猜测、迂回等）。学习者在语言知识不足的情况下可以使用补偿策略，用目的语进行输入或输出。补偿策略可以弥补语法、词汇等技巧的不足。笔者认为，网络环境下的补偿策略应该赋予新的含义，具体可以分解成以下关于网络环境下的自主学习行为：网络阅读及收听英文原版资料过程中可以通过语境、情节和图片等方式猜测词句的意思；网上阅读时，能使用在线字典和翻译工具查阅新词；浏览英语网页时，如果不影响材料理解，就不查阅生词含义；如果在网络上遇到不错的英语学习材料能够进行复制和保存；观赏影视时，有一定量的猜测内容。

4. 社会策略

社会策略属于间接策略，包括与他人合作、交流，咨询问题及同情他人三个范畴。笔者认为，网络环境下社会策略可以表现为以下行为：在线用英语交流时如果遇到沟通障碍，就会请求对方解释而不回避；要求老师或同学推荐好的英语学习资源网站；能用QQ、微信等聊天工具积极寻找本族语者的帮助，学习地道的目的语表达方式；积极参与网络组织的论坛活动（如在线英语讨论、辩论等）；主动通过网络了解目的语国家的文化背景知识；在线英语交流时能主动和网友相互纠错；会把好的学习资料和网站推荐给朋友；经常在论坛里提问，或者解答他人的疑问；网络环境中和本族语者交流时，能忽略文化冲突。

5. 自主学习12种策略分支

下面笔者就上述几大策略，针对网络环境下较为有效的大学英语自主学习分支策略做简要阐述。

（1）学习资源管理策略

学习资源管理策略指的是帮助学生合理利用环境及资源的策略。其目的是帮助学生适应环境并能调节环境以适应自己的需要，对学生在网络环境下自主学习具有非常重要的作用。学习资源管理策略涵盖对学习时间的管理策略、对学习环境的管理策略及寻求他人帮助策略等。

①时间管理策略

笔者认为，网络环境下的有效时间管理策略应该在元认知策略的范畴内，强调自主学习过程中的整体时间分配计划。比如，科学合理地制定学习时间表，并对学习进程做好时间记录；在电子学习反思日记里对时间的利用效率进行反思；针对网络环境下自主学习的特点，掌握好学习时间的灵活性，管理好具体学习内容的时间安排，包括同步、异步网络教学活动及网络自主学习课程的时间安排等。

②环境管理策略

网络环境下的自主学习不是闭门造车，学生应该积极改变自身角色，提高自身信息素养，充分利用信息技术与网络资源的优势，在教师的引导下，和学伴一起创建良好的学习环境，营造民主和谐的学习氛围，在轻松和谐的网络自主学习环境下，提高自我分析问题、解决问题及自主创新的能力。

③寻求他人帮助策略

资源管理策略的另一个重要策略即为寻求他人帮助策略。学生在基于网络环境的大学英语自主学习中，面对浩瀚的网海资源不知如何下手，不可避免地要产生抵触情绪，甚至陷入学习困境，这时寻求他人帮助策略是解决此问题的灵丹妙药，比如寻求教师、同伴的帮助，进行小组讨论式学习、获得个别指导等。自主学习需要与他人相互切磋，互通有无，正如《学记》所说："独学而无友，则孤陋而寡闻。"

（2）目标性资源管理策略（包含模糊策略）

资源的多模态和无限性是网络自主学习的优越性，但如果没有目标性资源管理策略，自主学习就会出现网络迷航。我国目前有多个大学数字博物馆，网络上免费的教育资源随处可见。在网上，我们甚至可以和哈佛大学、麻省理工大学这样的世界名校免费共享精品课程。这是一个海量的、自由的教育资源，需要目标性管理策略的支持。目标性资源管理策略的实现方式就是对获得的信息进行批判性评估和接受，在对信息进行理解、批判、遴选、归类的过程中，学生的批判性思维能力可以得到开发和提升。伦道夫·A.史密夫（2010）的批判性思维准则可以用来构建目标性资源管理策略：灵活性，可以容忍模棱两可的不确定性；识别固有的偏见或假设；保持怀疑态度；区分见解和事实；避免简单化；逻辑推理；结论前检验有效证据。学生掌握了这些基本准则后，才能在网络环境下有目的地自主构建学习资源和知识体系（刘凡、吕雨竹，2012）。

（3）情景性策略

虚拟实验室将现实生活中的情景融入未知世界，情景交融的语言教学系统形象地传达发言人的声音和肢体语言。在可视化情景环境中，学生可以模拟实际演练场景，身临其境地进行语言交流。情景旁白、可视口译通过仿真环境的相互作用，使学生可以全方位地获取各种立体信息，提高语言应用能力。学生可以利用系统将合成影像录制下来后供给其他学生学习。情景性策略学习的多样性和仿真性有助于提高学生自主学习兴趣和效率。情景性学习策略的实现需要目标性资源管理策略的支持。学生在网络上查询到的资料可以在网络平台上分享，开展网上答疑、课程论坛，用电子邮件社交软件 等构建虚拟学习社区。教师要积极营造虚拟环境，鼓励大学生利用情景性学习策略自主性学习。情景性策略的实施需要做到以下几点：真实任务情境——学习在虚拟现实情景中，来解决现实中真实存在的问题；严格遵循现实生活解决问题的过程，无须事先准备材料，教师可以通过展示专家解决问题的探索过程中培养学生情境性策略的探索；真实互动协作，持续协商交流；情景化评估——在具体问题解决过程中已经反映了学习效果（马冲宇、陈坚林，2012）。

（4）自主学习互动策略

自主学习互动策略是指通过模拟真实环境，进行师生、生生互动练习，实现陈述性知识向程序性知识的转变。美国心理学家班杜拉的交互理论强调行为、个体与环境之间相互交错的影响。网络环境下自主学习互动可以利用在线设施辅助教学，自主学习中心的人机互动、人人互动、师生互动等学习方式需要学生的积极参与，更需要教师的引导和对环境的精心设计。

（5）数据驱动学习策略

20世纪90年代，Tim Johns（1991）提出了"数据驱动学习"。它指的是学生在自主学习中心进行学习时，可以借助语料库进行相关词汇的语料检索。学生可以通过检索到的关键词的临近搭配来归纳词汇的用法与语境意义。这种探索式、自主式的学习模式充分调动了学生的积极性；教师在此过程中可以帮助学生获取相关的语料，引导学生积极地发现与思考，并及时针对学生认知上的偏差予以纠正，充分发挥教师的主导作用。

（6）批判性学习策略

传统教学观念中的"教师权威观"不利于学生批判性思维与创新意识的形成。在网络环境下自主学习课堂上，教师与学生处于平等地位。专家所谓的权威观点也不一定需要全盘接受。如果学生断章取义，只见树木不见森林，很有可能走入误区。其实，学生可以通过互联网掌握大量信息资源，随时根据自己已有的认知结构来判断教师、专家们的观念与思想，从而做到选择性的接受，而不是盲从。这种做法将会有利于学生批判性思维与创新意识的养成，最终使其成长为创新型的复合式人才。

（7）内省策略或追溯策略

内省策略或追溯策略主要是指通过自我反思，对掌握知识的认知过程进行梳理，寻找学习方法和解题路径中出现的问题，对学习策略具有明确的指导意义。该策略在网络环境下自主学习课堂的运用频率将决定自主学习效率的高低。学生应学会通过反思自己的学习方法并寻找合理的问题解决思路，建立自主学习反思电子档案，定期进行内省和问题分析，提高自主学习效率的同时，加强良好的思考、推理和论证等能力，把自己培养成为新世纪创新型人才。

（8）自我调节策略

网络环境下学生自主学习需要在内省策略及追溯策略应用的基础上学会对自身的学习过程进行有效的自我调节。通过电子反思档案，学习者可清晰辨别出可能存在的学习困难及学习障碍，同时可找准问题产生的起因，通过自主采取积极有效的措施和适当的策略调整，形成行之有效的学习方法并找到解决问题的路径。

（9）问题中心式学习策略或基于问题的学习策略（PBL）

基于问题的学习策略（PBL：problem-based-learning）作为一种学习方式，需要学习者使用系统的方法去解决问题以及处理在生活和工作中遇到的难题。PBL与建构主义学习理论相吻合，该学习方法要求学生围绕复杂问题的解决而结合成小组，成员在自主学习过程中，相互合作，共同解决问题。网络环境下自主学习PBL策略包括以下几个环节：设计问题、组织小组、传输问题、确定学习目标、成员个体自主学习、成员之间汇报讨论学习结果、师生对于解决问题的过程进行总结和评价。学生在有意义的问题情境中通过密切配合，相互帮助，解决问题来发现并掌握一系列潜在的新的语言知识，增强自主学习意识，不断提高自身解决问题的能力。教师应首先教会学生如何设计关键问题，引导学生确定解决问题的信息，了解已知和未知信息，然后鼓励学生积极地搜索信息，利用好各种信息资源（包括书本和网上信息，甚至咨询专家）。

（10）抛锚式学习策略

抛锚式学习策略强调学生利用计算机网络的虚拟技术进行情景化学习。网络环境是一种基于技术整合的学习环境，学生在这个环境中所进行的学习过程是真实的，所学知识具有较高的迁移性。多场景的虚拟现实生活背景能促进学生提高迁移能力和解决复杂问题的能力。抛锚式学习策略的核心词是"锚"，所有的学习过程都应围绕"锚"来进行。"锚"是指在真实的情景中和问题相关的故事情节，它通常指包含所需解决问题或主题的一个故事、一段冒险或一个情景，并能引起学生的兴趣。教师通过有故事情节的影像可以为学习者创造出适当的宏观学习情境。影像资料来源于现实生活并反映社会现实，故事人物的扮演者运用本族语言进行人物对白，故事情节中的模拟场景都在目的语国家真实存在。网络环境下的抛锚式学习可通过计算机访问互动网站反复地与情景中特定部分进行互动，并从宏观情境中引出锚定的问题，发展出与锚相关的类似问题与拓展问题，这种依靠宏观情境创造学习情境的方式能使学生深入其中。

抛锚式学习策略在网络环境下大学英语自主学习过程中，相对于海量影像资源的网络技术和泛在的自主学习环境，使用起来简单、轻松、高效，是一种学生非常喜爱的学习方式。教师对这种方式应该进行适当的宣传和鼓励。

（11）支架式学习策略

建构主义理论强调学生是信息加工的主体，要利用学习过程中的情景、协作、会话等学习环境要素使得学生充分发挥自主性与积极性。支架式学习策略的学习过程是通过"搭脚手架""进入情景""独立探索"三个环节来完成的。支架式学习可以帮助学习者加深对知识的理解，并形成牢固的概念理解和记忆，同时有助于提高学习者解决实际问题的能力。所以，要预先把学习任务逐步分解，使其由复杂变为简化，使学习者对学习任务的理解由浅入深。以维果斯基的最近发展区理论为根据，对于较复杂难解的问题，通过"支架式"概念框架的建立，学习者自身的知识结构就会以"支架"为依托，逐步完善，形成具有完整意义建构的学习策略。教师通过有选择地处理外语类影像资料，可以提供给学习者 BBC 等英美电视新闻节目录像或现场直播，节目的形式可以是新闻、歌曲、娱乐节目等，具体节目内容可由教师参照教学计划进行选择，范围涉及政治、外交、经济、贸易、文化、军事和科技等方面，为学习者提供大量机会去了解英语国家的社会背景和文化常识。

支架式学习策略的应用需要教师根据教学对象、教学内容和教学环境的具体情况来设置对学生有价值的学习任务，并在整个自主学习过程中帮助学生确定学习资料并加以引导。在网络环境中利用计算机向学生展示学习内容所涉及的背景知识、学习目标，从而为学生构建一个良性的、动态的学习支架系统。学生在具有一定的社会文化背景的情景下，借助人际协作活动实现其对所学内容的意义构建，实现教学控制由教师向学生的动态转移，从而提高他们的自主学习能力。

（12）合作式自主学习策略

合作学习是通过有组织的小组活动，小组成员间的交互式信息互换，相互促进的一种自主学习方式。合作学习包含积极互赖、个体职责、社会支持合作策略等概念。Slavin（1995）等学者在研究了大量合作学习案例后发现，与竞争型和个体型学习相比，合作学习能更有效地提高学生的成绩。自主学习是在自我独立发展以及相互依存的过程中达到彼此平衡，且这种平衡是一种动态的平衡；相互接触、支持、依赖是作为自主学习的开展的前提。Little（1996）也明确阐述了"学习者自主是相互依存的产物，而不是独立的产物"。（转自徐锦芬，2012）网络环境为合作式自主学习策略的应用提供了更加便利的条件。

以上网络环境下大学英语自主学习策略群是笔者在最优化原则指导下，通过优秀学生网络环境下的自主学习方法和前人的研究成果综合总结而成的，但还有很多需要进一步完善的地方。

总之，网络环境下大学英语课堂教学生态系统中，学生和教师是两个关键的生态因子，而学生又是最核心最活跃的生态因子。要解决课堂生态系统的失衡问题，需要充分调动学生的积极性，培养自主学习能力，让他们学会构建自己的知识框架。网络环境下的大学英语自主学习不是自由学习，需要教师、同学和教务管理部门等外部力量介入。自主学习课堂中的学生、教师、技术也是相互作用、相互依存的生态共同体。但作为主体生态位的学生由于自主学习观、信息素养、学习动机和学习策略缺失引发了自主学习课堂生态系统的失衡，结果导致自主学习流于形式，效果不佳。按照生态意义上的"动态和谐、协调发展"原则，笔者试图构建一个以优化学生自主学习观、信息素养、自主学习策略为核心、强化自主学习外部监控为支架的学生自主学习能力培养框架。在最优化原则基础上，通过对优秀学生网络环境下大学英语自主学习策略调研和分析总结，构建了一个网络环境下大学生自主学习英语的策略群。

第三节　生态化大学英语课堂环境建设

生态心理学创始人Gibson（1977）认为，环境因素可以直接给人的感知和行动提供认知给养（affordance）。给养就是自然环境与行为者之间的一种关系，它可能是显性可见的，也可能是隐性可知的。环境中的给养或线索能够唤起人的某种反应或行动，即感知驱动行为（Greeno，1994）。由此可见，课堂环境是研究者必须充分考虑的重要因素，包括软件环境、硬件环境等，而这种因素对于学习者的学习和认知具有内在影响，可为学习者在如下方面提供有力支持：为实现有效学习提供合理的课程设置、资源、工具、设备、评价体系及学习者的社会关系等。

彭伟国（2010）从教育生态学理论出发，分析课堂教学生态系统在技术引进后的失衡现象，他认为课堂支持环境层存在的问题是课堂教学生态失衡的一个重要原因。大学英语网络教学环境是一种虚拟加现实的教学环境，在这个教学环境里，主导—主体的时空分离以及人人互动、人机互动等特点颠覆了传统课堂教学的观念。生态化大学英语课堂教学环境是一个动态发展的生态系统，系统中的各个因素必须围绕学生这一重要群体的发展协调一致，相互作用；达成和谐统一、可持续发展的"和谐社会"，体现了人本主义的教学观念。网络教学环境是一个在平衡—不平衡—平衡的动态中发展变化的环境。这就意味着环境中的软硬件因素即教学目标、课程体系、教学资源、评价体系、硬件设施、教学服务等必须相互支撑、协调进化，共同致力于学生学习质量的提高。针对某高校大学英语课堂生态环境的失衡原因，在制约教学运转、促进个体发展、稳定教学结构、兼容教学要素及多元互动教学优化原则的指导下，笔者对构建生态化大学英语课堂教学环境提出了自己的思考：优化硬件环境的建设与服务，建设生态多元化、个性化软件环境，使环境各要素（教学设备、平台设计、教学资源、课程设置、评价体系等）彼此兼容、协调进化，以求达到最优的教学效果（见图5-4）。针对硬件环境优化措施，笔者提出了师生参与决策、改良图书馆自主学习中心功能与服务、实现校内设备资源共享等理念；针对软件环境优化，笔者认为，应该进行大学英语生态融合型多元课程设置、细化多元评价体系、进一步完善校本特色资源和教学平台建设。笔者将在以下章节对生态化大学英语课堂环境建设进行详细阐述。

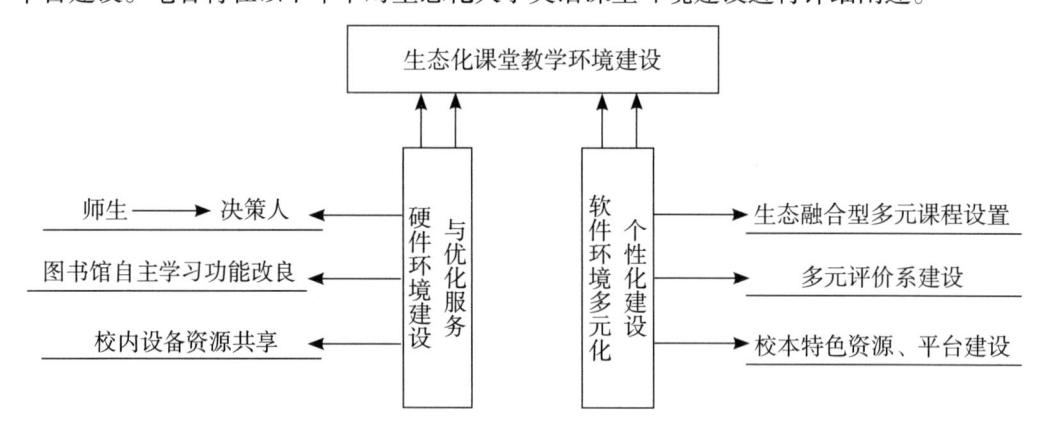

图5-4 生态化大学英语课堂教学环境图

一、硬件环境建设与服务优化途径

在生态多元、兼容教学优化原则指导下，笔者认为，课堂教学硬件建设与服务的优化应该从以下几个方面进行改善：

(一)师生应成为硬件环境建设的决策人

校方的资金投入是生态化课堂教学硬件环境建设的必要前提。同时,在硬件建设上应该坚持使用者设计、相关者参与的原则。作为使用者,教师和学生从宏观层面应该参加到校园规划中去,特别具体到教学空间设计、多媒体教室设备的选型及教学软件的需求调研等,成为硬件环境建设的决策人。高校设备处、教务处、教育技术中心等相关部门相协同参与其中,为网络环境下大学英语课堂教学提供有力支持。

教师需要在机房位置、教室布局及上机安排等方面做好科学管理。比如,教室布局上,在方便利用计算机开展学习活动的同时也要考虑到是否适宜进行常规的教学活动,计算机房和教室不该分开设置。生生、师生之间多元交流及共同探讨问题需要可移动的桌椅,班级的学生人数也应该控制一定范围之内,小班授课是生态化大学英语课堂教学的必要前提等。

(二)改良图书馆自主学习中心的自主学习功能和自主学习服务

传统的大学图书馆即使建设了电子阅览室,但老一套的管理方法,在网络环境下大学英语自主学习方面贡献并不大。图书馆的电子阅览室和自主学习中心应该提供多样化、可灵活调整的学习室,迎合网络环境下的个性化教学特点,以适合4~12个用户为主。先进的计算机网络设备应该具有充足的网络接口、无线支持和丰富的教学软件。投影仪、白板(黑板)以及可移动、可调节的桌椅设备一应俱全。为学生学习服务的相关部门在业务上进行整合与协作。他们传统的工作职能划分应该以对教师和学生的服务为主进行科学融合,管理机关和院系的业务协作需进一步加强,共同设计生态化大学英语学习环境。后台提供服务的部门必须保证在规定的地点或虚拟空间让学生获取相关服务。我们可以参照加拿大皇后大学Stauffer图书馆的学习共享空间设计,在信息共享空间基础上,学校的应用技术中心、信息技术服务中心、学习策略发展中心、写作中心及图书馆5个部门的服务全部被整合到图书馆的学习共享空间中。5个部门的服务人员在图书馆内的同一个楼面向读者提供学习指导和帮助,每个部门又有各自的服务向导和在线帮助,方便为学生的自主学习提供强有力的支持。

(三)实现大学英语应用技术设备的硬件资源共享

硬件资源的整合应优化已有资源和动态共享,更得改变重投资、轻管护、条块分割、各自为政的局面。学校应该成立公共资源管理科,与实验室、设备处相互协调,统筹全校的多媒体教室、语音实验室、计算机室及内部设备使用与管理。设备整合不是设备的简单叠加,应该在易用、够用的原则下建立网络系统组合,综合考虑设备的先进性、经济性和兼容性。网络环境下大学英语教学不是要抛弃所有非数字化资源,而是根据教学需要、科学融合现代技术和传统教学手段,用最佳方式组织教学。

完善的生态化的大学英语课堂硬件建设要发挥它的功能，需要良好的软件环境支持。课堂环境软硬件和谐统一才能真正符合教学的生态化原则，达到最优化教学效果。

二、生态多元化、个性化软件环境建设

笔者根据某高校大学英语课堂教学软件环境生态失衡问题，在其他学者研究的基础上，根据生态化兼容、多元、促进个体发展的教学优化原则，提出了地方大学网络环境下大学英语课堂教学软件环境优化建设的思考，包含生态融合型多元课程设置、生态多元评价体系建设及个性化教学资源、平台建设等。

（一）生态融合型多元课程设置

根据某高校大学英语课程设置传统单一，和新技术环境不相适应，以及学生口语能力、跨文化交际能力较弱的问题，笔者分析网络环境下大学英语课程建设应走生态融合型多元课程设置道路，并遵循以下原则：(1)学科融合性原则。把计算机与信息技术全面应用于课程教学中，并且开设基于网络与计算机的多种外语类课程。大学英语课堂教学内容和信息资源应该涵盖多学科的知识内容，使学生学习语言知识和扩充宏观知识生态性兼容，引导学生在跨学科、跨文化交际活动中全方位地提高综合素质。(2)以学生为中心原则。充分考虑学生的起点水平、认知特点、学习需求和主观能动性等，保持学习主体知识输入与输出的平衡，实现对语言知识的深层次理解和内化。(3)生态意识或理念渗透原则。将教育生态学的整体关联性和动态平衡理念渗透到各个教学环节，根据人才培养目标和学生的实际需要设计大学英语课程体系，既包括以学术型为主的读写、听说，也要把英美历史文化、学习技能、信息技术等融入课程中来（康淑敏，2012）。

在以上原则的基础上，大学英语课程体系和课程内容在教改模式实施进程中需要重组与重构。教学要求应该是科学和弹性的统一，学校应该根据本校定位、学生水平及社会对人才的需求，制定具有本土特色、个性、多元化、系统的大学英语课程体系及内容。陈坚林（2011）表明，各高校应该根据自身的办学特点及培养目标来选择相应的课程内容优化体系。学校应该鼓励学生根据自己的兴趣及实际情况来选择所需的学习内容，这包括选择平台所提供的通识教育和ESP(专门用途英语)课程内容，学生自主学习、自我探索，学校和教师提供相应的指导与辅助，进而使网络环境下大学英语课堂教学呈现学习方式和学习内容个性化、多元化的双重特点。有学者认为大学英语教学改革效果不佳的根本原因是基础英语的课程设置，并且呼吁后大学英语教学改革（蔡基刚，2010），即将语言学习融入学科专业知识中，具有通识教育导向。陈坚林教授也指出，外语通识化教育与课程设置改革思路势必成为外语教学改革的新思路。

大学英语教学应迎合学生学习需求的多样性（张天伟，2010）。

根据地方高校某高校的校本特色，笔者认为进一步完善大学英语课程建设的具体措施可以从以下几点入手：

1. 口语课程、跨文化交际课程与传统读写、听说课程的生态化兼容

在教育生态学兼容共存、和谐发展的原则下，大学英语课程设置应在基础教学阶段（1—4学期）开设的课程中就导入文化教学内容，实施嵌入式文化教学。基础教学阶段大学英语1—4级的视听说课程采取以网络自主学习和小班辅导面授相结合的教学模式。教师在听说面授辅导课上，根据教学内容检测学生自主学习情况，结合自主学习内容，组织以任务驱动型教学法为主的口语课。提高学生口语表达能力。应用提高教学阶段（5—7学期）突出语言应用能力培养，特别是语言与专业相结合的应用能力培养，拓宽学生国际视野，提高学生跨文化交际意识、跨文化交际能力、就业能力和创业能力。开设通识外语类听说选修课、跨文化交际课程、文化类选修课程及应用英语辅修专业，并通过第二课堂、文化讲座和国际视野放映厅等活动，增强学生利用文化知识和跨文化交际能力发现问题、分析问题、解决问题的能力。

2. 倡导个性化、多元化网络课程设置

建设"四年不断线"课程资源，从教育生态学的兼容、多元、差异性原则出发，有必要把专业用途英语加入网络选修课程。在改革的大背景下，某高校公共外语部教师应该携手各专业教师，制定出符合本校学生特点的专门用途英语教学大纲，规划以及设计出符合本校学生认识规律的专门用途英语教材，通过网络选修课的形式呈献给学生。贯彻"四年不断线"的大学英语教学理念，依托大学英语应用提高教学阶段教学平台、双语辅修专业教学平台和专修证书教学平台三大主要模块，建设网络化英语选修课程，根据不同学院、不同专业学生的需求，确定开设门数，旨在推行学生根据自身的兴趣和需求进行个性化学习，丰富学生的人文知识和专业知识，拓宽学生的国际视野，提高学生的综合素质。"专业＋英语"的双重背景可以提高学生在今后就业中的竞争力。

3. 优化网络选修课程建设质量

针对某高校英语网络选修课堂的生态失衡原因，笔者认为，学校应该进一步加大网络课程开发力度，鼓励和资助网络课程创新团队。真正建设一批精品专业英语选修课程。强化网络课程教学活动设计，包括网络教学模块设计和教学活动设计，强调课堂教学与网络教学的整体性，加强网络课程教学监控和有效管理，包括为教师配备网络课程助教等办法为网络教学提供更好的支持；完善网络教学平台建设，教师应该在平台的功能建设和技术建设上花费精力，不断完善自己的网络课程设计；从思想上重视网络课程的应用，从学习者的角度进行课程设计；教师积极参与，包括上传资料、布置作业、批改作业等来调动学生的积极性；共享网络精品课程教学经验，进行有组

织的讨论，并对学生给予及时指导，对优秀生给予奖励；运用网络课程创新教学。通过团队组建、任务或主题布置，鼓励学生探究式自主学习，培养自主学习能力。总之，网络选修课程教学质量的提高和学校、教师及学生的重视度都密切相关。

生态融合型多元课程设计在生态教育学理论的指导下，充分利用信息技术的先进性，在教改模式中对优化大学英语课堂教学质量将具有重要作用。

（二）生态化多元评价体系建设

大学英语教学改革要求的"基于计算机和课堂的教学模式"，强调自我认知、自我调控和自我评价的自主学习能力以及与人合作的能力，注重学习、教学、评价的生态化融合。要充分发挥教学评价对教学的诊断、激励、反思与反拨作用。网络环境下大学英语教学的评价应充分考虑各种因素，包括社会对外语能力的需求、教学目标、教学手段等。对此，Brown（2003）曾明确指出："我们需要开发更真实的，具有内在激励作用的评价手段，这些评价手段应适合其所在的教学环境，并为学生提供建设性的反馈意见。"（转引自金艳，2010）葛宝祥（2012）认为，由现代信息技术强势介入而生成的外语教学新现象、新特点、新环境和新模式势必导致外语教学评价体系内部重新调整，优化组合，如评价方式、评价标准及程序等，以适应新的教学模式，确保新环境下外语教学实效性的稳步提升和外语教学改革的有效推进。在实际教学中，能否实现教学改革目标，教师的教学方法、学生的学习策略、学习动机都与教学评价模式息息相关。

根据对某高校英语课堂教学学生评估体系的问题分析，笔者认为，应该综合运用多种评价方式，充分发挥其各自的优势，建立一个生态化的多元评价体系。多元评价体系意指所涉及的评价主体具有多元性，评价方式和标准具有多维性。高校教务处及师生要共同协助，把形成性评估以及终结性评估，师生互评及生生互评，纸质测评与网络测评结合起来。网络环境下的多元教学评价是一组多维度、立体式的评价体系，它灵活开放，包括课堂教学评估、学习档案、学习日记、问卷调查、师生座谈会和访谈、督导检查、校内考试与校外统考等。评价体系的优化应该做到真实可信，根据学生层次和学校办学特点，在实践中不断探索校本特色的评价体系。

根据某高校在实际大学英语教学中，终结性评价仍然占主导优势，形成性评估方式不规范，而且没有真正把学生评价纳入评价体系的失调现象，笔者认为，高校网络环境下大学英语课堂教学评价优化措施包括以下几点：

（1）细化形成性评价的具体内容。关注学习者教学过程的行为表现和能力发展，综合评价其学习态度、学习策略和学习效果。编制等级式、描述性量表，细化学生学习行为的表现水准。量表包含课堂参与程度、学习主动性等方面。学生的语言能力能够通过言语表现行为反映出来，语言任务的完成程度可以用来评价学生的语言应用能力。语言能力评价量表可以包含课堂发言、专题讨论、即兴表达及多种形式的口头作业。同时，通过建立网上学生自主学习档案记录袋、教师观察自主学习记录档案等对自主学习效果进行评价，最后再对形成性评估的各个方面进行科学综合。比如，某高校"三表"学生拥有的70%的形成性评价的每一分值都要细化来源，教师要有统一的计分量表，教学管理部门要对形成性评价进行有效监控，从而避免教师随意分配分数和给学生打人情分等情况。

（2）丰富终结性评价内容。终结性评价作为传统的评价形式，是检验学生学业达标与否的最基本手段，包括期中检查、期末考试、单元测试等。这类评价在某高校大学英语教育体系中依旧占据重要地位，而且形式固定、单一。笔者认为，网络环境下大学英语的终结性评价应该迎合教学手段、教学环境的多元性特征，采取多元的终结性评价形式。评价形式也需在动态的生态环境中不断推陈出新。比如，可以包含成果展示式评价。"成果"来自具体的学习任务，教师可以设计个体书面作业或小组活动任务，学生知识的掌握程度从成果质量评价中获得，同时，学生运用所学知识解决现实问题的能力从成果评价中也得以体现。大学英语机考、网考形式应该进一步普及，网考内容应该兼容多样化和个性化特征。比如，利用作文批改网通过一学期学生参与的写作任务进行写作能力综合性评价等；利用语料库让学生掌握大量词汇，并在期末以词汇大赛的形式进行综结性评价等。总之，终结性评价的丰富性和含金量还需教师的积极思考和创新。

（3）教师、学生共同参与评价：作为教学评价主要对象——学生，在"教改模式"中应该充当评价的重要主体之一。评价者与被评者平等地相互交换角色，学生可以根据教学的每个环节进行考评与监督。其中，监控环节可以包含学习目标是否明确、学习计划是否完善、学习方法和策略是否恰当、学习态度是否端正以及学习进步是否显著等（金艳，2010）。

生态化多元评价体系建设是教学优化框架中的重要内容，在具体实施过程中应该根据学生的不同层次进一步细化具体要求，比如根据一表类学生、二表类学生、三表类学生应该设置不同的评价体系。而且，随着信息技术的发展、教学理念的进步，评价体系应该处于动态发展、不断更新的状态。

3. 生态化校本特色网络教学资源、教学平台建设

大学英语信息资源的深度开发和合理运用是大学英语教学模式改革的关键因素。资源优化强调立体化教材的合理开发和利用，立体化教材开发是对纸质教材再创造、再加工，不应该是纸质教材的简单翻版；网络资源的调用是对教学内容的补充，是课堂教学和教学内容的延伸。清华大学杨永林教授曾经着重指出，教学资源的"数字化"要在继承教学传统的优势基础上来实现，并且具备校本研究特点，通过经典教学内容的遴选，来充分实现以共享、优质为特征的多元教改目标。杨永林教授对于教学内容的改革，明确提出要兼顾内容的工具特点和人文特色，以充分满足学科发展要求，以国际性、时代性、实效性及规律性特征最为显著。建构主义主张真实情境的创设，网络资源应该把创设情境作为意义构建的前提，并与多媒体资源相互补充，从而突破时空界限，成为支持并扩充学生思维过程的有力认知工具。"语言学习效果很大程度上依赖于所接触的语言的量和内容。"（Spolsky，1989）教师应该为学生收集并创建丰富可及的教学资源。工具性资源是多维信息传递与交换的媒介，教师可以利用现代信息技术认知工具，以文字、声音、影像等多种承载形式为学生创设教学情景，把课程内容的延伸和分析加工成多媒体教学资源，在课堂进行形象化信息展示，丰富课堂信息输入。同时，教师应利用信息技术资源创设虚拟学习空间，建设信息化学习资源共享平台，满足学习者个性化的学习需求。

通过关于某高校教学资源及平台的失调分析发现，大学英语网络教学资源没有得到充分利用，学生容易产生网络迷航现象。针对个性化教学又出现资源不足，教学平台智能化程度有限等，笔者认为，在教学优化原则的指导下，当下高校"大学英语课堂"教学资源的优化可以从以下三个方面来进一步完善：

（1）网络环境下大学英语教学资源的优化需要建设一个强大的多媒体教学软件，满足学生的移动学习、个性化学习和分层学习的需求。教学软件应充实网络课程的ESP教学资源，通过网络选修课程平台优化专业英语网络选修课程，以满足不同专业学生的需求。软件立体化教材设计应以任务型、基于问题型等信息化教学模式精化设计内涵，去除和课本重复的文本内容，以免造成资源浪费。此外，自动语音评测系统及作文评测系统等重要测试系统的不断完善和科学应用也是资源优化的重要途径。智慧软件的强大功能可以根据每位学生设计个性化学习计划并提供个性化需求的资源，只要输入个人资料，个性化教学系统便针对每一个学生开启。专门教师辅导也在平台上体现，并开启同层次水平学生的互动空间，网上构成小组，完成相同难度的教学任务。知识型语料库和智能化搜索技术可以构建一个能为广大学习者支持终身学习的信息平台（庄智象、黄卫、王乐，2007），利用语料库技术，以用户为中心将语言学习知识进行归纳、收集、加上高效率的计算机检索技术，学生就可以登录智能化平台进行知识型及语言任务型学习。

（2）针对海量的网上资源及网络迷航问题，笔者建议：公共外语教学部应牵头在本单位的局域网内利用数据库开发一个独立的公共英语教学资源库。传统教学资源和网络资源应相互结合，资源库的基础资源应该拥有百科全书与字典、世界名著、外语专业期刊、多媒体资源、语音示范、语法库、补充电影片段或录像、词汇列表、课文声像、系统工具、专业软件（课件、题库、测试等系统）等多种工具。广大英语教师应在浩瀚的网络资源内选出最佳语言学习资源，通过整理、提炼、加工、编辑后接入局域网数据库，并且不断更新，保证信息的时效性，让自主学习的学生省去很多网上漫游的时间，减少相关的情感焦虑。

（3）积极采用虚拟现实技术（VR，Virtual-Reality）。运用虚现实技术开发的三维虚拟语言学习环境可以让学生通过虚拟世界主动地去探索、去发现，在虚拟的语言环境中把握语言的实际应用（蔡苏、余胜泉，2012）。具体项目可包括虚拟银行接待、虚拟酒店服务等。Milton 的实验表明，"在三维虚拟学习环境中，学习者会深深地被虚拟的情景而吸引，从而激发其对学习的兴趣"（Milton，2010）。

此外，网络平台的设计是资源优化的核心问题。笔者认为，设计网络平台应遵循以下程序：

（1）智能化管理

智能型网络平台在强调教师对学生监督作用的同时，还应针对学生个体差异进行个性化的学习指导，关注每个学生网上自主学习状况，如网上学习时间（每个学生的学习时间）。通过电子邮件的方式自动提醒学生，对于多次提醒无果的学生，教师可以利用系统自动停止学生网上学习的进程，并可以根据学生的个体差异，有针对性地对其进行指导。

（2）个性化学习内容

网络上的学习、练习和测试内容都要分层次。学习知识与技能应该区别对待，课后自测与学习过程中的水平测试区别对待，并且按难易程度进行分级。这样才能实现个性化学习，提高学习效率（田艳，2011）。

（3）以学生为中心

在设计系统时，应考虑学生的主体地位。对于学生学习的决策权、学习内容及进度、自测时间的安排等都要充分考虑；系统还可依据学生的实际，如学习风格、动机以及语言水平等提供参考建议，但不能完全为学生决策，应尊重学生的自主权。这样的设计理念形成了学生自己做主、系统辅助学习的模式。

（4）反馈自动化

网络环境下大学英语自主学习课堂上，自主学习效果的及时反馈非常重要。智能化的学习网站应实现自动反馈的效果，这不但有利于学生及时了解自己的学习进程，还可以激发他们继续在网上学习的积极性与主动性。

总之，校本特色网络教学平台、教学资源建设是网络环境下大学英语课堂教学优化的必要条件，需要学校组织先进的技术团队，共享先进的技术资源，投入一定的人力、物力进行常规性、连续性的研究设计，并且不断推陈出新，为大学英语课堂教学质量的提高提前做好物质保障。

第六章 信息化时代大学英语教师教学能力内涵

第一节 高校教师的教学能力现状

从20世纪中叶开始,人们逐渐关注高校教师的教学能力,越来越多的人将其作为研究课题。2011年,因为《高等教育教学改革与教学质量工程二期建设》特别强调本次改革的重点是关注青年教师教学能力如何提升的问题,从而使得更多的教学研究专家和高校管理者纷纷投入这方面的研究,进而产生了大量的关于高校教师教学能力的研究理论和报告。

一、高校教师

(一)高校教师的概念

有别于中小学教师,我们对高校教师的认定普遍认为是在高校(包括高等专科院校)中从事高等教育教学及相关工作岗位的人。从广义的视角看,像教学人员、行政管理人员、辅导员、相关服务人员都属于高校教师的范畴。从狭义的视角看,高校教师则是专指在高校(包括高等专科院校)中从事教学任务的教师。这样的专业教师能够从专业领域对学生进行专项培训,使其具备在其所选专业领域从事相关岗位任务的能力。与此同时,狭义的高校教师除了传授专业知识之外,还应具备专业研究的能力。就教学能力的专题研究的需要,我们这里所采纳的是关于高校教师的狭义解释。

(二)高校教师的特点

众所周知,在西方语言体系中中小学教师和高校教师是两个截然不同的词,其中 teacher 是指中小学教师,而 faculty 则是指高校教师。除了高校教师的解释之外,faculty 还有天赋和才能的意思。一个人的天赋和才能会形成不同的知识和思想成果,进而产生了专业的分类。根据学科的分类,不同专业的高校教师具有不同学科的知识和研究能力,从而成为推动学科不断发展的学科专家和将学科知识传道授业的教育专家。

不同于中小学教师,高校教师以培养社会进步所需要的专业人才为教学目标,面对大学生集中教授专业性知识，并借助更多的企业组织者、参与者和合作者来完成教学过程。

二、教学能力

（一）教学能力的概念

教学能力是隶属于能力的一个子概念。能力因为范畴的界定、本质和特性的不同而成为不同的能力。沿用心理学的能力分析方法，教学能力就是一种教师具备的能够促进学生发展，按要求完成教学实践活动的理论、实践、素质等综合能力。

因受到教学思想、教育理念、学习体系的影响，目前对教学能力的认识和理解存在一定的差异，尚未达成共识。比如，《远距离教育开放词典》认为："教学能力是为了实现教学的目标，教师组织和实施教学活动的过程中所表现出来的能力，主要包括教学内容讲解的能力、课程开拓的能力、不同教学方法掌握和实施的能力、课堂上对学生参与学习和实践的组织能力等。"在该观点中，对于教学能力的理解主要强调教学能力是以课堂教学为主的所有教学活动中教师所表现出来的思维、行为、情感等综合素质。再比如，《中国学前教育百科全书·教育理论卷》认为，教学能力是为了实现教学的目标，教师从事教学活动的过程中所表现出来的心理特征，主要指一般能力和特殊能力。其中，一般能力指的是教师作为教学活动的主导者，应该表现出对学生的基本能力和心理特点的理解；特殊能力指的是教师作为知识的传授者，应该表现出用语言传达所学专业的知识体系的能力和对教学活动的组织和实施能力。除了上述两个认可度比较高的观点外，还有部分学者认为好的教学活动应该具备艺术性和科学性，一个好的教师应该具备对教学目标、教学任务、教学方法等教学因素的认知能力，教学活动的设计、管理和监控能力，对教学资源和专业技能的操作能力。教师所具备的教学能力就是将知识和技能的传承转变为教学活动、解决教学问题的能力。

综上所述，高校教师的教学能力主要是以教学活动为中心进行扩散和展开。高校教师应该能为了实现教学目标而有效地开展一系列有序、有需的教学活动。在不同的时代和不断的变革中，教师的教学能力就是教师根据教学的需要而适时采用适当的教学方法，设计和实施合理化的教学活动，并有能力对教学全过程实施监控和管理。在完成教学任务的过程中，教学能力还应包括为了实现教学目标和完成教学活动的需要而注重自身知识的积累和技能的提升同时能够实现自我发展。

（二）教学能力的特点

与中小学教师一样，高校教师的教学能力体现的是其能够在教学活动中表现出来的、具有个人特点的综合素质能力。这一能力是影响整个教学活动效果好坏的关键因素。但是，与中小学教师不同的是，高校教师为了更好地完成教学工作，必须掌握和发挥影响教学活动的各种能力和综合素质。教学能力是其中最为关键的能力之一。因为高等教育自身在人才培养的目标、对象、途径等方面具有与其他教学层次截然不同的特点，作为高等教育工作主体的高校教师，其所具备的教学能力在具体的工作范畴、选择的工作方式等方面也必然呈现出与众不同的特点。

1. 复杂性

由于在教学工作中受到教师、学生、教学条件、教学准备情况等多方面因素的影响，教学活动不再是一个单纯的授课环节。在教师站上讲台开始授课之前，教学活动已经早早开始了。当然，因为受到许多因素的限制，教学成果也不可能是由一个学生的一次考试成绩来判定的。教学活动自然也不会因学生学习活动结束而终止。由此可见，教学活动天然所具备的复杂性，贯穿教学的全过程。作为主导这一过程的教师也应具备高水平的经过专业训练的处理教学过程全部任务的教学能力。同时，这个教学能力也是复杂的。

2. 实践性

高校教师，不同于一般的中小学教师，多数为专业出身，而非师范院校毕业。这样的学源情况虽然决定了其在教学方法、与学生的沟通、了解学生的心理特征等方面并不专业，但就高等教育人才培养的目标和特点的需要，高校教师在自身所在的学术领域中的专业研究水平的高低才是评价高校教师的教学能力的关键因素，也是教学活动的基础。那么，如何培养高校教师在专业领域的教学能力呢？其前提就是要经过无数次的专业教学实践、不同的教学环境、教学目标、教学客体等，才能形成不同的教学体验，进而培养不同的教学能力。高校教师应该通过不断的教学实践，采用多种教学方法灵活地应对不同的教学条件和教学对象的需要，逐渐形成将知识和技能实现转化的教学能力。

3. 多学科交叉性

考虑到高等教育有专门为某个行业提供人才培养服务的特殊性，其教学体系必然要求其专业的设置、人才培养目标、课程体系等要以学科发展为基准。学科发展则是受社会需求和学科发展规律之间的交叉作用而逐渐形成的。由此可见，一个学科的发展离不开与之相关的多个行业、多门学科的共同发展与支撑。

在这个变化过程中，高校教师应时刻关注多学科的发展与社会的变化，并将所传授知识进行有效分解、与相关学科知识和技能进行整合创新，形成与时俱进的教学内容。

作为高校教师，除了具备讲授知识的能力之外，还应掌握将知识交叉融合的创新能力。

4. 创新性

高校的核心工作是为社会发展培养符合行业要求的人才，教学是人才培养的主要方式。但是，培养人才的方式却不具备唯一性。俗话说，实践是最好的老师。通过参与社会服务活动、协助教师完成科研活动等方式，高校也可以培养出让企业满意的人才。信息化时代，科学计划的发展可谓日新月异，在这样一个变革的时代中，社会对待人才的需求越发多元化和自由化。高等教育在大众化发展的过程中，各类高校也根据其发展目标和科学优势进行了分级化。目前，本科教育层次的高校分为研究型、研究教学型、教学研究型和教学型四类，专科教育层次的高校呈现集中于高素质技能型人才培养的趋势。不管是何种类型的高等教育机构，都在根据各自的特点培养全社会不同行业不同需求的人才。但是，正因为不同的高等教育机构有着不同的优势和特点，其教学模式就不尽相同，有的突出课堂讲授的方式，有的突出技能示范的作用，有的提倡研究和创新。在不同的教学模式中，教师所发挥的作用和所需要的技能也不尽相同。另外，在高等教育通过多年的普及基本形成了大众化教育的局面下，高校也逐渐分化，形成各自独特的发展模式。这种分化模式符合现代化人才培养的要求，实现了人才分层分类培养、因材施教、人尽其用的目标。

但是，在现实的教学中，尽管高校类型进行了分类，其教学方法和对教师考核的标准却没有分类。在教师教学过程中，大多数高校还是强调传统的课堂教学；在教师考核过程中，大多数高校还是重视对其科研能力进行量化评比与考核，弱化了对其教学能力的要求。这样的情况严重影响了高校教学质量的提高、高校的长远发展。在信息化时代，国家强调高校培养人才的质量，强调育人在高校工作中的重要性，强调教学改革在育人过程中的核心地位。在信息化时代，在高校不断创新发展的过程中，高校教师也应综合多种教学模式的优势，创新教学方法，以达到信息化时代高校教育教学的新要求。

5. 多元性

高校教育是对具有一定思维能力、辨别能力、转换能力的18岁以上的年轻的成人开展的教育。这样的教育对象来自祖国大江南北、五湖四海，其基础知识的掌握情况、对世界的认知方式、成长经历和民族特点等不尽相同，具有明显的多元性特点。在信息化时代下，这一多元性特点在学生接受高等教育之后为自己所确定的发展目标、发展过程中产生的需求和获取信息的方式等方面体现得更加明显。所以，高校教师应该积极面对学生的变化和多元性的特点，尽量采用与之相适应的多元化的教学方式来培养不同类型和层次的学生。在实际教学中，高校教师以更加亲切的姿态，对学生表现出赞美和激励，使其产生主动求知的欲望。这时，高校教师主要表现出来的作用是对学生的引导、辅助和支持。

6. 发展性

与此同时，教育环境也处于不断变化中，相应地对教育需求也提出了更高的要求。从事教育活动的教师为适应时刻改变的教学环境和满足日渐严格的教学要求，必须使自身的教学能力始终处在动态的发展过程中，表现为一种发展的特性。

(三)教学能力结构

高校教学工作内容所涉及的能力就是高校教师的教学能力,包括对专业知识的认知、对专业技术的操作、对教学活动的监管控制和对学生学习的指导等方面。因此,教学能力结构应包括以下4个方面:

1. 认知程度

所谓的认知程度指的是从事高校教学工作的教师对教学任务、教学目标、教学用书等方面的理解和认知的程度,对教学对象特点的了解和分析的程度。教师对教学活动的相关信息收集,了解得越多,对专业知识研究得越深,其认知程度就越高。教师认知程度外在表现为,在教学过程中对所讲授知识的分析和理解、对教材的选择和解读、对学生学情的了解和分析的情况,并据此选择适合的教学方法和设计适合的教学内容以达到教学的目的。高校教师的教学任务就是要让任何水平和能力的学生能够对专业知识得到相应的吸收,并令其学以致用、一技傍身,实现教师自身的有效的教学传授。

2. 操作水平

所谓的操作水平是指从事高校教学工作的教师自身的专业知识、专业素质和解决问题的能力。高校教师最根本的工作内容就是对学生的教育教学活动,即在教学活动中能够及时发现学生的教学需要和存在的问题,并能够运用专业实践的能力解决学生的问题。教师的操作水平具体涉及的能力有教师在教学过程中对于知识的讲解和表达能力、对所传授知识的讲授方式和软硬件应用能力、对教学对象的教学积极性的调节和促进能力。

高校教师在教学活动中既需要语言的表达,又需要非语言的沟通。教师操作水平的高低根本上来自教师本身对所讲授知识的掌握和理解程度,知道得越多,对学生的讲解和传授就越发明白。在信息化时代的教学活动中,高校教师利用软硬件技术辅助教学过程,以达到提升学生对知识的理解能力和对信息的记忆能力的目的。多媒体教学课件的设计、互联网学科资源库的建立,都能够从全方位、立体化的角度激发学生的学习兴趣、提高学生学习的乐趣。与此同时,高校教师还应调节和控制学生对于学习的投入性和自发性,采用多种激励政策促进学生积极主动地学习。

3. 监管控制能力

所谓的监管控制能力是指从事高校教学工作的教师为了达到教学目标而对教学活动的计划、组织、调节和控制环节所表现出来的能力。监管控制能力具体包括教师在整个教学活动中对教学活动的设计、课前的准备、教学现场的控制、学生课后反馈、教师课后反思等。其中,教学活动的设计是教师对教学目的理解和教学智慧的体现;课前的准备活动体现了教师对教材的解读;教学现场的控制是教师传达和教授知识的过程；学生课后的反馈和教师课后的反思，主要体现了教师自查的能力，是找到教学过程中存在的问题与提升的空间、实现自我价值的过程。

4. 指导能力

所谓的指导能力是指从事教学工作的教师通过理论知识的讲解和实践技能的指导来提高学生学习效率的能力。教师在教学过程中不断地巩固学生的学习成果，激励学生将其应用到实际的学习和工作生活中。

三、高校教师教学能力的涵盖

（一）高校教师教学能力的内涵

1. 教学能力与教师的教学设计之间存在密不可分的关系

研究教学能力必须先将其能力需求带入整个教学活动的角度分析高校教师应该具备的知识、技能和工作态度。因此，教学能力的构成是研究教学能力概念和结构的基础，是教学分析的重要因素。以教学活动的特点来看，教学能力应包含教学设计、教学实施和教学反思三个环节；以教学系统活动的目标和性质来看，教学能力应包含教学认知能力、监管和控制能力、操作能力等；以教学系统构成要素来看，教学能力应包含高校教师在教学环境中通过教学活动的计划、组织、调节和控制环节所表现出来的能力。

2. 教师在教学环节中表现出来的各类观点都必须是单一的、独立的关系

不同的能力之间既相互统一，又有若干独立关系。教学能力构成中存在不同的影响因子，既表现出因子之间的相互关系，又体现了他们个人的影响与学习能力。他们既具备学科研究能力，又是相互独立的多方面影响的结果。另外，高校教师因为教育理念不同，在教学活动中发挥的作用、重视的因素也不尽相同。那么，教师教学能力则通过教学大纲、教学方法、教学日历、教学计划等多种以教师自身为主导的教学研究活动来体现。

3. 教学系统的要素和环节也是相同的

不论是中小学教师，还是高校教师，所有教师的教学能力都通过教学活动来体现，其构成教学系统的要素和环节也是相同的。比如，教学方法、教学设计、教学评估、教学反思等。在此基础上，高校教师的教学能力还要通过专业研究能力、学术研究能力、课程开发能力、教学创新引领能力等表现出高等教育的探索钻研、勇于创新的精神。除此之外，鉴于信息化时代的科学技术环境变化情况，在高校教学活动中所应用的多种辅助教学的现代化信息技术也在不断地发展和创新。所以，面对此情况，高校教师就应该树立终身学习的态度，不断提升自身的大数据信息素质和对信息化教学环境和设备的熟练使用程度，不断发展自身的教学理念，学习创新教学模式，采用各种技术

支持学生自主学习的发展。

(二)高校教师教学能力的模型

关注高校教师的教学能力发展,对其教学能力模型的讨论更为重要。目前,国内外的相关研究基本集中在讨论影响高校教师群体教学能力的多维因素构成的教学能力模型上。其中,以 W.M.Molenaar 在 2009 年提出的教学能力三维结构模型最为大家认可。

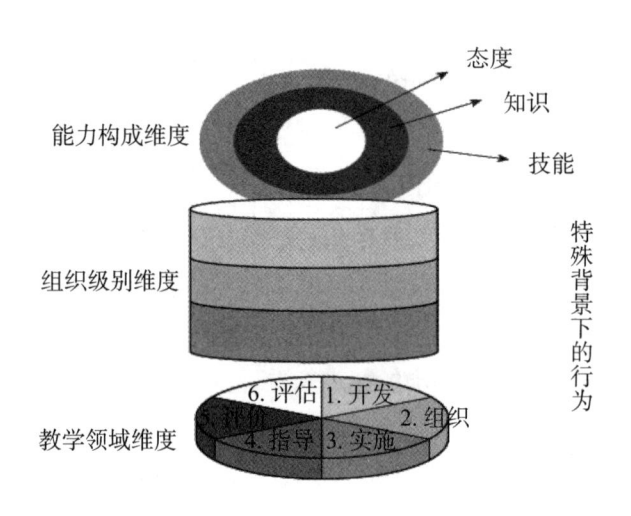

图 6-1 教学能力三维结构模型

如图 6-1 所示,教学能力三维结构模型中强调教学领域、组织级别和能力 3 个毫无关联的维度组成了教学能力结构。

1. 教学领域维度

教学领域就是有关教学活动所涉及的工作领域。以教学领域维度为划分标准,教学能力可以分为开发领域所需能力、组织领域所需能力、实施领域所需能力、指导教学领域所需能力、评价领域所需能力和评估领域所需能力。

(1)开发领域所需能力

所谓的开发领域所需能力是为了实现教学目标,针对教学对象的特点创新开发的适应现有教学模块和教学项目所需要的能力。

(2)组织领域所需能力

所谓的组织领域所需能力是为了实施教学活动涉及的各个教育领域的组织管理工作而所需要的能力。

(3)实施领域所需能力

所谓的实施领域所需能力是在真实的环境中实施教学活动时所需要的能力。

(4)指导教学领域所需能力

所谓的指导教学领域所需能力是指针对学生面对专业知识产生的认知过程和情感

活动的指导能力，也指对整个教育教学活动的指导能力。

（5）评价领域所需能力

所谓的评价领域所需能力是指教师能够在教学活动中对学生的表现提出有效的评价，包括书面的、口头的、观察的、报告的、档案的等的形成性和总结性评价。

（6）评估领域所需能力

所谓的评估领域所需能力是指教师从多个角度对整个教学活动全方面、全过程所实施的开发工作、实践工作进行反思和讨论，进而提出改进措施的评估能力。

2. 组织级别

在教学活动中，可以将教师所表现出的行为举止分为3个不同的组织级别，即微观层次教学能力、中观层次教学能力和宏观层次教学能力。

（1）微观层次教学能力

所谓的微观层次教学能力指的是高校教师在完成教学活动的某一个小单元、小项目或小节时，所需要的讲授、组织小组学习、个别学生答疑指导等教学能力。

（2）中观层次教学能力

所谓的中观层次教学能力指的是高校教师在设计和开发课程时，需要对课程和项目的协调管理和连续性设计所需的能力。比如，理论课程、实习活动、网络学习和资源库项目开发等工作之间的协调能力。

（3）宏观层次教学能力

所谓的宏观层次教学能力更多情况下展现的是一种领导能力，是指高校教师对自己所负责的课程、教学培训内容的开发工作和管理工作所需要的综合能力。

3. 能力

将能力作为教育能力划分的维度，主要强调教师在教学活动的动态过程中表现出来的综合能力，共分为知识、技能和态度3个部分。其中，知识能力是指教师对所承担的教学工作内容的熟悉程度；技能能力指的是教师对教学活动的操作和专业技术的掌握能力；态度能力指的是在教学活动中教师秉承的观点和理念，对待教学活动持有的稳定的持久的心理倾向。

由W.M.Molenaar的教学能力三维结构图可以看出，教学能力重点表现为，对高校教师而言其主要执行力表现为对课堂教学方面的引导和指导能力；对课程的开发过程中的各种关系的协调能力和在课程开发过程中多表现出来的关系协调和处理的能力；对完成课程和项目开发的主要工作所需要的领导能力。W.M.Molenaar等人的模型理论为教学能力结构模型构建提供了很好的分类依据，但高校教师的教学能力研究重点表现为教学活动中的综合能力。

（三）高校的教学与高校教师的能力范畴

梅贻琦曾经说过，"所谓大学者，非谓有大楼之谓也，有大师之谓也"。这句话充分说明了高校教师对高等院校的影响之大！高校教师已经成为一所大学的课程的主导，是大学灵魂的核心，是学生学习的目标和方向。

由此可见，从高校的职能角度和人才培养规律上分析，高校教师的教学能力所应用的范畴不仅仅是课堂上教学活动的组织和实施，更需要拓展到人才发展的全方面。比如，在传统的教学理念中，人们认为科学研究与教学研究隶属于不同的范畴。但如果高校教师带领学生一同投入科学研究活动，学生在此过程中学习到了相关的理论知识和提高了科研能力，那么此时高校教师所发挥的就是教学能力，而非科研能力。与这种情况类似的还有关于社会服务能力的讨论，社会服务能力同样不隶属于教学能力的范畴。但是，高校教师带领学生一同进行社会服务实践。因为教师言行的表率作用让学生在此过程中耳濡目染、感同身受，且逐渐形成了自己在未来做人做事的原则和方向。教师的一言一行也发挥了教学活动中的示范作用，成为教学能力的一个部分。

综上所述，我们可以看到在进行高校教师教学能力范畴研究的时候，必须开阔视野，不能拘泥于传统理念上的空间概念，认为只有在课堂上的教学活动才会体现教师的教学能力。另外，为了实现人才培养的最终目标，高校教师还应重视并积极开展全方位多角度的教学活动，努力探索促进和提升学生能力发展的教学方式，将科学研究活动和社会实践活动中的隐性知识显性化表现，提升自己教学能力的同时带动学生全面发展。除此之外，在研究教学能力范畴的时候，我们必须认识到不同类型、不同层次的高校教学重点不尽相同。所以，对教师的教学能力发展也应区别对待，培育教师的综合能力的同时也发展其符合高校发展所需的多方面能力。

（四）从胜任能力角度分析高校教师教学能力的结构

传统意义上对高校教师的要求是能够完成知识的讲解和能力的培养两方面工作任务。为了胜任高校教师岗位的两个教学工作任务，高校教师的教学能力结构应分为个人特质、专业态度、专业知识和专业技能四大能力。

1. 个人特质

所谓个人特质，是指高校教师个体具备的不直接影响或并不专门指向教学活动的个性特征，如教师在日常教学中表现出来的亲和力、爱心、耐心等，甚至包括教师的形貌和健康状况等。高校教师的个性特质并不容易外露或由第三者察觉，是内显的特性之一。但是，个人特质对高校教师提升信息化时代教学能力具有一定的促进作用。

在教学工作中，个体特质对教师的影响是泛化的，没有统一的标准，发挥的促进作用也不尽相同。个性特质是决定个体全部行为的内部基础，个性特质对高校教师教学行为和教学能力的影响是必然的、根本的、无法改变的。从教师准备授课开始，到学生完成课后练习系统算是一个教学的结束。在这个教学过程中，教师的个人特质会慢慢浮现出来，形成其独特的教学风格、对待学生和教学活动的态度以及教学行为的表现。比如，教师在课堂授课时是按照教材条目完全一致地讲授课程并要求学生必须一字不差地记笔记，还是喜欢和学生舒服自然地聊天，以聊天的内容引出授课的主题等表现，都是由教师的教学态度决定的，而这个态度又是因为其个人特质形成的。

值得注意的是，教学能力是直接支持教学活动组织和实施的关键因素，而教学能力的形成却依赖教师的个人特质和对待教学工作的态度。所以，这种泛化的个人特质是间接的支持教学活动更好实施的基本因素，其影响效果非常明显。

2. 专业态度

所谓的态度是个体对客体形成的长期的稳定的心理倾向。在评价教师是否具备胜任教学活动的能力时，虽然要考核专业知识和专业技能的掌握情况，但决定该教师对专业知识的汲取程度和对专业技能的熟练程度则是他对教学工作的重视程度和对教师岗位保持的态度。在教师行业内，有一个经典的比喻，将一名教师拥有的知识和技能比作浮在水面上的冰山，把他的专业态度比作冰山水下的部分。可见，专业态度是教师掌握专业知识和专业技能的根基，是一名教师教学能力更深层次、更核心的表现。

3. 专业知识

师者，所以传道、授业、解惑也。古往今来，从事教师岗位的前提条件就是应该具备足以向学生传道、授业、解惑的专业知识储备。尤其是高校教师，不同于统一标准教学的中小学教育，其专业知识水平的高低直接影响了教学成果的好坏、人才培养质量的高低。

目前，对于高校教师的专业知识水平的考核从教学背景和教科研水平两方面入手。其中，高校教师教学背景主要体现在其毕业院校、从本科开始所攻读的专业、所学习过的课程、获取的学历和学位、参加过的培训和进修等，以个人简历或在职教师信息登记表的方式体现，由人事处存档。高校教师的教科研水平主要体现在其三到五年内主持或参与的教研课题、科研课题，教学比赛获奖情况，科学成果奖，已经发表的学术论文，已经出版的专业教材和学术专著等情况，以年底考核评价表和职称晋级佐证材料的方式在个人手中存档，需要学校相关职能部门认证其真实性。关于高校教师能够证明其专业知识水平的资料收集工作是高校人事管理工作的一个部分，也是反映高校教师教学能力的一个依据。

4. 专业技能

所谓的专业技能是指高校教师利用专业知识分析和解决专业问题的能力，是评价教师能否胜任教学岗位的基础能力之一。高校教师的专业技能主要体现在其对课程教学活动的设计能力、专业知识的讲解能力、教学资源的收集和运用能力、课堂教学的控制能力、课后与学生的沟通能力等多个方面。专业技能高低主要依赖高校教师的独立思考和灵活应变能力。因为专业技能最直接的表现是在课堂教学中，当原计划的教学活动遇到实际问题的时候，教师没有过多的时间进行深刻的思考和资料的收集，往往在与学生的互动中迅速作出反应。这是非常直接的反应。在信息化时代到来之际，高校教师应该在宽厚的专业知识基础上，重点发展个人在专业技能上的实践操作能力、过硬的教育能力和良好的创新能力，以达到信息化时代对高校教师的新要求。

（五）从工作领域角度分析高校教师教学能力的结构

所谓的工作领域是工作的实施范围，是有着相对专业性的内容组成成分。无论从事什么工作，在工作实施过程中都可能会出现问题。当问题出现时，工作者会根据个体对问题的认识程度而有意识地干预和解决问题。某一工作的问题不断地产生之后就会促使该工作的实施领域不断地扩大。所以，从工作领域角度分析高校教师的工作实施领域，根据其工作对象的范畴和工作实施的难度分为宏观层次、中观层次和微观层次。

1. 宏观层次

高校教师从事教学领域工作所需要的宏观层次的教学能力主要指的是对其所在专业的发展和规划能力。这一方面的能力具体指的是教师在了解国家教育整体发展规划、该专业未来五到十年的发展规划、社会对该专业人才的需求情况、用人单位对该专业人才的具体岗位要求和报考该专业的学生发展的特质等信息的基础上，能够主持或参与本校该专业建设的专业特色、专业定位、人才培养目标和具体专业人才培养方案的制定工作，能够系统地把握专业培养目标、专业核心能力、课程体系、教学方法、教学评价、教学条件、师资团队等因素之间的关系，并明确在人才培养方案实施过程中对各个因素提出的要求和可能存在的问题。

高校教师从事教学工作领域工作所需要的宏观层次的教学能力不是所有专业教师都具备的，也不是成为高校教师之后立刻就可以拥有的能力。高校会重点培养专业教学团队中的专业带头人或专业负责人这方面的教学能力，也期望教学团队的所有成员可以将专业发展和学科研究融入由本人负责的课程教学过程，有益于实现学术型教学目标。

2. 中观层次

高校教师从事教学领域工作所需要的中观层次教学能力主要指的是针对本专业课程体系中的某一门课程的开发能力。这一方面的能力具体指的是教师在了解该课程在专业课程体系中的地位、作用、前导课程和后置课程等基础信息的情况下，明确该课程的教学目标，选定教学内容，收集和制作课程教学资源，指定课程考核方式，并最终按照教学大纲和课程标准完成课程的教学工作。

3. 微观层次

高校教师从事教学领域工作所需要的微观层次教学能力主要指的是针对本专业某一课程为教学单元的设计、开发、利用、管理和评价等方面所需要的教学能力。以"市场营销学"课程为例，其企业市场营销观念这一知识点或产品策略这一章节的教学设计、开发、利用、管理和评价所需要的教学能力。

从工作领域角度分析高校教师所具备的教学能力结构，微观层次的能力是中观能力和宏观能力的基础，宏观能力是对中观能力和微观能力的指导和支持。

（六）从教学活动角度分析高校教师教学能力的结构

在教育学家的眼中，教学是师生之间针对专业知识、技能和道德规范等方面进行互动讨论的活动。在互动过程中，教师能力是决定教学活动中教学效果、教学过程等方面的关键因素。高等教育活动亦如此，也需要通过明确教学能力的性质、构成及其在教学活动中的动态过程来帮助提高教师的教学能力。

1. 以社会学理论为基础的教学活动中所需要的高校教师教学能力结构

以社会学理论为基础，教学活动是一种以智力表现为基础的、以人类为主导的学习型活动。在智力成分中，对教学活动影响最大的、最重要的是分析能力、创造能力和实践能力。

（1）分析能力是指分析、判断和评价教学活动的能力，主要对教师讲授知识的准确性、全面性和系统性造成影响。

（2）创造能力是在教学活动中表现出来的发现、联想和创造能力，主要对教学活动所体现的教育理想、实行的教学设计、采用的教学方法等方面的开放性、灵活性、启发性造成影响。

（3）实践能力是在教学活动中表现出来的运用专业知识解决实际问题的能力，主要对教学活动实施过程中体现的控制能力和应变能力造成影响。教学活动具有多变和灵活的情境特点，会因为参与者的不同、实施的实践差异而导致活动过程截然不同。高等教育的教学活动的这一特点则更加明显。因此，从教学活动角度分析高校教师教学能力时，其实践能力的要求更高一些。

2. 以艺术科学理论为基础的教学活动中所需要的高校教师教学能力结构

以艺术科学理论为基础，教学活动既充满了艺术创造的色彩，其发生的过程无迹可寻，又具备了科学活动的严谨性，多次重复的教学活动明显表现出了规律性的东西。总结多种多样多专业的高校教学活动的特点，将所需教学能力分为三类：教学认知能力、教学操作能力和教学监控能力。

（1）教学认知能力就是高校教师对于所讲授课程的教学目标、教学任务、教学对象、教学方法、学情的认识和理解，具体表现为：分析理解教学大纲和课程标准的能力、事先选择教材和事后处理教材的能力、教学活动的设计能力、对于教学对象的特点和学习需求的了解、学情分析的能力等。在教学能力的结构中,教学认知能力是最根本的、最直接的能力,直接关系到高校教师课前准备的质量和教学活动设计的水平。

(2)教学操作能力就是高校教师在教学过程中为了实现教学目标不断处理教学问题的能力。从教学操作方式来看,该能力具体表现为:能够准确、条理清晰、逻辑明确、结构连贯表达的语言能力,具有一定感染力、表情丰富、形态端庄的非语言表达能力和科学合理地运用现代化信息技术辅助的教学能力。从教学操作活动内容来看,该能力具体表现为:能够选择合适的表现方式进行合理编排教材内容、排列教学次序的能力,能够充分激发教学对象的学习兴趣和热情并采取科学合理的教学手段、积极进行课堂教学互动、基本按照教学计划实施教学活动的课堂组织管理能力,能够采取适当的教学评价工具来及时获得教学反馈信息的教学评价能力等。

(3)教学监控能力就是高校教师为了实现课程目标和顺利实施教学活动,对教学活动的全过程有意识、积极主动采取计划、检查、评价、反馈、调整的手段实施监控管理的能力。该能力不是所有教师都具备的,只有经过不断的教学实践和教学反思的过程才能够从实践中培养和锻炼出来。该能力也是教学能力结构中最高级的组成部分,是高校教师在教学活动中发挥其组织者、实施者和监控者角色的作用所需要的能力,也是教学能力发展的内在机制。

上述三种能力是互相关联的,教学认知能力和操作能力是通过教学监控能力的表现而展示的,教学监控能力则建立在教学认知能力和操作能力的基础上。

第二节 大数据时代对高等教育的影响

当信息化时代到来时,我们生活的方方面面都发生了翻天覆地的变化,其对高等教育的影响更是一场全新的革命。在这场变革中,作为高校教学活动主体的高校教师,在大数据的冲击下更是得到了前所未有的成长和锻炼。如果没有顺应这场变革,没有适应信息化时代对高等院校教学发展提出的新要求,高校教师不但不能够提高教学能力,还会严重阻碍高等教育的发展。

一、大数据时代概述

(一)大数据时代的概念

从古至今,不论中外,人类的进步得益于对教育的重视与发展。每一次科学技术的变革都会带来文明和思想的转变。在信息化时代,互联网作为这个时代科学技术变革的代表，一步一步改变了人们的认知、行为、价值观念等。作为互联网的核心内容和元素，数据是科学技术变革的代表。关于信息化时代的概念，美国最先提出了大数据研究的发展会开启一个新的时代。这个美国人眼中的新时代就是由海量数据组成的，并且通过共享和整合数据而推动时代进步。在《大数据：创新、竞争和生产力的下一个前沿》中明确了大数据的概念，即人、机、物三者通过网络互通进行高度融合，以超出传统数据软件的捕捉、存储、管理与分析的数据集合形式实现数据规模和模式的超规模的再生成。

（二）大数据时代的特点

在信息化时代里，我们能够感受到数据信息像包围着我们的空气，无时无刻不在。数据信息的规模化、多样化，不断地推动着社会进步与发展，引发了一场巨大的革命。在革命中，大量的数据被发掘、分裂，不停地更新着再生的速度和价值，组织处理数据的思维、方式和模式也随之产生变化，其组织决策也拥有了更大的力度和更高的正确率。数据的交换与整合，催生了新的体系和新的价值。在信息化时代里，信息化的意义不仅仅是拥有大量数据，而且是拥有科学、正确、合理处理数据的强大能力。

二、信息化时代对高等教育发展的影响

（一）信息化时代对高等教育发展的良性促进

1. 信息化时代促进了高等教育的资源共享

在信息化时代中，通过虚拟互联网逐步实现了数据的标准化、统一化和公平化。在互联网世界里，人们可以享受虚拟空间的资源共享、跨越空间的障碍，可以充分感受到网络时空交互和人性化的优点。在这样的互联网上，数据可以跨越地区限制，可以充分认可人性的重要性，并可以通过网络上的视频教学、课程交互等方式，实现全网络数据共享，大大降低了公共成本。

2. 信息化时代推动了高等教育的角色转变

当教育遇上了信息化时代，思想体系的变更成为教育工作者主要研究的领域。通过互联网，高等教育必须适应新的教学过程、教学模式、教学信息更新的速度和能力要求。因此，高等教育的神秘外衣褪去，必须告别传统教育流程终端的角色定位，逐渐探索和形成新的角色特点。科学技术对于教育活动的影响，督促着高等教育的主体不再是单方面的传授知识，而是转而形成用户思维，从学生主动学习的角度尝试各种改革创新。比如，学生管理系统的个性化和定制化改革、教学 App 平台的广泛使用、课程资源慕课的制作和使用等都是信息化时代高等教育改革的成功创新和拓展的例证。

3. 信息化时代促进了高校与政府、社会、企业间的协同创新

在信息化时代里，人们的学习方式、工作方式和生活方式都在变革中寻求新的发展模式，更多的人投入到管理模式创新、制度规则创新、科学技术创新、知识思维创新等多方面创新活动中去。随着大数据的普遍化、移动互联网的普及化、云计算使用的广泛化，协同创新成了多个相关领域在信息化时代里全新的社会发展模式，跨界与融合成了最新的创新切入点。高等院校作为科研和教研领域的前沿阵地，凭借着卓越的创新思维和雄厚的技术基础必然要将成为信息化时代发展的主要推动者和践行者。信息化时代也注定给予高等院校一个与政府、社会、企业间的协同创新的平台。

4. 信息化时代促进教学模式改革，改变传统教学方式

在信息化时代里，国家从政策方面给予互联网发展积极的肯定，也极大地鼓励了互联网技术和大数据处理技术在各领域的发展。在这样的大背景下，高等教育院校的教学模式和教学方法也必然要从内而外主动地发生质变，以教育促进科学技术的发展，进而推动社会的进步。在信息化时代里，教学活动的主体教师与客体学生之间的媒介联系更加直接和便捷，传统的教学方式明显不满足新的教育需求了。因此，信息化时代促进教学模式改革与传统教学方式改变。

5. 信息化时代的教学活动更符合教学对象的心理特征

信息化时代下，信息科学技术为高校教学活动带来了以往无法企及的信息展示方法和沟通平台。因为可以展示数量更多、结构更多样、视觉效果更好的信息，信息化时代下的教育活动明显更加适合教学对象（学生）的性格特点和内在需求。

（二）信息化时代对高等教育发展的负面影响

1. 信息传输方式对高等教育的否定

在中国，自古以来对教育的认知就是教师要做到传道、授业、解惑。在信息化时代里，互联网为我们提供了一个跨越时间和空间阻碍的便捷的沟通平台。在这个平台上，教师可以更加高效地实现传道、授业、解惑的教学功能。因此，在当代社会里，很多人开始对高校里的高等教育产生了怀疑，尤其是在网络远程教育课程资源越来越丰富、被越来越多的人认可之后。

产生这一想法的人们仅仅是看到信息化时代给我们创造的一个随时随地可以便捷地获取更丰富资源的互联网平台，却忽视了大学教育中人才的文化和情感的认知和学习。在高校里，学生在课堂教学活动中不仅仅得到知识和技能的学习、锻炼，还能够感受到教师的性格魅力和价值观的启迪，并通过群体生活完成团队协作、活动组织和人际交往等能力的培养。更值得一提的是，学生在接受高等教育的过程中，可以在校园内接触到更加丰富、全面的文化熏陶，可以获取更多展现自我、寻求自我、肯定自我的平台，可以在开放和自由的氛围下规划自己的人生。

2. 在信息化时代的高校教学活动中师生之间的认可度降低

在传统的高校教育活动中，教师是学生获取学科知识和观点的唯一、权威的渠道和途径。在人们的印象中，有着学者风范的老教授往往不订购课程教材，拿着自己的讲义，就某一专题侃侃而谈，为学生打开新世界的大门。大师成了大学的宝藏，给予学生科学上的指导、精神上的引领、心灵上的启迪。

在信息化时代，受到互联网信息传播方式的强烈冲击，学生可以随时随地获取自己想要的信息。教师和教室的重要性越来越被学生忽视。网络学习可以让学生充分发挥自己的特长，自由地选择个人有兴趣的学习内容，更好地体现了创新性和个性化的人才培养特色。在这样的自由学习过程中，学生发现不通过教师也可以在网络信息库中快速寻找到学科知识和自己疑惑的问题。学生对教师的认可度和崇敬程度接二连三地下降。与此同时，高校教师也意识到信息时代对自己教学的影响，通过多番尝试也很难扭转这一局面。智能手机的出现，打破了传统的教学模式。高校教师只能对课堂教学降低要求，并提升自己的互联网教学素质，来适应学生的新要求。

我们必须清醒地认识到，信息化时代下互联网技术应该是为教学目标服务的技术性工具。高等教育的连贯性和系统性要求必须通过校园集体的教学活动才能够保证扎实的理论基础，并通过切实的师生互动完成实践技能的指导。互联网技术仅仅是高等教育的手段，而不能被其绑架。

三、信息化时代的高等教育

（一）信息化时代高等教育的内容

在信息化时代里的高等教育内容升级主要是实现高校教育信息化的过程。这是一个内涵丰富、内容繁杂的系统工程。高校教学工作者必须在完成大量综合文献分析的基础上，梳理所在院校需要实现教育信息化的内容，完成以下5个部分的建设工作：

1. 信息化时代高校教育信息化基础建设

信息化时代高校教育信息化建设必须依靠基础设施的建设。这是高校教育内容适应信息化时代教学改革的需要和前提。比如，想要实现慕课资源库建设，前提就是学校拥有可以上传教学资源的校园网链接和数据库，拥有顺畅的网络宽带让学生们可以充分利用碎片化阅读时间完成课后的微课学习等。因此，在进行信息化时代高校教育信息化基础建设时，应保障学院官网合理化的设计、校园网络系统的安全、网络宽带的顺畅、无线网络的铺设范围、多媒体教室的IT设备和应用软件的吸纳、计算机终端和服务器的实施使用。只有信息化建设的基础工作完成得质量高，信息化时代下的高校教学内容才能够真正做到与时俱进，完成互联网+教育的升级改造。但是，由于基础工作建设需要投入大量人力和物力，一旦开始建设就不能够在短时间内进行升级换代。因此，在进行信息化时代高校教育信息化建设的同时，必须做好前期调研，综合多方面的影响因素，进行长期的统筹规划。

2.信息化时代高校教育信息化资源建设

信息化时代高校教育信息化资源是指高校内部的教学内容所涉及的各种教学资源进行电子载体转化、制作、储存和使用，是信息化时代的高等教育内容的核心部分。在高校的校园内，电子信息资源随处可见：学生在图书馆网页上查询和下载电子期刊或参考文献，在学校网页上下载精品课程资源库的教学资料等；教师在图书馆网页上查询和下载教科研资料，在学校网页上建立自己的精品课教学资源和专业网站，在办公系统里了解学校的最新动态和自己的福利薪酬，授课时制作自己的教学课件和相关规范文件等。毫不夸张地说，在高校学习和工作的人们都离不开信息化资源。

目前，各大高校都已经意识到教学内容的信息化资源建设是十分重要的一项工作，不仅能够科学化管理、建设学院，而且还是信息化时代高校发展的基础。但是，部分高校的教学内容资源建设仍存在重复性建设、资源无法实现有效共享、资源的建设质量参差不齐、利用率普遍偏低的问题。在未来的信息化建设过程中，必须将这样的问题一一解决，提高信息化时代高校教育资源信息化的高质量和高使用率。

3.信息化时代高校教育信息化应用建设

在信息化时代的高校里，在教学设计和学生管理的活动中对现代信息化技术的应用都是必不可少的。比如，学生在教务系统登录查询成绩，教师在教学系统内查询自己所授课程的信息和学生的名单等。在进行教学内容信息化建设过程中，必然需要建立符合高校教学管理、科研建设、行政管理、人事管理、财务管理、校园生活等多方面要求的各种应用系统。目前，在高校的教学工作中已经实施信息化应用的系统主要有：用于进行教学活动管理、在线评教、学生选课等活动的教务管理系统；用于教师教科研需要的科研项目申报、成果展示等活动的科研应用系统；用于面向学生的日常学习和生活提供相应服务、支付的校园一卡通系统；用于保障高校正常运转的由人事管理工作、行政管理工作、财务管理工作和后勤管理工作等组成的高校管理系统。

4.信息化时代高校教育信息化组织建设

信息化时代高校教育信息化组织建设是指组织机构建设、管理体制建设，是高校能够在信息化时代下推行信息化建设、互联网教学的主要推动力。其中，由于高校特色不一，各大高校所设置的组织机构不尽相同。其组织机构设计得是否合理直接影响着信息化时代高校教学内容信息化建设的组织、实施和建设水平。

5.信息化时代高校教育信息化保障体系建设

任何系统的可持续发展都离不开保障体系的建立。在高校进行信息化时代教育信息化改革的实践中必须建立有针对性的保障体系。在这个保障体系中，应包括制度保障、资金保障、教师及相关人员信息化技术保障、信息化标准和管理规范保障。其中，制度保障是在高校进行信息化时代教育信息化改革活动建设过程中为了保障活动的有效实施,针对教师制定的考核制度和激励制度;资金保障是高校信息化时代教育信息化改革活动建设所需要的资金渠道和来源结构,在保障资金的充足之外,还应开源节流;教师及相关人员信息化技术的保障是为了提升教师的信息化教学能力水平而面向教师及相关人员定期提供信息技术和信息素质的全方位培训系统;信息化标准和管理规范是指为了保障高校在信息化时代教育信息化改革活动有序可循、有章可依,能够顺利地实施而制定的相关标准和规范。

(二)信息化时代高等教育的特征

1. 信息化时代高等教育具有现代化的教育理念

在信息化时代背景下,"互联网+"教育的理念对传统高等教育提出了新的要求。为满足现代社会和被教育对象的要求,高等教育必须转变教育观念,树立符合信息化时代教育信息化要求的现代化教育理念。具备了信息化时代现代化教育理念的教师应该明确自身在教学工作中的重要地位和自己应具备的能力和素质。在信息化时代背景下,高校教师必须努力提升自己的现代信息技术素养,将针对学生实现终身教育作为职业观念,对课程体系、教学内容、教学手段等实现现代化改革。特别注意在教学过程中通过"互联网+"的创新媒介,重点培养学生自主学习能力和协作解决问题的能力。

2. 信息化时代高等教育拥有网络化的教育环境

伴随着科学技术的发展和移动互联网的普及,现代社会生活的大环境在逐步科技化、网络化的改变过程中。同样,高等教育遇到"互联网+"之后,通过不断的探索和磨合,已经形成了比较成熟的网络化的教育环境。在这样的教育环境中,教师的教学活动和学生的学习过程都可以跨域空间、时间的限制,充分利用碎片化的时间完成知识的学习和共享活动。传统的自学教育体系是网络化教学环境的最大受益者。网络教育和远程教育的教学模式和技术支持已经非常成熟了。部分高校还确立了网络教育、远程教育与校内教育之间的学分认证制度,鼓励更多的学生通过网络教育来完成部分课程的学习。比如,一些高校在大四学生毕业实习的时候,将部分职业教育课程和创新创业课程进行网络自学和在线考试。学生既可以保证自己的毕业实习不间断,又可以完成课程的学习。为了最大限度地发挥网络化教育环境的优势,高校教师应该具备建立网络课程的能力,并能够充分利用网络化教育环境实现教学内容、教学方法等的改革创新,切实提高学生的学习效率和自学积极性。

3. 信息化时代高等教育是具有交互性、开放性的教学过程

在网络化的教学环境中的教学过程没有教师在现实中的指导和亲手操作。所以,信息化时代高等教育的网络化教学过程就需要教师积极与学生实现互动,为学生答疑解惑;需要教师根据学生不同的年龄、专业、风格等因素的特点而制作教学课件、教

学视频、课后习题等教学资料，并通过网络课程的方式让学生自主地完成学习过程。在信息化时代下的高等教育必须积极拓展新型教育方式，这也对高校教师提出了"互联网+"教育下的新要求。

4. 信息化时代高等教育具有数字化的教育内容

在信息化时代下实现的各种高等教学改革活动都必须时刻以互联网信息化技术的辅助功能为基础。高校教师在日常的教室里进行教学过程中或网络慕课的设计时，都应积极利用和制作数字化教学内容。通过数字化教学资料的使用，教师能够提高知识的使用率，也可以丰富教学内容和材料，使教学过程生动化、便捷化与时俱进。

5. 信息化时代高等教育具有全球化的教学资源

互联网将全世界连接在一起。我们既可以获取世界各地的教学信息，也可以将自己的教学资源传递出去。教学资源在信息化时代下才能够实现全球化的共享，不仅能促进信息资源的不断更新和丰富，还有利于高校之间跨越地域的限制和语言的隔阂，有效实现交流互动，共同发展。

6. 信息化时代高等教育具有自动化的教学管理系统

在信息化时代下，高校在完成优质的教育活动的同时，必须有效建立现代化的、科学化的、自动化的教学管理系统。简而言之，高校应该利用计算机管理教学活动的系统，给教师实践网络教学、信息化课程资源建设等信息化教学改革创新活动提供一个有效平台，从而切实有效地实现服务教学的功能。

7. 信息化时代高等教育实现了终身化和个性化的学习

因为高校教育在信息化时代中有效实现了现代化教学改革，为学习型社会的构建提供了广阔的平台，接受高等教育不仅仅是通过高考才可以实现的，也不是大学毕业就结束的，而是通过网络教育，高校可以逐步实践终身化的教育。正因如此，高校教师在信息化时代下开展的教学活动也应该充分考虑到教学的对象的实际需要，可以个性化、定制化地为其提供合理的知识内容、教学资源，采取适合的教学手段和互动方式，以增强学生的学习动机。

（三）信息化时代高等教育的目标和任务

高等教育的根本目标就是对人才的培养和学术科学的研究，并在这一过程中实现对社会的服务和对文化的传承。所以，信息化时代的高等教育应不忘初心，继续完成并实现其根本的建设目标。随着科学技术的进步和互联网的普及，高等教育的目标和任务的具体表现形式有所变化。信息化时代高等教育应该是充分利用现代化信息技术协助完成教学、科研、管理和校园管理的过程，全面提升高校办学效率、管理效率，提高教学和科研水平，实现高校教育现代化。信息化时代高等教育的具体任务包括：

1. **教学活动信息化**

高校的根本任务和首要任务是正常完成教学活动。信息化时代的高等教育必须在教学理念、教学模式、教学管理方式的深层变革的同时，通过综合利用现代化信息技术来提高教学质量和教学效果，促进教学活动的信息化改革有效实施。

2. **科研活动信息化**

教学活动是高校保证教学质量的关键，科研活动则是高校彰显竞争优势的关键。所以，科研活动信息化也是在信息化时代下的高等教育必须实现的任务之一。常见的科研活动信息化的途径有建立科研管理系统、建立科研门户网站等。通过科研活动的信息化，高校的科研创新能力和综合实力可以得到提升。

3. **管理活动信息化**

在信息化时代的高等教育信息化建设过程中，高校日常管理的信息化也非常重要。管理活动信息化就是为了实现高校高效率的现代化管理，将教学、财务、人事、学生、行政、党政等方面的管理工作都实现管理自动化、信息共享化，来提高整个高校信息化改革的速度和效率。

4. **校园生活信息化**

高校工作中最重要的两个部分是教学和学生管理工作。有鉴于此，针对学生管理工作应建设校园生活信息化配合平台，为全校的教师、学生、工作人员提供更加优质化、人性化、智能化的服务。

四、信息化时代高校教师教学能力与传统教学能力的区别

基于对信息化时代高等教育的充分研究，可以看出高校教师所具备的传统教学能力与信息化时代高等教育的要求相距甚远。信息化时代高等教育要求教师所具备的教学能力是在传统教学能力的基础上突出现代化信息技术的重要性，对其教学内容和教学方法进一步改进完善。这就要求教师在其教学态度、专业知识和教学技能方面积极转变，并加强学习。

首先，高校教师应该提升信息化教学能力，将为了教学设计教学内容转变为为了让学生学习而设计教学内容、学习情境。其次，高校教师除了应具备所讲授学科的传统系统的知识和一般教学方法外，还应该掌握计算机技术、多媒体技术、网络信息技术等多种能力。信息化时代要求高校教师掌握专业知识、教育学知识、现代化信息技术等多领域、多层次、交叉性、全方位融合的知识体系。最后，高校教师在信息化时代里，为了更好地胜任教学工作，还应在掌握板书字体技能、课堂教学能力、控制能力等一般课堂教学技术的基础上，尽可能学会计算机操作、多媒体信息设备操作、互联网信息资源的设计开发等技能。

第三节 信息化时代高校教师教学能力的涵盖

一、信息化时代高校教师教学能力

对于教学工作来说，教学能力不仅影响教学质量，还影响学生通过教学活动获取发展能力。一名具备良好教学能力的教师不仅能够提高教学效率、教学质量，还可以促进学生的良性发展。教学能力的重要性在各个不同层次的教育领域中均有所体现，高等教育领域亦如此。

随着信息化时代的到来，信息化技术的应用转变了高校传统的教学环境，也对高校教学活动中教师的教学能力提出了更多、更新的要求。这些要求主要体现在教师是否具备大数据信息素养、是否能够使用与专业教学相关的数据信息处理教学中出现的问题、是否可以综合运用现代化信息技术提升教学质量并激发学生的自主学习兴趣，进而提高教学效果等。总而言之，信息化时代的出现，给予高等教育重新定义高校教师教学能力的机会。

目前，针对信息化时代高校教师教学能力的定义或内涵的认识还没有达到统一，尚未形成被普遍认同的概念。不同领域的学者都根据自己研究的目的和需要从不同的方面作出了信息化时代高校教师教学能力的解释。但针对信息化时代高校教师教学能力所有的理解和诠释中都强调了在信息化时代，现代化信息技术的发展、互联网的普及和智能移动终端的推广所引发的高校教学活动中教师本体和学生客体的互换、教与学的转变对教师综合素质、教学能力提出了新要求。在信息化时代里，高校教师传统的知识灌输者的身份已经不再存在，取而代之的是教学活动组织者、课程资源的收集者、教学过程的引导者、学生自学活动的协作者等将多重身份整合为一体的新身份。因为新身份的出现，高校教师的教学重点也从传统的教学设计、知识讲授、课堂监控等方面转变为以学生为主的教学工作，除了保证传统的教育功能外，更注重整合数据资源、协调学习过程、引导学生自主学习过程、提供平等的咨询活动等方面。这种质的改变，要求高校教师具备大数据信息素养，掌握有效收集、整合数据资源的能力，提升以引导和协助学生自主学习为中心的教学实施能力。

综上所述，我们认为，信息化时代高校教师教学能力是教师以大数据信息素养和合理运用现代化信息技术来改进高校教学活动、进行科学研究及总结反思的能力。具体能力包括：对教学实践活动中需要或者出现的相关数据具有敏锐的数据意识；协助学生完成课前信息收集、自主学习的阶段对网络信息所需的鉴别能力和整理能力；对获取和收集的数据进行分析、汇总与解读的能力；引导学生设立学习目标，为学生创造适合的学习条件，给予学生学习的鼓励和支持的教学协作能力；对于学生进行规范化的自主学习过程的有效数据采集的能力；通过对学生学习行为、过程、效果的分析，查找教学中的不足和问题，并进行反思，及时调整教学活动的能力等。

二、信息化时代高校教师教学能力结构层次

在信息化时代，进行信息化教学改革不仅仅是一种进行课堂教学活动的工具，更是信息化时代独特的教育方式。这种独特的教育方式只有融入教师的教学设计和教学过程中才能够发挥它的实际价值。所以，在信息化时代，高校教师必须具备将互联网信息科学技术与传统的教学能力进行有效融合的能力。这时候的高校教师教学活动和专业发展的全过程将会充分体现现代化信息教学的特色，其结构层次也将发生新的变化。

（一）基础知识层次

基础知识层次指在信息化时代下高校教师开展现代化教学活动时，应具备基本的知识和技能。这部分基础知识层次包括基础的学科知识、一般的高校教学规律和教学方法的知识。最重要的是，在教学方法的知识更新过程中，更加体现信息化时代的特点，将现代信息化和数据化处理方法、教学新媒体的特点与一般教学方法充分融合，灵活应用。

（二）主体知识层次

在基础知识层次的基础上，高校教师还需掌握关于本学科的教学方法的知识、大数据化的学科知识和信息化教学方法的知识。针对不同学科的特点，将学科的基础知识进行分解，与适合的教学方法进行深层次的融合，进而形成了学科的教学方法。教师将学科知识与互联网时代大数据采集、整理、处理、展示等多种现代化信息技术知识相融合，形成了大数据化的学科知识和信息化教学方法的知识。高校教师在信息化时代里实现真正的教学能力信息化转化的关键就是其对这部分知识和能力的理解和灵活运用。

（三）延伸知识层次

当高校教师能够将其所讲授的知识通过现代化信息技术实现科学化、合理化的转化之后，能够提高教学效果的同时也对本学科的知识体系有了更新的思考和更深刻的探索。信息化时代高校教师的教学能力应该包含利用现代化信息技术进行教学活动时对学科知识的反作用，利用信息化技术对学科专业知识和技能的发展、学科教学方法改进的促进作用。

三、信息化时代高校教师教学能力标准

（一）信息化时代高校教师教学能力的依据

信息化时代对人类的能力要求产生了巨大的影响。人类的生产能力、人际交往能力，以及群体之间的密切联系，甚至国家和民族的交往都体现了一种信息化和"互联网+"的特点，人类的生存逐渐体现出大数据特色和信息符号的特点，网络也快速地渗透到了各行各业，成了我们工作、学习和生活中不可缺失的组成部分。

信息化时代社会将人们的生存活动从物理空间转化为电子空间，并将人们的生存活动释放在一个疏松、广阔、自由的空间里。人类得到了空前自由的同时，也获得了高度的话语权。这时，人们在信息化时代里要依靠自己的知识、技能和智力完成某项活动所需要的能力，这就变得更加需要人类内在个性的稳定性和对身心的把控能力。鉴于此，高校对所培养对象制定的培养标准也应具备信息化时代的特色，即除了掌握专业能力、社交能力之外，还应具备获取数据信息、处理数据信息的能力，自我提升和处理问题的能力，自我调节和控制能力等。作为培养人才和实施教学活动的高校教师，更应该时刻把握信息化时代人才培养特点，完善自身的教学能力结构，提高教学水平。

在信息化时代，高校教师借助互联网平台可以获取、传播和处理大量数据，并在虚拟环境中展开学习和研究工作，更可以实现远距离教学交流或协作研究。所以，在信息化时代里，高校教师必须不断学习新知识、新技术，不断丰富自己的知识储备、探索自己的学科发展、提高自己的教学能力，才能够有效完成本职工作，实现个人生存价值。因此，在信息化时代里要求高校教师应具备的全新教学能力的依据如下：

1. 高校教师从事的开发人类智力的工作

因为教学工作是开发人类智力的工作，所以教师行业是智力高度密集的行业。以学历为依据，能够反映其专业知识、实践技能和科学研究的基本能力。除此之外，还应要求高校教师掌握将自己所学知识、所掌握技能、所具备的思考探索能力通过复杂性和创造性的教学活动转化为学生能够感受、学习和掌握的学科知识的能力。简单来说，就是要求高校教师不仅在本专业上精通，具备适用能力、创新能力和科研能力，还应该具备将知识合理转化的教学能力。

2. 在信息化时代高等教育的学科资源共享存在难度

目前，我国的高校在理学、工学、农学、医学等一级学科的基础上，又将一级学科下分为若干二级学科。学科门类非常复杂，且学科之间的差异性也非常明显。传统的高校教师之间的合作交流通常都局限于本学科的各个专业，但在信息化时代里这样浅层次的交流显然不满足现代信息化技术发展的需要。这就对不同专业高校教师如何

实现资源共享、如何适应多学科交叉发展的教学工作提出了新的要求。比如，一所医药类院校，营销专业的教师应具备医药营销行业的基本教学能力，还应具备医学营养专业学生从事食品保健类产品的营销工作、医疗器械维护与管理专业学生从事医疗器械产品的营销工作、口腔医学专业学生从事口腔设备的营销工作、老年服务与管理专业学生从事老年人产品的营销工作等多专业融合的营销专业科学的教学能力。

3. 信息化时代学生能够获取丰富的信息，对教师的专业化提出挑战

互联网为我们打开了一扇数据库的大门，让我们可以轻易地获取丰富的数据，充分了解我们想要知道的一切信息。面对学生用手机百度百科就能够知道国际贸易的定义的局面，高校教师要如何用自己的方式告诉学生们不一样的、符合他们思维的、更切合实际的国际贸易定义呢？这是目前大数据给高校教师提出的最大的挑战。另外，在学生们能够快速地掌握新生事物的同时，他们也习惯了"网络打开，一切无忧"的了解世界的方式。这些对高校教师的传统课堂教学提出了新的要求。尽管高校教师也是大数据和互联网的受益者，但毕竟目前的高校教师还不像学生一样从小就接触网络，还无法自然产生对信息化技术的天然的思维方式。为了满足信息化时代的大学生对知识的需求和获取知识方式的新要求，高校教师必须应用新的思维方式，掌握现代化信息技术，充分提高自身的大数据信息素质。

由此可见，承担着培养创新人才重任的高校教师在信息化时代里必须具备信息化时代的教育思想、教学方法，才能够培养出符合时代要求的新时代综合素质较高的人才。

（二）信息化时代高校教师教学能力的标准

根据大数据对高校教师教学能力的要求，制定其教学能力的标准有以下几点：

1. 信息化时代高校教师技术知晓能力

首先是指高校教师对大数据应用技术在当前社会生产和人民生活中的应用情况有所了解。信息化时代高校教师技术知晓能力的标准是高校教师应该树立大数据信息意识，充分了解在社会生产领域、流通领域和高等教育发展领域等应用现代化信息技术的程度和水平。其次是指高校教师要知道当前现代化信息技术与信息化产品的最新发展情况。该技术知晓能力的标准不仅要求高校教师对现代化信息技术的知识和技术发展具备敏锐的洞察力、能够自觉学习并在实际教学工作中应用最新的大数据应用技术，还要同时具备信息化时代思维方式和现代化信息创新能力，提高利用信息技术解决教学难题的能力。

2. 信息化时代高校教师技术应用能力

首先是指高校教师能够利用现代化信息技术处理日常生活的事情和工作的公务。该技术应用能力的标准是要求高校教师具备收集数据信息的能力，并将个人教学工作

中产生的数据信息对外发布；要求高校教师能够利用现代化信息技术实现教学和办公的智能化，可以利用网络支付、网络业务办理、网络购物等功能方便自身日常的生活，也可以利用网络教学平台完成教学辅助工作。

其次是指高校教师能够利用现代化信息技术支持教学工作和自己的终身学习。该技术应用能力的标准是要求高校教师能够将大数据信息理念融入教学设计中，将现代化信息技术融合到教学过程中，充分利用数字化教学、网络化教学和数字化工具进行教学；也可以利用技术资源促进个人专业能力的不断发展和保持终身性学习。

3. 信息化时代高校教师技术文化能力

首先是指高校教师应具备数字公民素质，即要求教师能够通过网络实现教学行为模式。该技术文化能力是要通过互联网调查，改变自身学习的方式和工作的技巧，要保持与同事或者更大范围内的人群之间实现数字化的沟通，实现交流与合作。其次是指高校教师应具备大数据意识，强调高校教师要转变观念，适应时代的复杂性和潮流的变换；强调高校教师要充分认识到数据共享的智慧，利用大数据的开放性和大数据技术的功能性来改变教学过程，降低教育成本，提高教学效果；强调高校教师要遵守信息化时代数字化资源的使用规范、应用规则，并积极培养自身的信息化时代的道德修养和文化情操。

第七章 大学英语教师信息化教学能力

第一节 高校教师信息化教学能力知能结构

一、信息化教学能力的概念和内涵

根据《简明心理学辞典》，教学能力是指教师从事教学活动所应具有的各种能力的总和，包括与教学有关的组织、协调、监控、传播知识以及对学生学习作出正确评定等方面的能力。教学能力是教师信息化教学能力的上位概念。20世纪90年代，南国农先生从信息技术的视角考察教学过程，提出了"信息化教学"概念，成为研究教师信息化教学能力的起点。随着时代的进步与科技的发展，教师信息化教学能力的内涵不断演进发展。

21世纪初，诸多学者从信息技术建构教学环境的视角对原有教师教学能力的内涵进行了扩展，其中以顾小清教授提出的五维信息化教学能力和国际培训、绩效与教学标准委员会（IBSTPI）提出的教师能力标准（Instructor Competencies）最具代表性。21世纪初期，世界各国政府纷纷出台国家教育信息化发展战略，促使教师信息化教学能力逐渐扩展为面向教育教学系统资源的设计、开发、利用、管理和评价的教育技术能力，其间成果以美国推出的国家教育技术标准（NETS）和我国的中小学教师教育技术能力标准（CETS）最为典型。由于教育技术能力视野下的教师信息化教学能力范畴过于宽泛，教师能力标准实施与研究过程往往不够专注，部分学者从信息技术与课程整合的视角来进行界定，美国学者科勒（Koehler）与米什拉（Mishra）提出的整合技术的学科教学知识（TPCK）和何克抗教授提出的信息技术与课程整合理论成为这一阶段研究的代表。TPCK以"技术—教学法—内容—知识"为框架，这一理论框架又被称为整合技术的学科教学知识。

近年来，随着互联网技术的不断发展，数字时代教师教学能力的变革与创新开始受到关注，教师信息化教学能力的研究开始更加注重教师理解掌握信息、利用信息技术开展高效学习和展现数字化公民道德意识与责任等问题。联合国教科文组织 2012 年发布的"教师信息与通信技术能力框架"同美国大学与研究图书馆协会（ACRL）提出的"高等教育信息素养能力标准"成为当下开展研究的重要依据。

二、教师信息化教学能力的知识结构

在 TPCK（Technological Pedagogical Content Knowledge，有时候称为 TPACK）知识框架中，三种基本的知识要素分别是：CK（Content Knowledge），即学科知识；PK（Pedagogy Knowledge），即一般教学法知识；TK（Technology Knowledge），即技术知识。三种基本知识要素相互结合，形成了四种综合性的知识：PCK（Pedagogy Content Knowledge），即学科教学法知识；TCK（Technology Content Knowledge），即合技术的学科知识；TPK（Technology Pedagogy Knowledge），即合技术的教学法知识；TPCK，即整合技术的学科教学法知识。

信息化社会中教师教学能力的知识结构具有明显的层次性。根据教学中对教师教学能力的不同要求，教师信息化教学能力的知识分为三个层次。

（一）第一层次知识

第一层次的知识包括学科知识、一般教学法知识、学科教学法知识和教学技术知识。这四类知识是教师信息化教学能力的知识基础。

学科知识，主要指教师所从事学科的专业的知识、概念、理论、方法以及相关联的学科理论内容等，是教师从事学科教学的专业知识准备。

一般教学法知识，主要指适合于教学的一般性原理、策略和方法等，可以完成教学的准备、教学的实施、教学的管理、教学的评价以及对教学目标和教学过程的认识等，以促进教师教学和学生学习的一般性的教育教学知识。

学科教学法知识，是学科知识和一般教学法的综合，也是舒尔曼提出并得到广泛认可的知识，涉及对学科知识的表达、传输以及呈现等，以方便教与学的过程。

教学技术知识，主要指广义上教学媒体和手段的教学应用知识，既包括教科书、粉笔、黑板、模型、教具等使用的技能，也包括投影、广播、电视、计算机、互联网等应用的硬件知识与技能。

（二）第二层次知识

第二层次的知识包括信息化学科知识和信息化教学法知识。这两类知识是教师信息化教学能力的知识主体。

信息化学科知识，主要指教学技术与学科知识相互融合后的知识，教学技术使学科知识以信息化的方式更方便、更灵活地表达、呈现与扩展。当然，也可以根据具体的学科内容选择恰当的教学技术。

信息化教学法知识，主要指教学技术与一般教学法融合后产生的新知识。教学技术介入教学过程后，教学中的要素发生了变化，在教学技术的作用下，既是对原有教学法的巩固拓展，也会因此产生一些新的教学方法，如网络环境下的探究式教学、协作教学以及基于信息技术环境下的情景教学等。

（三）第三层次知识

第三层次的知识包括信息化学科教学法知识，是教师信息化教学能力的最高知识要求。

信息化学科教学法，主要指教学技术与学科知识、一般教学法融合后产生的一类特殊的知识，是教师信息化教学能力的最高知识要求，也是教师信息化教学能力发展中，教师获得知识的最高境界与追求。这类知识已经超越了学科知识、教学法知识、教学技术知识的各自内涵，是三类知识的融合与动态平衡，可以在具体的学科教学中，运用合理的教学技术，创造适合于学生学习的信息化教学情景，拓展教师的信息化教学，以更好地促进教师信息化教学能力的发展，促进学生信息化学习能力的发展。

三、信息化教学的能力结构

信息化教学能力结构框架分为六种能力，即信息化教学迁移能力、信息化教学融合能力、信息化教学交往能力、信息化教学评价能力、信息化协作教学能力、促进学生信息化学习能力。

（一）信息化教学迁移能力

迁移是教育心理学中的概念。迁移是一种学习对另一种学习所产生的影响，这一观点得到人们的广泛认可。Schunk则认为，迁移是以新的方式或在新的情境中应用知识。Bransfordetal则明确提出，迁移能力是把在一个情境中学到的东西迁移到新情境中的能力。教师信息化教学迁移能力的实质主要有两个方面：一是不同信息化教学情景中的教学适应能力迁移，即横向迁移；二是信息化教学知识技能的转化迁移，即纵向迁移。教师信息化教学迁移能力是教师信息化教学能力的基础能力，也是教师信息化教学能力可持续发展的重要条件。

1. 信息化教学纵向迁移能力

主要指教师将学习获得的知识技能应用于解决信息化教学中的实际问题，应用于现实的信息化教学活动中的能力。教师通过学习所获得的信息化教学知识与技能，需要将其应用于实际的信息化教学情景中，解决现实中的各种信息化教学问题。对于信息化问题的有效解决，就需要通过迁移，从这个意义上看，迁移也是信息化教学知识技能向信息化教学能力转化的关键。通俗地说，近似于人们常说的学以致用。

2. 信息化教学横向迁移能力

一种信息化情景下的教学活动，在另外一种新的信息化教学情景中未必适用。信息化教学横向迁移能力主要指教师在信息化教学情景中的教学经验创造性地应用于其他新的信息化教学情景中的能力，是教师对原有信息化教学能力结构的拓展与延伸。在信息化教学情景中，教师对教学情景的把握、教学活动和教学方式的策略选择、教学媒体的应用和教学活动的程序等，都要依据自身的相关教学经验或借鉴他人的成功做法，在新的信息化教学情景中创造性地实施有效教学。通俗地说，就是举一反三、触类旁通。

（二）信息化教学融合能力

信息化教学融合能力具体包括3个方面的子能力：

1. 信息化学科知识能力

即信息技术与学科知识的融合能力。信息技术与学科知识相互融合，会形成学科知识的新形态，是原有学科知识形式的新呈现、内容的新拓展，是需要教师将学科知识信息化的一种能力要求。

2. 信息化教学法能力

即信息技术与一般教学法的融合能力，是信息技术与一般教学法相互融合后，形成的一类新的知识类型，需要教师具备将信息技术与一般教学法融合的能力，同时需要教师能够驾驭信息化情景中的一些基本的教学原理、方法与策略等。

3. 信息化学科教学法能力

即信息技术与学科教学法的融合能力，是信息技术与学科知识、一般教学法相互作用、相互综合形成的一种特殊知识形态，需要教师具备教学技术的知识、学科教学法知识，当然更需要教师具备将教学技术与学科教学法进行融合的能力。只有将信息技术与学科内容知识、教学法相互融合，发挥各类知识内容与各种方法策略的优势，才能使教师在新的学科知识形态和新的学科教学方法与策略的基础上，实现教师教学效率和效果的有效提高，使教师信息化教学能力得以有效提升，从而促进信息化社会中不同学生学习能力的全面发展。

（三）信息化教学交往能力

雅斯贝尔斯曾在论述教学中的交往时指出："对话是真理的敞亮和思想本身的实现。"存在主义代表人物布贝尔认为："师生之间的对话才是真正的教学。"日本学者木下百合子认为，教学是"沟通"与"合作"的活动。叶澜教授认为："人类的教育活动起源于交往，在一定意义上，教育是人类一种特殊的交往活动。"信息化教学交往能力，是指教师和学生在信息化教学情景中，彼此交换思想与感情，促进师生间的交流与沟通，以实现学生能力发展为重要目标的一种教学能力形式。信息化教学交往能力是教师开展信息化教学过程中表现出的能力要求,它是教学活动中师生的信息化互动,是信息化的教学交往实践,体现了教学中教师与学生之间的关系。信息化社会的教学既是知识、技能的传授,更是学生学习能力的发展和学生个人的成长,需要教师与学生间能够有效地交往。信息化社会中的教学方式体现出了选择化和互动化的特点,相应地,学生的学习方式也走向合作、对话、交流、探究与实践等。教师的信息化教学交往能力包括信息化课堂教学交往能力和信息化媒介教学交往能力。

1. 课堂信息化教学交往能力

这是指在课堂信息化教学情景中,师生之间的教学交往能力。在课堂信息化教学情景中,需要实现师生之间的多元化教学交往,需要定位师生之间新的教学交往关系与角色。教师是信息化情景中学习过程的设计者,学习资源的开发者,学习活动的组织者、引导者和管理者;学生是积极主动的学习者。在课堂信息化教学情景中,教师要与学生实现信息化的交流与沟通,实现与学生的平等对话;教师也要对学生的信息化学习过程进行指导,让学生在信息化环境中学会学习;教师还要对课堂的信息化教学活动合理协调,保证课堂信息化教学活动的有序、顺利开展,既有对学生学习的协调,也有对教学活动序列的协调。信息化的教学协调能力,是教师课堂信息化教学交往得以有效进行的保障。教师的课堂信息化教学交往能力,是促进教师有效教学和学生有效学习的重要能力指标。

2. 虚拟信息化教学交往能力

这是指在虚拟的信息化教学情景中,师生之间的教学交往能力。信息化社会中的教学交往能力,更多意义上指的是虚拟信息化教学交往能力,在虚拟的学习环境中,师生之间的有效教学交往是保障学生学习顺利开展的前提条件。

在内容上,虚拟信息化教学交往能力,主要有教师提供学生虚拟学习环境中的学习支持,监控学生在虚拟学习环境中的学习行为,对学生学习中遇到的各种问题,能够通过虚拟的学习环境提供尽可能的帮助。在形式上,虚拟信息化教学交往能力,主要有教师与学生个体之间的虚拟信息化教学交往,也有教师与学生群体之间的虚拟信息化教学交往,还包括学生与学生之间的虚拟的对话交流与合作交往等。既有师生之间、学生之间的虚拟信息化教学交往,也有师生与学习内容、学习活动的虚拟信息化教学交往,实现了多元化的信息化教学交往。

(四)信息化教学评价能力

教师的信息化教学评价能力,主要是指对教师的信息化教学和学生的信息化学习进行合理的价值判断,调适信息化情景中教师的教学行为,规范指导学生的学习行为,以实现教学过程的优化。信息化社会的教学评价,既关注教师的教学评价,更强调针对学生的发展和学生整体素质提高的评价;既关注结果的评价,更强调过程的动态评价。信息化社会中的教学评价体现出了发展的、全面的、多元的、动态的评价特点。教师的信息化教学评价能力可以分为两类：评价学生信息化学习的能力和教师信息化教学的评价能力。

1. 评价学生信息化学习的能力

信息化社会中的教学评价，要关注学生个体的发展和个体的差异，也要关注信息化情景中学生创造性的学习能力和综合素质的提高。既要关注学生信息化学习中知识技能的评价，也要关注学生信息化学习中实践性能力的发展和信息化学习中情感培养的评价，实现由单一的评价方式向促进学生全面发展的全面评价方式的转变。学生信息化学习的评价具有很强的导向性，强调以促进学生信息化学习能力的发展、学生的信息化创造性实践能力的提高为评价的主要价值取向。

2. 教师信息化教学的评价能力

信息化社会既关注教师信息化教学能力的评价，也关注以促进教师有效教学为目的的教师信息化教学质量评价，是相对注重结果的评价，要更加强调以促进教师专业发展为出发点的发展性教师信息化教学评价，以帮助教师不断提高自身的信息化教学能力素质和相关业务水平，实现针对教师信息化教学的过程性动态评价。教师信息化教学的评价，是以信息化社会中教师的专业发展为核心，注重教师的未来发展，重视教师的信息化教学能力、主体意识与创造性能力的培养，实现以教师为核心、以教师个体为理念的发展性动态教学评价。

（五）信息化协作教学能力

传统意义上的教师协作教学，一般是指教师在备课、教学观摩、教学活动、科学研究等方面集体的有效协作。信息化社会为教师协作教学提供了可能，拓展和延伸了教师协作教学的能力。

联合国教科文组织发布的《信息和传播技术教师能力标准》，在"知识深化办法"模块中，提出"教师应能够运用网络资源来帮助学生开展协作、获取信息和与外部专家进行沟通，以分析和解决特定问题"。在教师的职业发展方面，强调"教师必须具备相关技能和知识，以创设和管理复杂的项目，并与其他利用网络来获取资料的教师、同事和外部专家合作，促进自身的职业发展"。同时，《信息和传播技术教师能力标准》在"知识创造办法"模块中，进一步强调"教师必须能够打造基于信息和传播技术的知识团体，并运用信息和传播技术来支持培养学生的知识创造技能及其持续不断的反思型学习"。对于教师的职业发展，进一步提出了"教师应能够发挥领导作用，训练同学，并建立和执行一个关于其学校的远景：一个以创新和持续学习为基础，并因信息和传播技术而更加丰富多彩的社区"。

美国《面向教师的美国国家教育技术标准》(2008版)中也明确提出，教师应能够"与学生、同事、家长及社区成员合作使用数字化工具和资源,支持学生有效学习和创新能力的发展"。应能够"使用各种数字化时代的媒介和方式与学生、家长及同事就一些信息和想法进行有效沟通"。

从以上分析和关注的问题可以看出,信息化社会中,教师需要发展信息化协作教学能力与信息化教学集体智慧,需要利用数字化网络资源与同事、专家合作,打造基于信息和传播技术的集体教学知识和多元化的集体教学能力,以支持学生的有效学习和创新能力的发展,同时促进教师自身的职业发展。有关教师信息化协作教学能力的相关研究,各个国家目前已逐步开始广泛关注,也是当前教师信息化教学能力发展研究的新领域,是各国对教师相关教育技术能力的新要求,是值得我们进一步去关注研究的未来发展。

(六)促进学生信息化学习能力

信息化社会对教师的教学能力提出了新要求,学生相应的学习能力也发生了变化。以往的相关研究注重信息化环境中教师有效教学能力的提升和对于教师专业发展的促进,目前人们更多地把研究的问题聚焦于学生的能力发展方面。也就是说,教师教学能力的发展是为了促进学生学习能力的发展。从各个国家的有关教师教育技术能力标准的要求中,能看到这种变化趋势。教师信息化教学能力的发展是为了促进不同学习风格和策略的学生信息化学习能力的发展,在教师信息化教学能力的结构关系图中,将"促进学生信息化学习能力"的要求放在教师信息化教学系列子能力中间,是为了促进学生信息化学习能力的发展,是为了促进具有生命活力的人的全面和谐发展,这是信息化教学能力对教师提出的新要求。

知识是能力的基础,知识需要转化为能力。能力是知识的目的,是运用知识解决问题的能力。能力的体现既要综合运用知识,又要分析解决具体问题。教师的信息化教学能力,是信息化教学能力知识体系与信息化教学实践的有机统一。

第二节 高职英语教师信息化教学能力现状及对策

一、高职英语教师信息化教学能力现状分析

上文研究阐述,高校教师信息化教学能力知能结构分别由知识结构和能力结构组成。教师信息化教学能力的知识结构由3个层次的知识组成:第一层次的知识包括学科知识、一般教学法知识、学科教学法知识和教学技术知识,这4类知识是教师信息化教学能力的知识基础。第二层次的知识包括信息化学科知识和信息化教学法知识,

这两类知识是教师信息化教学能力的知识主体。第三层次的知识包括信息化学科教学法知识，是教师信息化教学能力的最高知识要求。教师的信息化教学能力结构框架分为6种子能力，即信息化教学迁移能力、信息化教学融合能力、信息化教学交往能力、信息化教学评价能力、信息化协作教学能力、促进学生信息化学习能力。我们根据上述研究，来逐步分析高职英语教师信息化教学能力现状。

（一）教师信息化教学能力的知识结构分析

当前，各高职引进的英语教师基本上是英语专业硕士毕业，一些非硕士学历的中年以上教师通过在职学习获取了相关硕士学位。因此，可以认为高职教师在整体上拥有比较扎实的学科知识、一般教学法知识、学科教学法知识和教学技术知识。

通常情况下，信息化学科知识和信息化教学法知识的学习是通过学校组织的培训、英语教师的自学来获取的。从目前来看，学校组织的信息化学科知识和信息化教学法知识培训数量有限，且时间较短，而高职英语教师对此两类知识的学习因人而异，兴趣、动力不一。从整体而言，高职英语教师这两方面的知识需要大力夯实。

信息化学科教学法知识涉及如何在本学科教学中运用信息化教学。基于信息化的英语教学法相对其他教学法，为近年来出现，系统性、完整性的研究不多。加之信息技术迭代较快，英语教学法必须随之发生变化、改进、完善。基于信息化的英语教学法是随着信息化的发展变化而发展变化，在进度上落后于后者。高职英语教师基本上是文科出身，对信息技术的认识主要处于了解这一层次。因此，信息化学科教学法的知识是当前高职英语教师知识结构的薄弱之处，最需要大力加强。

（二）教师信息化教学能力的结构分析

1. 信息化教学迁移能力

一般而言，在高职英语教师群体中，教师越年轻，其对信息化教学兴趣越高，动机越强，其信息化教学迁移能力越强，如教师对配音 App 感兴趣，能熟练使用，就会在教学中使用该软件激发学生学习英语口语的兴趣。教师能使用 Camtasia Studio 软件进行视、音频编辑后，就能在口语教学时指导学生拍摄英语微电影，激发学生学习英语的动机。总体而言，高职英语教师群体中，中、青年教师有较强的信息化教学迁移能力。

2. 信息化教学融合能力

信息化教学融合意识不属于信息化教学融合能力范畴，但是，如果无意识或意识不足，那么能力强就是空中楼阁。整体而言，高职英语教师普遍对信息化教学有较强意识，希望通过信息化教学减轻教学负担，通过信息化教学促进专业发展，通过信息化教学提高工作效率，通过网络了解自身专业发展动向。但是，高职英语教师对信息化的认识低于高职院校其他教师的认识。这说明，高职英语教师这个群体仍需提升信息化教学融合的相关意识。

调查表明，高职英语教师使用信息化产品的频度排名从高至低依次是：PPT、QQ、微信等软件，多媒体教学，网络学习平台，交互式电子白板，电子书包。从中可以发现，基于PPT的多媒体教学是其使用频度最高的信息化教学手段，也是教师使用最为娴熟的。交互式电子白板和电子书包使用较少，一方面表明教师对此了解较少，应用不足，相应的在此方面的信息化教学能力相对不足，可能导致一些问题，如交互式教学效果不理想；另一方面，了解甚少，应用不足，可能在认识上会导致认为该软件或工具功能有限，从而在教学行为上更少地使用此类软件或工具，形成非良性循环。在使用软件进行信息化制作的频率方面，得分从高至低依次是文字处理、图片处理、视频处理、音频处理、网页制作、动画制作。这样的排序与软件的学习使用难度基本上保持一致。这说明英语教师对教学软件处于最基本的文字和图片处理阶段，对于难度较高的内容学习不足，能力不足。

根据调查，在基于信息化的高职英语教学方法中，根据使用频率，排名从高至低依次是合作学习教学法、任务驱动式教学法、基于项目教学法、探究式教学法、基于问题教学法、虚拟仿真实践教学法。可以发现，英语教师所使用的英语教学方法与高职的教情、学情紧密相关。合作学习教学法、任务驱动式教学法等是高职课程教学中常采用的教学方法，具有较强的针对性。在信息化教学中，与信息化元素进行整合、重组，能生成基于信息化的合作学习教学法、任务驱动式教学法。虚拟仿真实践教学法对软件的应用性、课程的适用度、教师的信息使用能力有较高要求，该教学法使用频率低在情理之中。

3. 信息化教学交往能力

信息化教学交往能力包括课堂信息化教学交往能力和虚拟信息化教学交往能力。整体而言，高职英语教师课堂信息化教学交往能力较强，因为他们普遍意识到英语课堂教学必须有很强的互动性，才有可能吸引学生参与到课堂中来，才有可能提高教学效果。因此，在信息化课堂教学中，英语教师非常注重学生的参与度，注重学生的反馈，并及时调整。高职英语的虚拟信息化教学交往能力主要体现在英语教师们通过微信、QQ向学生布置学习任务，答疑解惑，进行生活和学习上的沟通。整体而言，无论是在实体教室，还是在虚拟网络环境下，英语教师愿意与学生进行平等对话、交流、沟通，展示出较强的信息化教学交往能力。

4. 信息化教学评价能力

在信息化教学评价方面，教师使用较多的是学生自评和互评，教师本人评价反而少，使用电子档案跟踪学生学习的情况更少，说明高职院校英语教师更愿意发动学生使用信息化手段进行同行间的评价，自身使用信息化手段评价学生并不积极。这说明英语教师在整体上对自身信息化教学评价能力关注不足，此方面能力需要通过实践来补齐。

5. 信息化协作教学能力

目前，进行信息化协作主要是通过项目、课题来进行，如在线英语课程资源建设、关于英语信息化教学改革的课题。其特点是由行政部门或负责教师来组织，以某项任务的完成为具体目标，有一定的经费支持。

6. 促进学生信息化学习能力

网络条件下的大学英语教学特点之一是时间和空间上的灵活性。丰富多样的教学软件和网络资源可以让教师不再局限在教室里面与学生面对面进行教学。因为互联网的便捷性为高职英语的教学在时间和空间上提供了极大的自由性、灵活性。在没有教师在场的情况下，学生能够根据自身的特点和时间地点，合理地安排适合自己的训练。但问题是，自控能力差的学生能在教师的视野之外认真学习吗？因此，教师促进提升学生信息化学习能力显得尤为重要。从目前来看，高职英语教师促进提升学生信息化学习能力主要体现在作业、任务监控上，通过后台获取的数据催促学生完成作业和任务，对学生的信息化作业或任务给予评分、评价，向学生传授系统的信息化学习策略不足，促进学生养成良好的信息化学习习惯及自主学习的能力不足。

二、高职英语教师信息化教学能力的发展策略

为推动高职英语教师专业发展及教师信息化教学能力发展的要求，需要通盘整合考虑教师的职前培养和在职培训，实现教师职前培养和在职培训的一体化发展，形成并完善教师信息化教学能力终身发展体系。教师信息化教学能力的发展，符合能力发展的一般规律，但也有其自身发展的特殊性，教师信息化教学能力的发展是动态的、实践的、系统的。

（一）高职英语教师信息化教学能力发展的特征

1. 信息化教学能力发展的动态性

教育的发展和教学的改革，需要教师的不断成长，教师的专业发展需要教师能力素质的不断提高。作为介入教师信息化教学能力中的教学技术，更是具有发展的时代性。因此，教师信息化教学能力并不是固定不变的，而是处于一种动态变化的状态。在不同的历史时期、社会背景、教育背景下，教师信息化教学能力的要求是动态的、变化的、不确定的，但也是有指向的。教师必须适应这种动态变化的不确定性要求，其信息化教学能力的发展也是动态的。这种动态性是教师信息化教学能力不断发展、不断完善、不断提升的过程，也是在信息化社会中，为了适应社会的变化，教师信息

化教学能力不断更新知识和能力素质、追求新知的过程。因此，在教师的学习、工作和实践中，信息化教学能力永远处于动态中。动态发展的动力既来自学习、教学实践和协作教学等，也来自教师信息化教学能力发展的自主性，需要教师具有自主学习、终身学习的意识与能力。

2. 信息化教学能力发展的系统性

教师信息化教学能力的发展应该有"源头活水"。

首先，教师信息化教学能力的发展不能仅仅依靠职前教师的知识技能学习，也不能单一地依靠在职参与的一些能力发展项目。教师信息化教学能力的发展，既有知识技能方面的结构要求，也有其自身能力方面的素质要求，是知识技能与能力素质的一体化发展。

其次，教师信息化教学能力的发展在不同的发展阶段，也有不同的发展侧重。职前教师的能力发展，更加侧重知识的积累和技能的模仿体验；在职教师的能力发展，更加侧重不同信息化教学情景的迁移融合和具体的信息化教学实践。职前能力发展和在职能力发展既有不同侧重，又有发展的一体化紧密衔接。

最后，教师信息化教学能力的发展不仅仅是教师个体的专业化成长，还关乎学生的成长、教育的发展和社会的发展。教师的信息化是教育信息化的关键环节，教育信息化也是社会信息化的重要组成部分。教师信息化教学能力的发展已经不再是单一的个体内部成长，而是关乎个体外部的诸多关联要素。从教师个体成长到促进学生、教育和社会的发展，体现出发展的系统性。

3. 信息化教学能力发展的指向性

教师信息化教学能力发展是一个有目的、有指向的过程。从教师信息化教学能力发展的知识结构看，寻求信息化学科教学法知识是其归宿，而教师整体知识体系的发展指向教师信息化教学智慧的创造。从教师信息化教学能力发展的结构看，教师自身信息化教学能力的提高，实现教师的专业发展是其归宿，而教师自身能力素质的发展指向学生信息化学习能力的发展和学生的成长。教师信息化教学能力的知识结构和能力素质发展，都有着明确的指向性。

（二）高职英语教师信息化教学能力发展的促进策略

基于对教师信息化教学能力的知识和结构的分析探讨，统筹考虑教师信息化教学能力发展的内部系统和外部环境，高职英语教师信息化教学能力发展的促进策略，可以从组织策略和个人策略两方面进行分析。其中，组织策略立足于中观，优化或创造外部条件，是促进其发展的方法论；个人策略则立足于微观，是促进其发展的内部动力。

1. 组织策略

（1）学校支持

学校是教师的群体组织归宿，也是教师个体社会属性的体现。学校是教师教育教学活动的场所，也是教师教学能力发挥的平台。促进教师信息化教学能力发展的所有外部条件中，学校是最直接的促进因素。

教师信息化教学能力的发展，需要在一定的信息化教学情景中完成。信息化社会中，学校信息化基础设施建设是教师信息化教学能力发展的基本保障条件。因此，学校的信息化教学基础设施建设以及教育信息化资源的设计、开发与准备是必不可少的。学校既要完善基本的教学设施建设，也要加大对信息化教学基础设施的配备力度。

在职教师的相关信息技术应用培训，是教师信息化教学能力发展阶段性促进的重要环节。学校可以鼓励，有计划地安排教师参与相关的信息技术能力发展项目培训，或专门针对本校英语学科教师的实际情况，积极组织教师参与本校培训。世界各国的相关经验，是在国家层面或学校层面，对于教师的相关能力培训给予时间保障和经费支持。在职教师的培训，是促进教师信息化教学能力发展的重要方式和渠道，学校应给予足够的重视与支持。

学校有责任引导、组织学科教师开展信息化教学的教学研讨、教学观摩，开展教师间的信息化协作教学，包括信息化教学集体备课、集体讨论、集体教学研究等。学校既可以组织教师面向本校教师的信息化协作教学交流，也可以利用网络等方式，促进不同学校、不同地区甚至是不同国家的相关学科教师开展教学交流与对话。既可以是教师间的协作交流，也可以是教师与学生、教师与专家的交流对话。充分的教学协作与交流，有利于教师信息化教学能力发展的经验共享。

学校对教师信息化教学能力应有正确认识和有效认可。学校对于教师信息化教学能力的认识的正确与否，直接影响了教师信息化教学能力的有效发挥。同时，教师信息化教学能力的发展需要来自学校层面的理解、支持、引导、帮助，既包括学校给予教师的精神鼓励，也包括必要时的物质激励手段。学校对教师信息化教学能力的认可，要在学校形成一种能力发展的氛围，这样才会有利于促进教师信息化教学能力的发展。

（2）基于促进学生发展的教学组织

世界范围内的教师相关信息技术能力培训，也经历了一些阶段性的演变。最初教师的相关信息技术能力培训，更多关注的是技术本身的培训。相应地，教师的教学评价也就自然将教师应用信息技术的能力水平作为衡量评价的指标。

但当前教育改革的趋势已经显示，教师教学能力的提升就是为了促进学生的学习发展。将教师相关信息技术能力培训的价值取向，定位于促进信息化社会中学生的学习发展，这种现象在教师相关信息技术能力培训中尤为突出。美国和新加坡教师信息技术能力培训标准就体现了这种价值取向变化，它们的培训标准强调了教师信息化教学能力发展的目的是要促进学生信息化学习能力的发展。应该把相关教师能力标准的规范、教师的相关教学评价以及相关科学研究的目光，及时转向英语信息化教学中学生的发展。因此，建立指向信息化教学中的学生发展的评价与引导，已迫在眉睫。

（3）成长性培训

所谓成长性培训，是指对英语教师的信息化教学能力培训不是一成不变的，而是一个多元、开放、动态的体系。其特点是职前培养与在职培训相结合，传统方式与网络在线相结合，技术知识与实践应用相结合。

职前培养与在职培训相结合。职前教师和在职教师在能力发展方面侧重点不一样。职前教师以技术知识、技能的学习和模仿为主，虽然也有一些教学实践环节，如教学实习等，但总体上要以教师信息化教学知识和技能的获得为主。在职教师以知识、技能在新情景中的动态应用实践为主，当然也包括一些技术知识、技能的学习，但要以教师信息化教学的应用实践为主。教师信息化教学能力的知识体系，是教师信息化教学能力的基础，而后者又是前者的目的。

传统方式与网络在线相结合。传统的面对面的培训仍然是有效的培训方式。除此之外，教师可以通过其他媒介渠道，包括网络媒介，以获取自身信息化教学能力发展的相关知识与技能。信息化社会中，获取学习信息资源的渠道已经多元化，教师信息化教学能力发展的知识获取、教学经验分享、教学研讨、协作教学等，都可以通过网络在线的方式来实现，实现与传统方式的有机结合。

技术知识与实践应用相结合。教师信息化教学能力的技术知识，职前教师主要通过系统学习的方式获得；在职教师则主要通过自主学习、参与培训等方式获得零散的教学技术知识。教学技术知识需要转变为教学应用能力，就需要重视教师的实践教学环节。职前教师可以在学习中体验模仿，通过积极参与教学实习，强化对技术知识的实践应用转化。在职教师的教学实践，是将所学教学技术知识转化为实践应用的重要环节，也是技术知识得以及时转化的有效方式。在职教师的教学实践应用，也体现在教师能力培训的项目中，需要结合自身的英语学科教学实际，有针对性地开展教学技术学习，并将所学技术知识与教学实践应用有效结合，是教师培训的可行方式选择。在职教师培训时，要积极倡导体验式、参与式的培训方式，实现技术知识与实践应用的无缝衔接，增强培训的针对性、示范性和实践性。因此，技术知识通过教学实践应用，转化为教师的信息化教学能力。动态的教学实践应用又是对技术知识的进一步丰富与完善，是技术知识的深化与表现形式。在职教师的教学实践应用，集中体现在学科教学中，也体现在教师信息化协作教学中，如教学观摩、教学交流研讨等环节。同时，在教师信息化教学交往能力发展中，也是将所学教学技术知识进行实践应用转化的重要环节。

2. 个人策略

个人策略立足于高职英语教师个人发展，旨在充分发挥个体主观能动性，实现内、外部的条件和因素有效地融合，促进个人信息化教学能力的发展。

（1）自主内驱

高职英语教师信息化教学能力的发展，外因是条件，内因是根本，发展的最终内驱力,则来自教师本身。因此,教师信息化教学能力的自信心、正确的态度、时间保证、知识的准备等,都是教师信息化能力发展的直接内部促进力量。同时,信息化社会教师的专业成长需要,也直接促进了教师信息化教学能力的发展。

教师信息化教学知识体系和能力素质的发展,是基于教师信息化教学情意的,这种情意是教师态度和自信心生成的直接促进因素。只有教师本人愿意,并在信息化教学能力发展方面有信心,其能力才有可能得以发展。信息化社会中教师的专业发展,也要求教师信息化教学能力的理性提升。信息技术与教师专业发展的关联,从外部看,信息技术不同程度地促进了教师的专业发展;从内部看,信息技术已不仅仅是教师专业发展中知能结构的一部分,它已经渗透到教师专业发展中知能结构的各方面。教师成长的动力,还包括直接来自教师的自主学习,以促进教师的专业发展。信息化教学能力发展过程中,教师的自主学习贯穿始终。在这个意义上,教师的信息化教学能力发展既是自主的,也是终身的。

只有教师对自身信息化教学能力发展有信心,也有兴趣,并愿意为此努力,这种能力才会有更大的促进。否则,其他一切外部因素知识发展的环境条件,是很难直接产生重要促进作用的。

(2)自主学习

高职英语教师的自主学习是职业发展生涯中必不可少的,是促进教师信息化教学能力可持续发展的基础条件和动力源泉,是教师专业发展的内驱力。教师自主学习的目的就是要实现技术知识积累,促进有效信息化教学,促进信息化社会中学生的发展,学以致用。职前教师学历教育的系统化学习中,需要学习理论知识;在职教师的阶段性培训中,也需要学习并能够实践应用,以实现教学能力的提升;教师的协作化教学中,同样需要交流对话、相互学习、共同提高。将教师在重要环节获得的教学技术知识贯穿于始终的,自然是教师的自主学习。信息化社会中教师的自主学习,是一种过程,也是一种方式,更是一种能力。只有教师贯彻自主学习,才能使得教师在信息化教学能力不同发展阶段获得的零散知识更具系统化,使得信息化社会中教师的专业发展更具动态化、可持续、终身化。因此,教师的信息化教学能力的可持续发展,需要教师实现以自主学习为主的知识积累。

(3)自主实践

自主实践是指高职英语教师要通过以教学实践为主的应用迁移来提高自身信息化的教学能力。新西兰将教师使用信息技术的熟练程度分为关注、学习过程、过程的理解与应用、熟练与自信、应用于其他情景、创造性地应用于新情景。教师获得的教学技术知识、技能,能实现在其他信息化教学情景中的应用转变,尤其是在职教师的信息化教学实践,是信息化教学能力的重要体现。因此,信息化社会中的教师要实现以教学实践应用为主的信息化教学在新情景中的应用迁移。

教师的信息化教学实践，绝非是简单的技术性教学实践，实践中有反思，反思中有智慧。正如前面所论述的，这种教学实践指向了教师信息化教学智慧的创造与生成。在形式上，教师信息化教学实践似乎仅仅是"躯体的"，但它显然是教师教学技术知识、技能在具体情景迁移应用中的体现，更是教师信息化教学理论知识的"头脑"，它是教师信息化教学能力知识的转化，是一种"理论化的实践"。教师信息化教学知识体系与能力素质的"理论化实践"，实现在"行动中反思"，并转向"实践中理论"的生成。

因此，教师要以教学实践为主，在不同的信息化教学情景中，实现信息化教学融合与信息化教学交往，在实践中反思，在反思中成长，最终实现教师信息化教学智慧的生成与创造。

（4）协作交流

高职英语教师的信息化协作教学能力，是其信息化教学能力的重要子能力之一。协作化教学能力，集中体现在教学观摩、教学研讨、协作交流、协作科研等方面，有利于促进教师信息化教学能力的整体提升与发展。帕尔默指出，"任何行业的成长都依赖于它的参与者分享经验和进行诚实的对话，同事的共同体中有着教师成长所需要的丰富的资源"。

教师的信息化协作教学，实现教师间的相互交流、相互促进、相互提高，有助于教学经验交流、教学资源共享，取长补短，以促进教师信息化教学能力的发展。教师的信息化协作教学能力，既包括了教师同行间的协作交流，也包括了教师与专家、教师与学生的交流对话等，也不仅仅是指面对面的交流对话，也更突出了信息化环境中的协作教学与对话交流。信息化社会中，强调教师以协作教学为主的对话交流的发展策略，则更具发展的时代性。

第八章 信息化时代大学英语教师信息化素养提高路径

基于前文的分析，本章提出构建信息化时代高校教师信息化素养提高平台，包括规划平台、教学能力技术培训平台、信息化资源技术支持系统、实践演练系统和评估与应用系统5部分。

第一节 英语教师信息化素养提高的规划平台

为适应信息化时代高等教育的全面改革，高校教师必须从教育理念、教育方法、教学模式和教学内容等多个角度重新认识高校教师的工作职责和工作内容，必须重视教学能力对职业生涯规划的影响，并做好发展个人教学能力的计划。所谓的规划就是设计，就是为了做好一件事情，在做事之前将事情的发展过程进行计划。那么，针对高校教师信息化素养提高的需求，从教师的角度应该主动思考并合理规划，从高校角度应该积极引导教师在信息化时代背景下树立提升教学能力发展规划的思想，并主动开展与此相关的培训或制定相关政策加强教师的理性认识。

信息化时代高校教师信息化素养提高平台——规划平台主要包括两个子平台，即指制定提升教学能力的生涯规划子平台和实施提升教学能力的生涯规划子平台。

一、提升教学能力的生涯规划子平台

在信息化时代背景下，任何高等学校都面临着机遇和挑战并存的局面。一个高等学校的发展与其教学团队的发展是密切相关的。高校教师的发展是影响高校发展的最重要的因素。因此，在高校快速发展建设的过程中必须重视教学团队的构建和教师的培养。对于高校教师来说，其首要的任务就是教学工作，也是其最根本的岗位责任。教学能力决定了教学工作的质量，而教学工作又是高校教师职业生涯规划的主线，那么对于其教学能力的培养就是引导高校教师制定职业生涯规划的基础。

在"以教师为本"的教育观点指导下，高校教师应该积极提升发展期的教学能力。在信息化时代下，高校教师的教学能力提升规划应该包括对教学工作和教学能力的认

识、对教学能力发展的意愿和重视程度、对提升教学能力途径的选择、提升教学能力的目标定位、初步制订提升教学能力的计划、实施提升教学能力计划的措施与步骤、定期对实施提升教学能力计划的结果进行检查和反思 7 个阶段。

（一）对教学工作和教学能力的认识

作为一名高校教师，首先应该对自己所从事的教学工作和执教的专业有清楚的认识和了解，并对其所需要的教学能力有一定的认知，为自己未来的职业发展确定方向。只有充分了解自己应该做什么事情，要把这件事情做到什么程度，怎样才能把这件事情做好，才能够正确理解教师的性质、定位和要求，才能够在未来的工作中有的放矢地学习和研究，真正地提升自己的教学能力。

（二）对教学能力发展的意愿和重视程度

在人力资源管理学中强调任何一个组织内部的人力资源管理体系都应该从组织内部员工的发展意愿出发。那么，对于高校这个庞大复杂的系统来说，教师就是其员工队伍中的一个主要的部分。针对高校教师的职业生涯发展规划的制定，同样应该以具体每一名教师的发展意愿为基础。由此可见，在信息化时代下构建高校教师教学能力的提升平台也应以具体每名教师的未来发展意愿和其对教学能力的重视程度为出发点。比如，某位教师对实验实践方面非常感兴趣，并且已经在专业操作方面有所特长或取得一定成果，那么未来对其教学能力的培养就应偏重技能操作方面，而非一定要求其达到理论教学能力的提升；或者某位教师在教学过程中发现个人的行政管理能力比较强，有意愿从事教学管理岗位的工作，对现代化信息技术能力的提升非常感兴趣，高校应给予支持和鼓励。

（三）对提升教学能力途径的选择

信息化时代高校教师信息化素养提高的主要方向是综合运用大数据分析和现代信息技术解决教学工作中遇到的问题、改革教学方法和教学模式等。在这里必须注意，条条大路通罗马，任何能力的提升途径都不止一种。所以，从高校的角度探索提升高校教师教学能力的时候，一定要提供多种提升途径，让教师根据其个体的特点和发展意愿进行选择，进而在提升平台上形成具有个性化的教师信息化素养提高系统。

（四）提升教学能力的目标定位

对高校教师来说，在实施教学能力提升计划之前必须明确自己要达到的目标，以此作为自己教学能力发展规划的实施目的。在这一情况下，提升教学能力的目标以学期为时间划分依据，设定为每一学期的阶段目标，通过逐步实现 8 个学期的阶段性目标，以最终实现 3 年长期目标。

（五）初步制订提升教学能力的计划

经过前面4个步骤的分析，初步形成高校教师的提升教学能力的计划。要求高校教师制订的教学能力提升计划必须完成。

（六）实施提升教学能力计划的措施与步骤

要求高校教师按照规定在一定时间内实施其所选择制定的提升教学能力的计划。在实施过程中，人事处和教务处配合完成监督和检查的工作，以保证提升教学能力的计划保质保量、按部就班地如期实施。

（七）定期对实施提升教学能力计划的结果进行检查和反思

在提升教学能力的生涯规划子平台的最后一个阶段，就是"教学检查与反思"。所谓的教学检查和反思，就是对提升教学能力计划中已经发生了自身参与的教学活动中自己所认识的教育观念、教学过程中的每个环节和最终的教学结果进行自检、找出问题，并结合自己的实际情况提出改进方案。在下一阶段的教学能力提升过程中实施修订后的提升计划。在教学检查与反思过程中，高校教师应该时刻坚定用高等教育学理论重新认识自己、分析自己、评价自己、塑造自己、提高自己。通过定期对实施提升教学能力计划的结果进行检查和反思，可以将实践性的知识应用于技能提升过程中，可以形成有智慧、有效率的教学，最终实现教学能力提升的目的。

二、实施提升教学能力的生涯规划子平台

信息化时代提升教学能力的生涯规划子平台的实施过程就是要求高校教师依据所设计的规划内容和措施而一一实施。基于定期对实施提升教学能力计划的情况进行检查和反思的结果，与提升的目标进行对比。目标与结果之间如果存在偏差，就要回到上一个环节重新进行评估和修订。面对信息化时代的特殊背景，高校、学生和社会对高校教师提出新的要求，高校教师可能会感到迷茫，无法继续原有的职业生涯规划，也很难树立清晰的规划和明确的目标。因此，高校应根据高校教师的反思结果提出新的有针对性的教学能力提升途径，以此促进高校教师的教学能力提升，使其更有目标性和积极性。

第二节　英语教师信息化素养提高的教学能力技术培训平台

为了实现信息化时代高校教师教学能力的提升，必须从学校的角度，以高校教师对现代化信息技术的需求和应用为基础进行培训。当高校教师明确了个人信息化时代

提升教学能力的生涯规划之后，需要选择适合自己的、多方面的培训途径来实现提升自己的教学能力的目标。

根据《中华人民共和国教师法》，1996年国家教委制定了《高等学校教师培训工作规程》。在该规程中，强调了针对高校教师应该开展的培训的性质、作用和对象等内容，并对所开展高校教师培训的组织提出了关于培训职责、考核、管理和保障等方面的要求。《高等学校教师培训工作规程》为我国各个高校开展师资培训提供了纲领性指导，让高校教师所接受的培训更加系统性和规范性。伴随着信息化时代的到来，未来高等教育信息化势在必行，高校教师也应相应地接受符合时代要求和社会要求的最新的师资培训。针对目前信息化时代对高校教师提出的关于教学能力新要求，高校组织开展师资培训时，应该充分考虑整个教学能力系统中的所有相关条件，进行有效的整合和分解。另外，还需要注意的是毕竟大数据处理技术和现代信息技术始终是在不断发展和进步的，而且更新速度越来越快，与之相关的新观念、新理论和新技术日新月异。所以，我们高校在进行信息化时代提升高校教师教学能力的培训平台设计时，一定要紧跟现代信息技术的发展脚步，保证培训的高效性、实效性和革新性，对培训内容进行实时更新和组织。

一、信息化时代提升高校教师教学能力的培训平台的构架思路

基于《高等学校教师培训工作规程》的要求和信息化时代对高校教师教学能力方面提出的新要求，构建信息化时代提升高校教师教学能力的培训平台的基本程序为培训调研、培训内容和培训形式的制定、培训的实施与评估。高校人事处和教务处负责定期对教师展开网络在线调查和座谈访问，以此了解目前本校各个专业教师在教学活动中所面临的困惑和急需解决的问题，以此确定下一阶段将开展的教学能力提升的培训内容和形式。通过这种方式组织的培训更具有目的性，让教师带着问题来学习，带着满意促教学，对提升教学能力具有很大助益。

目前，各大高校针对信息化时代高校教师教学能力的培训形式多种多样，常见的形式为专家讲座讨论、网络视频学习和名师教学观摩等，其培训内容为信息化时代高校教育心理学、信息化时代信息教学理论、优秀教学改革示范和专家讲座指导等。目前，各大高校通常以多种形式相结合，在短时间内集中安排当面讲授培训，并配合网络在线和移动智能终端的学习模式一同进行，以解决教师授课时间不一致、难以集中学习的问题。这样的培训模式明显更适合信息化时代的高校教学需求，也能更好地实现培训效果。教学内容方面，高校教师培训要积极采用多种渠道，集中优秀教育教学资源，进行培训活动。

同时，一定要注意在培训结束后，加强对培训的考核和反馈，以此来检验培训效果和意义。目前主要采用的培训评估方式是过程性评价和总结性评价，考核方式为笔试、学习心得、学习报告等，以过程性考核方式为主。培训师在进行培训过程中，实践和内容讲授应该进行合理的设计，因为教学是实践性、技术性很强的活动，即营造一种氛围，让教师"动"起来，积极参与培训过程。

二、信息化时代高校教师教学能力的培训平台

（一）研习活动系统

为高校教师组织研习活动，帮助所有在校教师了解学校发展的历史与建设目标。这样的研习活动可以为教师设计教学改革活动时指引方向和提供建议。每个高校可根据需要自行设置研习内容、形式和活动时间，形成各具特色的研习活动。具体实施步骤如下图8-1所示：

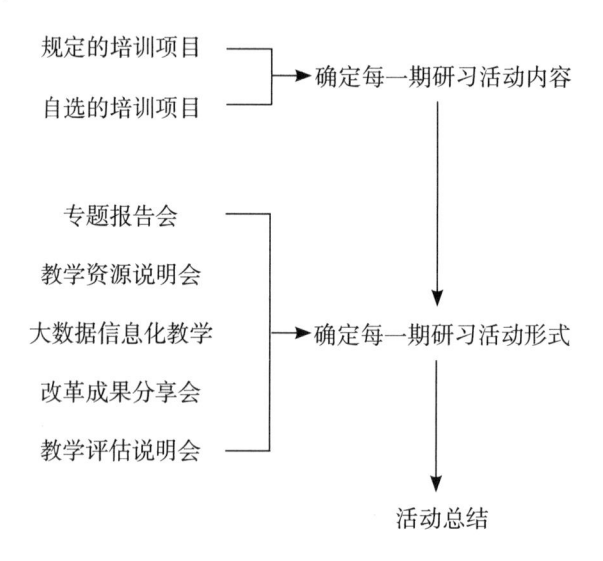

图8-1 高校研习活动步骤图

1. 专题报告会

所谓的专题报告会主要是针对学校的发展历史、基本情况、现阶段制定的发展规划，以及有关教师岗位职责和学校组织机构设置情况不定期地举办的专题报告会。高校教师能够了解自己的高校的过去与现在，有助于其在信息化时代背景下进行教学改革活动时把握指导思想及专业定位与课程改革是否贴合；了解教师的岗位职责，可以有针对性地组织教学团队实施改革活动；了解相关机构设置，可以在实施教学改革过程中更好地协调多方面关系。这样的专题报告多数情况下由院长、人事处处长、科技处处长等主要负责。

2. 教学资源说明会

所谓的教学资源说明会是在信息化教学改革所需要的教学资源中可能涉及的相关部门来负责向教师定期进行汇报和说明教师可以利用到的教学资源种类和建设程度。高校教师只有掌握了这些信息，信息教学改革活动才能够有效运用这些资源实现教学改革计划，进而达到提升信息化时代所需的教学能力的目标。

3. 大数据信息化教学改革成果分享会

由已经利用大数据信息技术实施教学改革活动并获得成果的教师分享其成功经验和达到的教学能力提升的效果，促进所有教师更好、有效地利用资源提升教学能力。

4. 教学评估说明会

教学评估既是对教师的监督又是促进其努力发展的动力，教学评估的相关内容也是所有高校教师关心的问题。

（二）教学能力提升的主题沙龙系统

我们生活中常见的文艺沙龙活动也非常适合有提升教学能力需求的教师。有相同意愿的不同专业、不同岗位的高校教师聚集在一起，像头脑风暴一样畅所欲言、互相交流、互相促进、集思广益、取各家之所长，使教师能够培养大数据综合素养、学习现代化信息教学技术，设计并实施教学改革活动等需求得到更加高效的满足。这样的灵活多样的能让教学能力提升的主题沙龙能够提升高校教师在信息化时代下的教学能力。

举办灵活多样的能让教学能力提升的主题沙龙一般步骤为：第一步，由人事处或科学规划处、教务处等相关部门面向全校征集举办教学能力提升的主题沙龙的讨论主题；第二步，选定主题后确定主办部门，并申请经费；第三步，主办部门根据确定的主体设计和组织形式，以及参与人员的条件和规模，并进一步落实时间、场地及相关保障条例；第四步，在校园官方网站上发布主题沙龙相关信息；第五步，实施包括提升教学能力的主题讲座、交流研讨、优秀教师示范课程等形式多样的主题沙龙活动，一定要突出大数据信息素养和现代信息化教学能力的培养和实践交流，发现和解决个人在提升教学能力过程中出现的问题并推广创新成果；最后一步，要对主题沙龙活动的实施情况进行总结和资源共享，并将其总结成文，发布在院校部门网站，进行进一步的学习和探讨。

（三）校企合作促进系统

依托校企合作平台，秉承"请进来，走出去"的原则，邀请企业中具有匠心精神的行业大师走进校园，组建大师工作室或在优秀的企业中成立企业工作站，安排教师进入企业，参与一线生产与经营。通过专业技术的实践，了解信息化时代行业用人需求和行业发展前沿问题，通过交流和观摩，进而改进教学中普遍存在的问题，发现教学活动中改革的课题，对高校教师提升教学能力极有针对性而且帮助非常大。大师工作室或企业工作站的工作内容包括信息化时代教学理念、现代信息化教学技巧、课程设计与实施等方面。这部分培训系统属于教师自主选择的项目,可以灵活安排,其培训内容比较自由,培训形式也非常多。考虑教师的教学时间很难统一,其企业工作站实践能力培养可以根据个人情况定制安排,也可以将大师工作室的教学指导内容拍摄制作为视频,放在网站上分享,实现教师的后续学习,更实现了在线学习和教学资源的积累。

(四)教学能力技术培训系统

为了满足高校教师应对信息化时代高等教育变革的需要,高校为教师提供了大数据处理技术、现代化信息技术和最新高校教学改革相关应用知识等方面培训活动。由于高校教师教学能力的提升过程是一个见效缓慢且需要持久保持的过程,高校应该定期及时地提供高校教师信息化素养提高的培训。教学能力技术培训系统的内容应该根据学校不同专业的发展需求制定,具体步骤如下:

1. 确定培训内容

教学能力技术培训的目的就是提高高校教师在信息化时代背景下的教学能力,所以合适的培训内容是教学能力技术培训成功的关键。培训内容是吸引高校教师投入学习热情、促进高校教师提升教学能力的重要因素。正所谓"需要的、适合的才是最好的",一定要找到全校教师需要的培训内容。当然,高校培训负责部门也无法制定让所有教师满意的培训内容。在制定教学能力技术培训内容之前,应该面向全校教师积极开展网络调研,争取制定满足全体教师需求的教学能力技术培训。

2. 培训主讲教师的选择

影响信息化时代提升高校教师教学能力技术培训的因素,除了培训的内容之外,还有对于培训主讲教师的选择。因为培训质量的好坏是由被培训的高校教师评估的,被培训者对于主讲教师的选择应该有一定发言权。被培训的高校教师选择了自己喜欢的主讲教师,可以大幅度增加对于教学能力技术培训的认可程度。

优秀的主讲教师自身的教学经验对于教学能力技术培训质量的影响也很大。被培训者可以通过主讲教师教学经历和教学经验的分享解决自己在教学过程中遇到的难题和问题。正因如此,组织教学能力技术培训的时候应该选择具有一定教学经验和较好教学能力的教师。

3. 培训的资源支持

组织教学能力技术培训,主管部门应该提前准备出来与培训主题相关的课件、教学案例等培训资源,以帮助被培训教师在课后完成主动的复习。

4. 培训方式的选择

在教学能力技术培训中,培训方式的选择也是一个影响培训效果的重要因素。组织技术培训的主管部门应该尝试多种培训方式整合进行,尤其是信息化时代的现代化的培训手段的应用。比如，在集中面对面授课的基础上，还可以增加网络自主学习、网络小组研讨（微信群或 QQ 群等）、团队协作项目教学（以团队形式集体完成主讲教师布置的项目任务）等。

除此之外，教学能力技术培训过程中，主讲教师应该注意"互动教学"的应用。作为从事教育工作的教师，集中在一起进行培训时，教学方法的应用格外重要。一是因为教育的本质就是"教学交往"，二是因为面对同行教师的技术培训不应该是单方面的讲授，而应该给予被培训教师内心感受方面的关注，给予发表个人想法和难题的权利。唯有如此，才可以充分吸引被培训教师的注意力，达到培训的实际效果，即实现提高教学能力的目标。

5.评估方式的选择

教学能力技术培训活动结束后，应该设定评估标准，并以此结果作为改进下一环节教学能力技术培养的依据和参考。在评估大学时代高校教师教学能力技术培训的效果时，应改善以终结性评价为主的方式，增加过程性评价内容，注重被培训者学习过程的学习记录和信息改革资料的收集。

6.培训活动改进

根据参与培训的高校教师对教学能力技术培训活动的评价，得出该活动反馈内容，对培训活动进行改进。

第三节　英语教师信息化素养提高的信息化资源技术支持系统

众所周知，培训活动对于信息化时代高校教师提高教学能力具有一定的意义，能够在较短时间内理解问题出现的原因，并采取相对有效的方式处理最重要、最核心的问题。促进信息化时代高校教师教学能力提高的其他基础性知识、技能则可以采用最新的数据处理技术和现代化信息技术实现远程自主学习。为了支持高校教师提升教学能力的自主学习活动，高校应该提供相关教学资源，并建立支持平台。因此，在构建信息化时代高校教师信息化素养提高平台时，高校主管部门首先要解决信息化资源技术支持系统的设计问题。依托信息化资源技术支持系统，高校教师可以高效、有序地实现自主学习活动，也可以促进自身信息化时代教学能力的持续发展。

关于高校构建的信息化资源技术支持系统，主要包括培训学习网站（多数为高校官方网站）的规模、培训学习网站的可见度、培训学习网站资料的丰富程度和培训学习网站相关的研究人员。其中，培训学习网站资料的文件类型和数量的多少能够体现其丰富程度：丰富程度越高说明学校在该专业的研究程度越高，理论知识和实践操作方面共享程度也很高。

高校在构建信息化时代教师信息化素养提高平台的信息化资源技术支持系统时，可以采取以下途径：

一、构建形式多样的网络教学平台

通过前文分析可以知道，高校教师必须树立"互联网+教育"的全新教学理念，实施信息化时代的教学改革活动。比如，高校教师可以在授课前进行信息收集、自主学习的阶段对网络信息进行必要的鉴别和整理，形成与本专业理论体系一致的信息资源库，帮助学生建构学习框架和学习路径；可以利用网络进行线上和线下相结合的学习模式，指导学生课前自学和课后拓展学习；可以在课堂上利用视频、动画、互联网等现代化信息技术来设计更新教学方式，鼓励学生参与线上或线下的随时互动、答疑解惑等。上述种种教学改革活动都谈到了充分利用形式多样的网络教学平台实现课前学生自主学习和课后师生互动等教学改革内容。所以，网络教学平台的建设就是高校教师提高信息化时代下的教学能力的最需要的信息资源和技术支持。

目前，我国大部分的高等院校都在内部积极建设自己的网络教学平台，并且努力拓展外部多种形式的网络教学平台渠道。外部可以实现网络教学的平台非常多，如美国毕博网络平台、剑桥官方网站等欧美国家知名的大学开发的多个网络教学平台，国内的清华网络学堂、北京大学网络教学平台等。但遗憾的是，在专业教师授课的过程中真真正正地利用网络教学平台实施教学改革的情况还是非常少的。针对构建形式多样的网络教学平台的需求，高校可以根据学校内部网络建设基础和教师的实际教学需求选择或自行开发适合的网络教学平台。不管是哪种方式，信息化时代提升高校教师教学能力的网络教学平台必须具备以下几种功能：

（一）课程基本信息管理功能

网络学习平台关于课程的基本信息管理功能一般涉及的信息包括：专业人才培养方案的设置与修订、专业课程体系的设置与管理、教学团队的设置与权限、分配建立与课程相关的设施（邮箱、讨论区、网址等）、课程的内容管理与修改等日常事务。为了适应信息化时代的信息化管理的需求，课程的基本信息管理功能还包括对所有数据提供灵活的数据库导入功能，提供各种有关课程的统计信息。

（二）课程内容建设与更新功能

网络学习平台上的课程内容通常包括课程简介、课程标准、教学大纲、教学日历、教学课件、辅助学习资料等。辅助学习资料主要指网络教学资源库，其形式为文本、视频、音频、图形、动画等，包括高校教师自行建设的测验试题、典型案例、文献资料等课程资源和学校在外购买的一些教学资源。课程内容建设功能主要指任课教师可以根据自身需要建设课程的教学资源，具体包括：在线编辑课程信息与资源、上传本地文件、添加网址资源、引入资源中心资源等整合多种来源的教学资源；通过查询、移动等方式灵活管理与使用资源。

为了有效利用这些资源，保护作者版权，并能使它们不断更新和完善，必须科学管理课程内容，如属主权限、用户权限、使用记录、更新维护等的管理。

（三）交互协作与交流功能

网络学习平台上的交互协作与交流功能主要涉及交流平台的层级设置、管理维护和推广。交互协作与交流的平台常常设置为：网络交流讨论区、自动交流区、邮件交流区、微博和微信交流区等。其中，网络交流讨论区应该支持文字、图形、动画、音频、视频等上传功能；自动交流区是针对常见的问题进行自动回复，如果没有相关答复，则改为网络交流讨论区；邮件交流区、微博和微信交流区等主要是支持教师能够针对学习过程和效果进行交流和思考。

针对交互协作与交流的部分，网络学习平台上还应增加"监控管理"功能，即了解学生上线情况、学习进展情况、与教师互动情况等，并进行数据统计。通过这些信息数据的分析，任课教师不仅可以有针对性地因材施教，还可以改进和提高课程的质量，根据学生跟踪系统的统计结果了解课程每个页面的点击次数和持续时间，推测教学内容的趣味性和难易程度等。

（四）课程作业设置与测评功能

网络学习平台上的课程作业设置功能包括教师布置和批改作业、学生完成作业、作业统计分析、设置作业样本等功能。其中，作业统计分析功能格外重要，主要体现了教师对每个学生个体学习情况的监控与测试，主要了解学生登录的次数、课程资源的浏览和下载的情况、与教师互动的情况等。网络学习平台上的课程作业测评包括对学习过程实施考核的试卷库或课程问卷。特别是问卷库，借助网络学习平台的优势对教学信息进行定期的调查，以帮助教师了解学生的学习情况，更好地开展教学和改进教学。

（五）考试成绩管理功能

网络学习平台上的考试成绩管理功能包括两部分：在线考试系统和学生成绩管理功能。

在线考试系统：由于课程性质不同，并不是所有课程都一定要实现在线考试，即便是通过在线考试完成考核，也应具有不同的考核层次。比如，系统除了可以让学生在线完成同一套卷纸，也可以针对每一个学生随机出一套题，还可以统一设置几十套卷纸，学生可以任意抽取一套。在考核过程中，系统应注重对学生答题过程进行监控，防止学生浏览无关页面，控制答题时间或设置为自动交卷等。

学生成绩管理功能：对学生答题情况进行分析和诊断，并给予学习评价和改进建议。同时，在完成自动批改功能的基础上，还加强对试卷的质量和难易程度等的分析。

（六）课程数据管理功能

网络学习平台上的课程数据管理功能应包括课程设置功能、学生管理功能、助教管理功能等。其中，课程设置功能是指设置有关课程的教学大纲、教学课件、课程作业、交流与互动、网络测试等教学模块是否打开，体现任课教师对课程的教学设计；学生管理功能是指增加或删除学生、审核学生选课申请、个性化学生学习模块等；助教管理是指增加或删除课程的助教，分配给助教教学权限，并监控管理助教的教学记录。

（七）教学资源的维护与管理

网络学习平台上的教学资源的维护与管理是指满足网络教学资源的更新需求而实施的维护与管理功能，对各种教学资源进行采集、管理、检索和利用。其具体是指用户管理、计费管理、统计与分析、资源使用（浏览、资源下载、资源上传、使用跟踪）、资源检索、资源维护等。

自行开发网络学习平台的价格非常昂贵，也对信息技术提出了较高要求，所以，许多高校都选择投资购入。这里以南京师范大学为例，介绍一下该校引进的美国毕博平台。它不仅是教学平台，更是资源集成平台。在美国毕博平台上有大量的专家报告、主题讲座、自学手册等教学资源，并设立专门的教学平台维护与管理机构。该机构一是负责协助新教师在平台上建立网络课程，进行在线教学与学习；二是负责推广该平台的功能，并组织相关培训；三是提供网络教学支持及咨询服务。网络教学平台的良好运转需要及时的维护与更新，需要设置专门机构来负责。

二、共建共享的资源获取平台

对于急需满足信息化时代对教师提出的新要求、提升自身教学能力的教师来说，应拥有两方面资源：以专业发展为基础的专业学习资源和以信息化教学支持为基础的教学技术资源。目前，为了应对信息化时代高校教学改革的需要，高校教师正在通过多种渠道获得以教学支持为基础的教学技术资源，但其获得资源的技术水平并不高，获取资源的领域还十分有限。考虑到教学过程具备的知识性、技术性和交互性，高校在构建信息化时代高校教师教学能力的提升平台时，应重点协助教师完成资源收集活动，以帮助其顺利完成信息化教学改革活动。

高校应重点建设共建共享的资源系统。在该系统内集中所有可供教师使用的文本、图片、动画、音频、视频等类型资源。当教师在教学活动中遇到问题时，可以自行便利地进入到资源系统中查询相关资料。在建设共享的资源系统时，可以将每一期培训的讲座录像、录音、课件、相关资料按照资源类型进行分类存储。高校负责资源获取平台建设的主管部门还应时刻注意资源信息的更新与维护，也可以邀请相关参与培训的教师加入其中。有被培训对象的参与管理，对于资源获取平台的实际应用和服务效果更好。

三、信息交流与协作平台

高校教育是一种独特的社会现象，课堂教学是其基本活动。在教学活动中必然存在教师与学生之间、教师与教师之间的交往。通过师生之间的交往，教师可以研究学生的心理和教学的需求，进而提高教学质量；通过教师与教师之间的交往，可以在彼此的教学经历和经验中汲取有用的知识、技术，以提高自己的教学能力。综上所述，在教学活动中的信息交流与协作非常重要。随着互联网的普及、现代化信息技术的发展和移动智能终端的广泛应用，高校教师与教师、学生之间的交流除了课堂教学之外，还可以通过多种渠道展开，如 QQ、微博、微信、E-mail 等。目前，高校已经拥有比较先进和完善的校园网络基础设施，为高校教师提升教学能力所需的网络交流平台提供了物质基础。具体实施方式有如下几点：

（一）组织活动结束后建立 QQ 群或微信群

高校可以定期组织以提升教师教学能力为目标的主题沙龙或主题报告会，为各专业教师提供沟通平台，并建立 QQ 群或微信群，加深后续的交流。

（二）建立网络信息交流平台

高校负责资源获取平台建设的主管部门通常以院系为主、学校为辅的方式安排。高等学校的专业设置较多，以学院为单位进行划分，每个学院所包含的专业关联性较大，便于学科管理和易于专业发展。因为专业比较相近，每个学院的教师日常交流比较多，也更具有针对性。在建立网络信息交流平台时，学院可以为学院内部的教师建立独立的网络沟通渠道，以方便教师进行教学内容、教学方法方面的交流。学校则站在高校发展角度，组建全校教师进行教学技术的交流平台。不论哪个层面的网络信息交流平台，学校的主管部门都是为了鼓励教师加强与同行的互动交流。在这样的交流中，教师可以向更优秀、资深的教师学习到切实可用的教学经验，在研究性的交流与协作的教学大环境中提升自己的教学能力。

（三）信息交流与协作平台的管理

在许多高校信息交流与协作平台的实际运营中，往往没有被更多的人关注，甚至只有主管部门提出"提交考核作业""宣布培训计划"等通知的时候才会有一定的热度。为了保证信息交流与协作平台发挥其真正的价值、拥有旺盛的生命力,主管部门应该制定信息交流与协作平台的管理制度和措施,并指定教师或工作人员承担具体的管理任务,保证任务到人、责任到人,加强管理的效果。信息交流与协作平台的管理目的是鼓励教师自愿在平台上积极交流的常态化,使高校教师能够运用到信息交流与协作平台得到促进教学能力提升的经验和启示,最终促使高校在信息化时代获得教学质量的提升。为了达到上述目的,主管部门还应面向全院教职员工加大对信息交流与协作平台的宣传,制定一系列管理措施引导教师积极使用信息交流与协作平台,找到自己的教学问题,提升教学能力。

四、多元化提升教学能力的培训考核平台

当信息化时代高校组织提升教学能力的教师培训活动时,高校教师有参加此类活动的权利和义务。参加培训的教师应该服从主管部门安排,按时参加具体培训活动,努力完成规定的任务,提高自身的教学能力。因此,高校应该构建多元化提升教学能力的培训考核平台,以保障培训教师能够有效地将学习成果应用于实际的教学改革活动中,做到训教合一。

(一)多元化提升教学能力的培训考核平台的考核原则

1. 综合实施自我考核与他人考核

在多元化提升教学能力的培训考核平台中要求培训教师对被培训教师考核、被培训教师之间互相考核和被培训教师自我考核,其主要的目的是监督被培训教师按照培训要求参加活动,并能够加强被培训教师的学习自觉性和自我监督意识。

2. 综合实施过程考核与终结考核

在多元化提升教学能力的培训考核平台综合实施过程考核与终结考核。其中,过程考核项目包括现场培训的考勤、笔记、课堂表现,课后作业、网络课程视频观看情况等项目;终结性考核包括培训后的模拟教学比赛、笔试、学习心得汇报、网络答题等项目。

3. 综合实施合格考核与激励考核

在多元化提升教学能力的培训考核平台综合实施合格考核与激励考核的形式。根据培训内容,制定合格性考核方式,即给予被培训教师优秀、合格和不合格的评价。针对培训表现优秀的教师,高校应该给予精神和物质两方面的奖励,以激励教师积极参加培训,并将培训收获投入到信息化时代教学改革中去。

4. 综合实施定量考核与定性考核

多元化提升教学能力的培训考核平台综合实施定量考核与定性考核,既要考核被

培训教师的考勤次数、笔记字数、作业和学习总结的份数、笔试或网络答题的分数等，还要考核其作业和表现的质量，根据质量情况确定能否推优。

（二）多元化提升教学能力的培训考核平台的考核维度

根据信息化时代提升高校教师教学能力的需求，将采取多元化提升教学能力的过程考核和终结考核。

1. 过程考核

多元化提升教学能力的培训考核平台的过程考核分为现场培训和网络培训考核项目。现场培训考核项目常常指考勤、笔记、课堂表现、课后作业等项目；网络培训考核项目常常指网络登录时间、视频观看时间、培训视频播放过程中的互动答题、QQ群或微信群发言情况、与培训教师互动表现等项目。过程考核的重点在被培训教师有没有参与学习、有没有课后思考的方面，在课程学习过程中做到了边学边考。

2. 终结考核

多元化提升教学能力的培训考核平台的终结考核主要是强调被培训教师通过培训之后在实际的教学过程中的应用情况和创新成果。其具体的考核项目是培训后的模拟教学比赛、笔试、学习心得汇报、网络答题、教学活动实践成果等项目，侧重考核被培训教师会不会将所学习到的知识和技能应用到实践中去，能够解决自身教学活动中出现的问题。

3. 多元化提升教学能力的培训考核方式

（1）过程考核

第一，参加各项培训的考勤情况：现场培训的考勤表或网络培训的登录时间。

第二，参加各项培训的学习情况：现场培训的笔记、课堂互动或网络培训的互动答题、QQ群或微信群发言情况。

第三，参加各项培训的课后学习情况：现场培训的作业完成情况或网络培训的专题研讨等。其中，专题研讨是对培训学习期间的参与教师在网络专题研讨页面参与交流研讨活动的考核，以发帖、回帖数量为依据，内容针对培训主题，各抒己见，集思广益，促进问题聚焦与深度思考。

（2）终结考核

培训后可以由教务处组织模拟教学比赛，人事处组织笔试（或网络答题）和培训心得汇报。也包括教师针对所培训内容设计的教案、发表的论文或申报课题创新性成果等。

第四节　英语教师信息化素养提高的实践演练系统

通过一系列的培训，高校教师在大数据信息素养和现代化信息技术方面有一定进益；通过对优秀的大数据信息化教学改革成果的了解，高校教师在综合利用现代技术促进课堂教学方面也可以学习到一些先进经验，那么下一步必须给予教师一个实践演练的机会。

一、课堂教学演练系统

告别传统的单一的教学模式，高校教师在信息化时代下，应该采用多种教学方式进行课堂教学的改革演练。在信息化时代的高校教学工作中，教师面对的数据信息量越来越大，可以应用的媒介也相应增加。根据培训所学习到的新知识和新技能，高校教师应以课程教学目标为基础，将个人、学生、教材和新媒介整合起来创新课堂教学的形式。在创新改革过程中，高校教师所做的工作就是把抽象的理论知识面对面讲授转变为以生动、直观、形象的方式展示给学生，有效地提高了课堂教学的趣味性。在信息化时代下，教师可以有选择地将多样化的方式运用到课堂教学中。

二、收集信息的 MOOC 教学系统

当针对信息收集方面的培训结束后，在信息化时代高校教师信息化素养提高平台——实践演练系统中应该给予高校教师实践练习的机会。尤其是在教育数字化和学习大数据的背景下，应用数据挖掘、人工智能、自然语言处理、机器学习等技术的情况，对学习过程中产生的多个层次的数据进行分析的情况，是实践演练系统的关键。目前，使用比较广泛的是 MOOC 教学系统。

问卷调查是原有的教学活动对信息的主要收集方式，但其收集数据的过程存在一定的难度，并且收集到的数据是否真实可靠也是一个值得商榷的问题。利用 MOOC 教学系统的机械系统统计学生学习的信息，高校教师可以清楚看到学生在学习活动中的表现和行为规律。高校教师用 MOOC 教学系统获得的信息样本量大、真实可靠性高，能了解学生的授课反馈，进而调整教学计划、课程重点和讲授方法等。

三、信息化管理存储系统

在信息化时代的教学过程中，教师准备教学过程的阶段和教学实践阶段中都会出

现数量庞大的教学信息，而且信息量会随着教学活动的展开变得越来越多。这些数据信息都有其重要的作用，必然会被教师有效使用到，但具体使用的阶段和使用的方法却暂时不确定。因此，面对这种局面，就急需高校教师具备合理存储的能力。在信息化时代高校教师信息化素养提高平台——实践演练系统中应该设置信息化管理存储系统，给予教师实践规范管理和保存教学信息的能力的平台。教师只有拥有教学信息的分类管理存储能力，才能保障自己所负责的教学活动的顺利实施。

四、信息化教学资源开发系统

教师不仅需要对收集信息的能力进行实践演练，还需要不断练习使用和开发其收集的信息。目前，各大高校广泛使用的基本信息化使用能力和课件开发制作能力的实践演练方式是以微课制作为代表的教学资源开发系统。

所谓的微课是指运用信息技术按照认知规律呈现碎片化学习内容、过程及扩展素材的结构化数字资源。目前，高等教育的信息资源中微型化课件已经成为最新主流。根据学生的教学反馈，教师找到教学过程中的难点制作微课件，上传至教师负责教学课程的网络教学平台，以方便学生课前预习和课后复习。通过这种微课演练的方式，不仅仅可以提升高校教师的信息化教学资源开发能力，还可以加强学生对课程难点的理解，提高学生的学习质量。

五、应用翻转课堂的教学模式改造系统

信息化时代的高等教育模式已经改变了绝对以教师为中心、学生被动学习的模式。学生在教学活动中的位置越来越重要，高校教师的服务意识也在不断加强。所以，在改造教师教学模式的演练方面，目前高校普遍采用翻转课堂的方式来整合信息技术和课程。翻转课堂的教学模式指的是要以学生为中心，教师根据学生的需求进行辅助性指导教学工作，而学生开展积极主动学习和解决困难的教学模式。这样的教学方式需要教师掌握信息技术能力的同时掌握翻转课堂在教学当中的运用，进行信息技术和课程的融合，改变教学模式，提高教学效率。

六、信息化教学的总结评价系统

信息化时代高等教育的特点是教师能够以学生为中心，实施因材施教的教学模式，这就需要教师具备深入挖掘和分析大数据的前沿技术。因此，在信息化时代高校教师信息化素养提高平台中应该给予教师信息化教学的总结评价演练机会，使高校教师能

够根据教学实践的情况和教学改革的需要采用大数据挖掘技术分析学生的学习规律、了解学生的学习情况等，以此采用合理的教学方法，提升教学质量和效果。

七、信息化教学比赛系统

高校教师提高在信息化时代教学改革实践活动中的教学能力是一个长期发展的过程。对于提升信息化时代高校教师教学能力途径，单纯的理论或技能的培训是不够的，高校教师更需要一个反复演练的平台。简单来说，提升信息化时代高校教师教学能力的关键点还是要落实到每一位教师提升信息化教学设计能力的各类教学实践和科研实践中去。

在构建信息化时代高校教师信息化素养提高平台——实践演练系统中应该设置对教师的信息化教学设计的实践环节，表现出教师对于现代化信息技术运用在教学设计上的理解和转化。信息化教学比赛系统是一个既有效又极具促进作用的方式。常见的信息化教学比赛系统有说课大赛、公开课比赛、网络微课制作和慕课教学比赛等。经过信息化教学比赛系统的实践演练，高校教师不仅积累到信息化教学的经验，还可以反思自身的教学表现，也可以树立终身学习的观念，在实践—反思—再实践的过程中不断提升自身的信息化教学设计能力。除此之外，经过信息化教学比赛系统的实践演练，高校教师从研究角度出发思考提升信息化时代信息化教学能力的相关研究工作，从科研角度研究提升信息化时代信息化教学能力的方式，再反作用于具体的教学活动中，提高教学质量。

第五节　英语教师信息化素养提高的评估与应用系统

尽管高校教师经过一系列的培训和实践之后，其大数据信息化教学能力得到了不断发展和有效的提升。但站在高校角度，如何评价教师的大数据信息化教学能力的提升程度、发展质量和如何充分利用评价结果是一个很难的问题。这是因为，高校教师的信息化时代教学能力结构复杂、内涵丰富，对其评价结果的应用也涉及很多方面，这就需要高校在构建信息化时代高校教师信息化素养提高平台时应科学合理地设计评估与应用系统。值得注意的是，高校构建信息化时代高校教师信息化素养提高平台的评估与应用系统充分体现了"评价"教师表现的重要意义，即为高校教师的发展提出了具有可行性和针对性的建议，并实现了信息化时代高校教师教学能力的持续发展。

一、信息化时代高校教师信息化素养提高平台——评估系统

（一）利用评比量表进行教师培训评价

在市场调查活动中，评比量表是一种结构化的常用于测量态度的定量评价方法。它可以从多个角度对课题进行等级评价，具有易操作和准确性高的特点。

针对信息化时代高校教师信息化素养提高平台的评估应从教师将所学知识和技能对教学实际应用价值的方面进行，设计评价指标体系。高校教师教学能力评价指标从低到高通常分为初、中、高三个等级，其中最低级为提升信息化时代高校教师的教学能力培训合格水平，是参与培训的教师必须达到的等级；中级为提升信息化时代高校教师的教学能力培训掌握水平，是参与培训的教师通过努力可以达到的等级；高级为提升信息化时代高校教师的教学能力培训熟练水平，是参与培训的教师的表现可以成为其他教师学习的标杆。

（二）利用督导听课进行教师培训评价

对于教师的教学工作评价最常用的方法就是组织成立督导团，由经验丰富的督导教师进行课堂听课，以感官感受来评价教师的教学能力。这种评价方式带有目的性，督导专家通过看与听来直接感受教师的课堂控制能力，通过与学生的交流、看学生的听课表现等来间接分析教师的课程分析能力和知识教学能力。

在教师参加培训之后，高校培训主管部门组织督导专家进行课堂听课，来评价教师参加培训的成果。这种评价方法可以获得更多真实的数据，也非常适合观察教学能力的变化与提升。众所周知，对于大数据信息素养和现代化信息技术在教师课堂教学中的应用表现，是一个缓慢的、潜移默化的过程。在这种情况下，采用真实度较高的督导专家听课评价制度，在通过仔细观察参加培训的教师在课堂教学过程中的变化来判断教师培训成果的方法中是越来越重要了。但是，这种方法对于负责观察的督导专家的要求非常高，除了需要较扎实的教学专业知识和熟练的教学方法之外，还要求他们掌握课堂观察的技巧、方法和数据收集分析能力，而且需要耗费很长时间设计观察计划和实施观察方案。这对于考核教师在培训中的表现及大数据信息素养和数据分析技能的熟练程度都非常重要。

（三）建立评价高校教师提升大数据信息教学能力的电子档案

在高校构建信息化时代高校教师信息化素养提高平台时，应将被培训教师参与培训和自主学习的全过程一一记录下来，作为评价教师大数据信息教学能力的数据佐证。电子档案发挥的就是这个作用。电子档案的建立，可以更加形象、直观和真实地记录教师大数据信息化教学能力提高和变化的过程，扩大每一名教师的成长学习空间。在评估与应用系统中建立的教师电子档案包含的评价渠道如下：

1. 学生评价档案

对于授课教师在参加培训前后的差别，作为教学直接对象的学生最有发言权，尤其是教师对信息化技术的应用情况和教学质量的改变。

高校应该定期开展学生网络评价活动，并将教师评价结果进行电子收集、分析和存档。

2. 其他教师评价档案

除了教学直接对象评价之外，作为同行的其他教师也可以通过在彼此之间的交流与协作活动中的表现来评价教师的培训效果和教学能力的提升情况。这种同行教师之间的交流与协作不仅可以增进教师之间的了解，还可以有针对性地评价彼此在教学能力提升方面的表现。

3. 自我评价档案

信息化时代高校教师信息化素养提高平台是基于教师制定的个人教学能力提升规划而构建的，所以，高校教师对于自身的大数据信息素养和现代化信息教学能力的发展应该有更客观、更清晰、更明确的认识和评价。这就是自我评价。自我评价能够让高校教师更好地自我定位，发现自己针对信息化时代对高校教师教学能力提出的新要求方面存在的不足，并找到努力的方向和自我改进的方法。

综上所述，建立评价高校教师提升大数据信息教学能力的电子档案是一种非常实用的过程性考核方法，更加适用于高校教师参与网络教学能力培训的方式。

（四）组建高校教师成长社区的考核方式

高校教师成长社区是在学习型组织理论指导下组建的一个拥有共同学习目标、共同参与相同培训的成员们的共享交流平台。在高校教师成长社区里，所有的教师可以互相交流和协作，互相帮助和成长，尤其是优秀的资深教师可以对年轻教师在教学技术方面给予很大的指导和关怀。高校教师成长社区成员自愿选举一名优秀的教师担任社区管理员，负责召集大家参与活动和日常的社区管理工作。组建高校教师成长社区的主要目的就是鼓励教师间的合作与分享，共同学习、共同发展，从而促进信息化时代高校教师教学能力的显著提升。

高校教师成长社区的主要活动是组织教师举办教学交流、教材开发、微课制作和教学模式改革等为主体的研讨会议，由教务处或人事处负责主管。社区活动的成果成为一种信息化教学资源。高校教师成长社区可以促进年轻教师发展，也可以将教师教学能力发展的形式多样化。教师参加社区活动的次数、表现、社区成员的互相评价结果等指标是对教师信息化素养提高情况的评价，是高校构建信息化时代高校教师信息化素养提高平台的一个子系统。

（五）以科研成果评鉴教学能力提升的考核成果

教师面对信息化时代对高校教师教学能力提出的新要求，需要在专业研究能力和课堂教学能力两方面都引进现代化信息技术，以促进自身能力的提高。在信息化时代，教师教学能力的关键就是其对教研工作和科研工作的创新和改革。因此，对于信息化时代对高校教师提升教学能力的成果评价也应关注科研成果及其对教学工作的促进意义。以科研成果评鉴教学能力提升的考核，能够让高校教师正确认识教学工作和科研工作的关系，从客观的角度出发将科研工作及时、恰当地融入教学工作，达到相互促进、共同发展的良好局面。高校教师的科研成就可以丰富课堂教学的教学内容、扩充其教学资源，并能够有效地带动学生对专业学科的兴趣和热爱。以科研成果评鉴教学能力提升的考核指标具体指教师在科研方面的获奖、发表论文和撰写专著等方面。

二、信息化时代高校教师信息化素养提高平台——应用系统

高校教师这一职业的根本工作是为满足某一专业发展需要实现教书育人的目的，为保障其教学效果则要求教师在专业发展方面具有一定的成就，即科研能力。由此可见，教学工作和科研工作是高校教师两个重要的岗位职责，教学工作是根本，科研工作是辅助。但在实际的工作中，教学工作根本无法引起教师的重视，无法得到教师公平的关注。造成这一局面的根本原因是，目前高校教师的绩效考核和职称评聘制度对科研的偏重，对教学工作的轻视。例如，在职称评聘制度中，对于助教、讲师、副教授和教授的教学成果达成指标考核差别不大，但对于科研成果的考核指标权重相距甚远。这样就造成了高校教师普遍"重科研、轻教学"的工作态度。为了达到大数据对高校教师提出的新要求，高校应该从自身出发坚持科学发展观，引入大数据信息理念，彻底改革考核机制和职称评聘制度，增加对教学工作的重视程度，以此促进教师将其工作重心偏向教学工作，提高科研转化率，将科研创新与教学创新合二为一，以现代化信息技术促进教学改革和教学模式创新，提高信息化时代高等教育教学质量。

有鉴于此，对于信息化时代高校教师信息化素养提高平台的评价系统结果的应用处理是信息化时代高校教学管理的改革重点。

（一）制定激励教师提升信息化时代高校教学能力的机制

由于一所高校众多教师的教学活动涉及多专业、多学科和多管理部门等，是一个非常庞大的活动过程，所以对于如何激励教师将更多的精力和能力投入到教学工作中去也是一个非常复杂的工作。在高校制定激励教师提升信息化时代高校教学能力的机制时，要结合高校的实际情况来制定切实可行的激励机制。关于激励教师提升信息化时代高校教学能力机制的制定，应该综合考虑激励的目的和激励的手段，需要做到以下几点：

1. 坚持将大数据信息素养和现代化信息技术纳入教师考核机制

为了满足信息化时代对高校教师教学能力的新要求,具备大数据信息素养和掌握现代化信息技术已经成为高校教师工作中必不可少的综合素质能力和应用能力的体现。因此,为了更好地发挥大数据信息素养和现代化信息技术的重要作用,高校应将教师在这两方面的表现纳入年终岗位考核和职称晋升评价的机制中。

2. 坚持以大数据信息素养和现代化信息技术为重点的培训机制

既然是为了培养具备大数据信息素养和掌握现代化信息技术的适应信息化时代高等教育要求的教师,那么高校就应该针对这两方面开展培训。具体的培训内容可以从对大数据信息的认识与理解、现代化信息技术知识与能力、教师提升信息化时代高校教学能力的生涯规划等方面开展。

3. 坚持将大数据信息素养和现代化信息技术纳入高校评估机制

一个高校能否将大数据信息素养和现代化信息技术纳入教师考核机制,能否针对大数据信息素养和现代化信息技术展开培养,其关键因素在于这两方面指标对高校发展的重要意义。如果将大数据信息素养和现代化信息技术也纳入高校评估机制中,则高校在教育经费支出方面就会侧重于培养教师的大数据信息素养和现代化信息技术,推动教学改革、高校发展、教育质量提升,进而推动高校教育工作的改革。

(二)创造激励教师提升信息化时代高校教学能力的环境

由心理学中对于动机的分析可知,需要是人类产生动机的源泉,动机则是人类行为的促动力,所以只有需要才会刺激人类采取行动,进而取得自己的目标成果。那么,来自物质或精神上的激励会作用于人的内心活动,使其认识到自己尚未得到满足的需求有哪些,进而产生动机,形成驱动力,并采取行动。由此可见,在现实中,为了激发高校教师产生培养大数据信息素养和学习现代化信息技术的需求,高校必须创造激励教师提升信息化时代高校教学能力的环境。这些激励环境包括优越的工作环境、可观的工资收入、高质量的福利政策等物质激励和高效率的领导行为、可预见的科学的发展空间、能够实现自我价值的工作岗位等精神激励。这些因素都能够影响高校教师工作的积极性、提升其教学能力的创造性等。因此,高校一定要创造激励教师提升信息化时代高校教学能力的环境。

(三)优化激励教师提升信息化时代高校教学能力的手段

从人力资源的角度分析,企业激励员工提升自我价值、发挥个人潜力的时候,可以采取的激励方法非常多。面对高校教师这种需要爱心、耐心和纯粹脑力劳动的工作岗位来说,所采取的激励手段必须考虑到高校教师这一特殊群体多阶段、多层次、多方面的需求。在一般的激励教师发展的手段中,加入全方位、宽领域、多层次的结合,以达到激励他们提升信息化时代高校教学能力的目的,其优化原则为:将教师个人事业发展与高校整体发展相融合，将物质奖励与精神奖励相融合，将内在驱动力与外在驱动力相融合。具体的优化激励教师提升信息化时代高校教学能力的手段如下：

1. 坚持公平公正的奖惩措施，提倡民主参与，促使教师将学校的激励机制内化为自身实际行动的动力，提高工作的积极性，增强激励效果。

2. 鼓励科研促进教学能力提升，设立科研经费奖励制度，对于积极参与大数据信息素养和现代化信息技术方面培训的教师和在提升信息化时代高校教学能力方面有突出贡献或教学成果的教师给予不同金额的科研经费奖励。

3. 将在提升信息化时代高校教学能力方面的表现纳入年底考核和职称晋升评价体系，对于积极参与大数据信息素养和现代化信息技术方面培训的教师和在提升信息化时代高校教学能力方面有突出贡献或教学成果的教师给予不同程度的加分奖励。

4. 以赛促教提升信息化时代高校教学能力。结合高校专业设置的实际需要，推出能体现大数据信息素养和需要应用现代化信息技术的各种教师教学能力竞赛，以竞赛促进教师在教学活动中实践信息素养和操作现代化信息技术。对于积极参与大数据信息素养和现代化信息技术方面比赛及获取较好成绩的教师给予不同程度的物质和精神方面的奖励。特别值得一提的是，对于表现突出的教师应该给予更丰厚的奖励，让获奖教师尝到甜头，激励更多教师提升自身的信息化时代高校教学能力。当然，高校也可以根据实际情况，针对不积极参与或表现非常差的教师给予一定的惩罚。

信息化时代高校教师信息化素养提高平台对于教师考核结果的应用必须做到公平、公正、科学、合理。但是，具体的设计应用教师考核结果的系统是一项复杂而系统的工程。高校的管理层和相关部门的工作人员应该以学校的专业设置、学科发展、教学团队建设、教学硬件条件、教学软件条件、校园网络设置等情况为基础，结合激励机制的全局性和差异性，在采取适当激励手段的同时做到激励手段的创新与优化，建立有利于调动、发挥教师积极性的激励机制，使教师个人事业发展的需要、目标与高校的办学和发展目标充分地结合，从而不断提高高校办学质量和办学效益，增强高校自身的创造力、竞争力和影响力。

主要参考文献

[1] 钟文卿.TPCK 视角下教育技术水平与信息化教学能力提升研究——以湖南部分高职院校大学英语教师为例 [J].太原城市职业技术学院学报，2022（12）：67-69.

[2] 江潮.高职大学英语信息化教学应用研究——以信息化教学大赛作品"Business Meals——Deals over Meals"（盘点西餐那点事）为例 [J].校园英语，2022（46）：16-18.

[3] 薛美薇.教育信息化时代高校英语教师信息技术应用能力提升研究 [J].牡丹江教育学院学报，2022（10）：44-45+120.

[4] 张小红.独立学院大学英语教师信息化教学能力现状调研 [J].英语广场，2022（25）：110-113.

[5] 尹延安，牛辉.基于 iTEST 平台应用的大学英语教师 TPACK 能力培养 [J].创新创业理论研究与实践，2022，5（14）：168-170.

[6] 张露云.高职高专大学英语教师信息化教学能力调查与研究 [J].海外英语，2022（14）：220-221+240.

[7] 李旭，黄玲君，刘娴.大学英语课程思政教师团队建设的探究 [J].海外英语，2022（14）：140-141+150.

[8] 钟慧连.大学英语教师信息化教学能力发展策略探析——评《大学英语教师信息化教学能力发展现状与发展策略研究》[J].皮革科学与工程，2022，32（04）：112.

[9] 张广奇，王亚南.新时代大学英语教师信息化教学能力发展策略研究 [J].校园英语，2022（26）：10-12.

[10] 朱钊.混合式教学背景下大学英语教师信息化教学能力提升研究 [J].校园英语，2022（19）：67-69.

[11] 苏红，王银泉.数字人文时代高校智慧型外语教师信息素养提升策略研究 [J].外语电化教学，2022（02）：55-63+121.

[12] 李晓蔚.网络环境下大学英语教师信息化素养提升研究 [J].校园英语，2022（10）：22-24.

[13] 蒋颖.网络环境下大学英语教师在线教学能力提升研究 [J].安徽电子信息职业技术学院学报，2022，21（01）：106-110.

[14] 滑少枫.大学英语线上资源的整合利用与教学实践研究 [J].教育理论与实践，

2021,41(36):53-56.

[15] 李茜,李婵.教育信息化背景下的高职英语"金课"建设路径研究[J].科技视界,2021(31):78-79.

[16] 高雪,岳辉.基于智慧教育的英语教师信息化能力提升[J].教育信息化论坛,2021(03):38-39.

[17] 徐进."互联网+"视角下大学英语写作教学研究[J].校园英语,2021(10):73-74.

[18] 薛文霞.浅谈高职英语线上授课存在的问题及对策探究[J].校园英语,2021(05):88-89.

[19] 陈懿.以信息化成果为导向的大学英语教学设计[J].北京印刷学院学报,2020,28(07):115-117.

[20] 高蕊.混合教学模式下大学英语教师信息化素养能力探究[J].中国校外教育,2019(21):107-108.

[21] 李小蓉."基于网络的大学英语教学改革研究与实践"课题研究报告[J].现代职业教育,2018(06):128-129.